부자들의
폭력

거대한 사회적
분열의 연대기

La violence des riches. Chronique d'une immense casse sociale
by Michel Pinçon and Monique Pinçon-Charlot

 이 책은 실로 꿰매는 정통적인 사철 방식으로 만들어졌습니다.
사철 방식으로 만든 책은 오랫동안 보관해도 손상되지 않습니다.

LA VIOLENCE DES RICHES

부자들의
폭력

거대한 사회적
분열의 연대기

미셸 팽송, 모니크 팽송-샤를로 지음 ㅣ 이상해 옮김

미메시스

감사의 말

이 책의 원고를 꼼꼼하고 건설적으로 다시 읽어준 폴 랑뒤에게
감사의 말을 전한다. 그와 시몬 랑뒤의 조언은 이 텍스트를
명료하게 만드는 데 큰 도움이 되었다. 그레구아르 샤마유는 이
작업의 구성에 있어서 너그럽고도 효율적으로 우리를 도와주었다.
그의 전적인 지지가 우리에겐 큰 힘이 되었다.

면밀하고 주의 깊고 호의 어린 교정으로 많은 오류를 바로잡아 준
라 데쿠베르트 출판사의 프랑수아 제제, 마리에케 졸리, 마리옹
스토에게도 감사의 말을 전한다.

우리에게 익숙지 않은 분야에 대해 소중한 충고와 격려를 아끼지
않은 뱅상 드 골자크에게도 고마움을 표하고 싶다.

이 책은 우리가 2011년 10월부터 행한 조사와 분석 작업의 결과다.
몇몇 참고 기사들은 「위마니테」지에 먼저 실렸던 것들이다.
그것들을 이 책에 다시 싣게 해준 파트리크 아펠뮐레르 편집장에게
감사의 말을 전한다.

오로지 자기 자신을 위해 일하고, 자기 자신을 위해
착취하고, 자기 자신을 위해 살육을 저지르면서,
부르주아 계급은 자신이 인류의 최종적인 선을 위해
일하고, 착취하고, 살육을 저지른다고 믿게 만들어야
한다. 자신이 정당하다고 믿게 만들어야 한다. 그리고
그 자신도 그렇게 믿어야 한다. 미슐랭 씨는 오로지 그가
없었다면 굶어 죽을 수도 있을 노동자들에게 일거리를
주기 위해 타이어를 만든다고 믿게 만들어야 한다.

폴 니장, 『경비견』, 1932년

서문

폭력이란 무엇인가? 주먹으로 때리거나 칼로 찌르는 것, 다시 말해
신체에 직접적으로 가해지는 공격도 있지만, 어떤 이들의 가난과
다른 이들의 부로 표현되는 것도 있다. 이 폭력은 배당금의 배분과
그것을 창출한 사람들의 해고를 동시에 허락하고, 수백 만 유로에
달하는 보수와 쥐꼬리보다 못한 최저임금 인상을 동시에 허용한다.
모든 전선에 동원되는 부자들은 무대 위에서는 양복-넥타이 위장복
차림을 하고 훌륭한 매너를 보이지만, 무대 뒤에서는 안면에 철판을
깔고 가난한 사람들을 착취하는 걸 황금률로 여긴다. 정신적
폭력으로 중계되는 이 사회적 폭력은 권력, 지식, 우아함, 교양,
〈아름답고 멋진〉 세상에 사는 사람들 간의 인맥을 무기로 무지렁이
서민들을 꼼짝 못하게 만든다.

실물 경제에서 노동에 의해 생산된 부의 대부분이 타락한 금융계의
마피아적 회로 속에서 독점된다. 부자들은 너무 복잡해서 뭐가
뭔지 알 수 없는 모습을 한 채 노동의 과실을 빼앗아 가는 이 폭력의
사주자이자 수혜자들이다. 현재 진행 중인 사회적 전쟁의 연대기를
통해, 우리는 구체적인 사례, 장소와 사실의 기술, 그리고 위로부터
행해지는 이 음험한 폭력의 메커니즘 분석에 근거해 진정한
파괴자들의 맨얼굴을 살펴볼 것이다. 이 위기는 우파와 자유주의
좌파 정치 지도자들이 결탁해 빚어내는 거대한 사회적 분열 속에서
미래의 희망을 빼앗긴, 부서진 삶들의 위기다.

제 1 부

투기꾼
사장과
일회용품
임금노동자

1970년대, 미셸의 가족이 다른 지방에서 온 모니크에게 누종빌을
소개할 때[1] 그 도시에서는 쇠 냄새가 풍겼고, 쇠붙이가 잔뜩 쌓인
안마당 쪽으로 활짝 열린 대문을 통해 공장들이 보였다. 한때
그곳에서 연마공으로 일했던 미셸의 아버지는 그런 풍경 속에서
어린 시절을 보냈다. 사회학도가 된 미셸이 산업자본주의가
금융자본주의로 넘어가던 1980년대 초에 조사를 나갔을 때도
그 도시에서는 여전히 새벽부터 해 질 무렵까지 망치 소리가 끊이질
않았다. 집과 공장들이 뒤섞여 있었고, 거리에서도 작업장 내부가
훤히 들여다보였으며, 선반 돌아가는 소리가 행인의 귀를 먹먹하게
했다. 사람들은 낮에 볕을 쬐거나 저녁나절의 평화로움을 즐기기
위해 바깥으로 나와 도시락을 까먹었다. 휴식 시간에 아이들이나
아낙네가 일터로 와서 아버지나 남편과 수다를 떠는 풍경도
드물지 않게 볼 수 있었다. 겨울에도 풍경은 크게 달라지지 않았다.

1.　　이 책의 저자인 미셸 팽송과 모니크 팽송-샤를로 ─ 옮긴이주.

작업이 시작되거나 교대를 하는 시각이면, 거리는 철근, 고철, 온갖
종류의 부품을 실은 트럭들과 작업복 차림의 사람들로 채워졌다.
이러한 북적임은 도시와 공장이 유기적 조직체라는 것을 분명하게
드러냈다. 당시에는 도시와 공장이 공생했다.

제1장/ 다시 찾은 아르덴

40년 후, 아르덴은 황량하게 변해 버렸다. 이제 적막만 감도는 뫼즈
계곡에는 군데군데 문을 닫은 공장들이 이어지며 신자유주의에
의해 절정에 도달한 자본주의 시스템의 폐해를 풍경에 새겨 넣고
있다. 자본화와 세계화가 기승을 부렸고, 그곳 사람들이 〈가게〉라고
부르는 작업장들은 모두 문을 닫았다. 〈우리의 일자리 묘지는 이미
만원이다!〉 브뤼셀에 본사를 둔 국제적 그룹 아이디얼 스탠더드의
소유인 포르셰 공장법랑 주조, 위생 도자기이 문을 닫으면서 146명이 또
일자리를 잃은 2011년 1월, 죽은 도시 르뱅에 내걸린 플래카드에는
이렇게 적혀 있었다. 2001년과 2011년 사이에 아르덴에서만 일자리
6,300개가 없어졌고, 인구 7,400명의 작은 도시 르뱅에 있는 스웨덴
그룹 엘렉트로룩스가전제품의 공장이 2014년에 문을 닫기로 했다는
소식은 마지막 일격처럼 안 그래도 시름시름 앓던 지역 산업의
숨통을 완전히 끊어 놓았다. 이에 앞서 2012년에는 이 공장의
세탁기 생산 라인이 폴란드의 오와바 공단으로 옮겨 갔다. 시앙스
포파리 정치대학, IEP 학위에 파리 경영대학원HEC 최고경영자 MBA 과정

소지자인 프랑스 엘렉트로룩스 사장 기욤 뒤레 드 누앵빌 백작은
파리 센 강 서안의 고급 주택가에서 살고 있다.

뫼즈 계곡의 다른 공업 도시들도 타격을 입기는 마찬가지다.
누종빌에서만 40개의 주물공장, 압인공장, 하청 작업장^{공작, 부품 제조,}
^{모델 제작}이 문을 닫았다. 오늘날 방치된 공장들이 빚어내는 황량한
풍경은 누종빌 사람들에게는 죽음의 상징이다. 노동자들은 버려진
건물들 근처에서 곤궁한 삶을 이어 간다. 공장 앞마당은 잡초만
무성하게 자라 과거의 잔해들을 집어삼키며 위기에 빠진 뫼즈
계곡을 절망의 세계로 만들어 놓는다.

누종빌에 처음 발을 들여놓는 사람은 지금은 앙상한 뼈대만 남은
토메-크롬백 공장의 어마어마한 규모에 놀라게 된다. 이탈리아의
한 그룹이 자동차와 기차에 쓰이는 차축을 생산하던 이 철강
주물공장을 매입해 기술과 자산을 빼먹고 문을 닫아 버린 게 벌써
15년 전 일이다. 뫼즈 강의 한 굽이에, 강과 철도 사이에 자리
잡은 이 공장은 토메가(家)와 같은 집안인 제노가(家)의 공장과
겨우 200미터밖에 안 떨어져 있다. 금속을 주조하지 않고 동력
해머로 눌러서 부품을 생산하던 토메-제노 압인공장은 2006년
캘리포니아에서 온 미국 투자펀드에 약탈당한 후 문을 닫았다.
가끔 한 가족에 대한 기억이 가물가물해도, 그것은 그 계곡에
뿌리를 내리고 조상 대대로 쇠를 다루면서 살아온 사람들의 공통된
기억에 의해 전해진다. 그런데 어디에나 있는 공장들이 일깨워 주던
그 집단적 기억이 훼손되고 있다. 그들은 열네 살이 되면 아버지나
삼촌이 일하고 있는 작업장에 들어갔고, 주조공이나 주물공이

되는 것을 자랑스러워했다. 공장에 들어가 마침내 주물공으로
경력을 쌓는 것을 그들은 소명으로 여길 수 있었다. 그들 중 하나는
인터뷰에서 이렇게 말했다. 「제 관심은 오로지 그것뿐이었어요.
주물을 하고 싶었죠. 할아버지도 주물을 하셨고, 아버지도 주물을
하셨어요. 가족이 모이면 둘러앉아 주물 얘기를 했죠. 주물공이
되는 것, 그건 제 이상이었어요.」[2] 그 노동자들은 일자리뿐만 아니라
그 일을 하는 자부심, 사회적 정체성마저도 잃어버렸다. 그런데도
그들은 아침부터 저녁까지, 이제 주물은 쓰레기장에 내다 버리는
〈불량품〉의 가치밖에 없다고 되뇌는 그 황량한 풍경 속에서 삶을
이어 가야만 한다.

맹활약 중인 새로운 해적들

20세기 초에 토메-제노 공장을 매입한 뒤리 가문은 누종빌 장
조레스 거리에 있는, 정원으로 둘러싸인 아름다운 저택에 거주한다.
그곳은 폐허로 변한 옛 공장에서 불과 500미터밖에 안 떨어져
있다. 2004년까지 사장을 지낸 프랑수아 뒤리는 지금도 매일 미국
투자펀드가 파산시킨 가족 기업의 참담한 모습과 마주하게 된다.
이 펀드의 개입으로 2006년에 노동자 약 370명이 일자리를 잃었다.
정치적으로는 중도에 가까운 이 가톨릭 신자가 겪은 개인적 불행은,
가족적인 유대로 구성했던 것이 파괴되면서 더욱 불행해졌다.
황폐화된 공장은 회사가 법적인 청산에 들어간 지 7년이 지난
지금도 계속 그를 괴롭힌다. 그는 뼈아프게 후회하고 있다. 「토메-
제노 같은 인간적인 규모의 기업은 사주와 노동자 사이에 어느

2.   미셸 팽송, 『노동의 혼란 — 사회와 산업의 변화 속에서 갈피를 못 잡는 야금공 가족들』, 〈사회적
논리〉 총서(파리: 라르트망, 1987).

정도의 유대감을 만들어 냈어요. 직업적인 측면뿐만 아니라, 삶의 터전과 공동체에 대한 애착을 통해서도 그랬죠.」

프랑수아 뒤리와 그의 가족이 미국 펀드 카타리나컨설턴트 겸 투자펀드에 공장을 넘기기로 결정한 것은 2000년대 초부터 은행들이 대출을 거부해, 공장을 유지하고 나아가 발전시켜 줄 투자에 필요한 유동성 자금을 확보할 수 없었기 때문이다. 당시 프랑수아 뒤리는 모친이 대주주로 있는 기업의 사장이었다. 「사실, 저희는 재정적으로 문제가 있어서 다른 그룹과 제휴할 수밖에 없었어요. 그런데 어머니가 격렬하게 반대하셨죠.」 그러자 2003년 9월, 그 회사에 신용 대출 형태로 비교적 높은 7~8%의 금리를 적용해 매년 4~5백만 유로를 빌려주던 여섯 개 은행이 보름 이내로 5백만 유로를 상환하라고 요구했다. 「어머니는 인수자를 찾을 때까지 시간을 벌기 위해 전 재산을 담보로 내놓을 각오가 되어 있었어요. 하지만 저희에게 호의적이지 않은 상사(商事)법원의 몇몇 위원들이 반대 의사를 표명하는 바람에 회사가 법정관리에 들어가고 말았죠. 그래서 일을 서둘러야만 했는데, 저희 회사의 주 고객 중 하나인 포드 비스티온사 임원들이 그레그 윌리스를 추천했어요. 미국 도요타에서 20년 동안 재정을 담당했던 그 미국인은 대번에 우리의 관심을 끌었죠. 이렇게 해서 제 어머니는 사기꾼에게 걸려들었다는 건 상상도 하지 못한 채, 아들들이 급여를 계속 받는다는 조건으로, 회사가 넘어간 뒤에도 제가 계속 회사 경영에 참여할 수 있기를 기대하며, 1유로라는 상징적인 금액으로 토메-제노를 카타리나 그룹에 넘기는 협상을 벌였어요.」

카타리나의 경영자들은 토메-제노의 직원과 노동자를 포함해
모두를 누종빌의 주민 회관으로 불러 모았다. 연설이 시작되고,
모두에게 샴페인이 돌아갔다. 비극은 면했고, 삶은 계속될 수
있었다. 그레그 윌리스와 카타리나의 주요 인사들은 뒤리 가문에
초대를 받았다. 프랑수아 뒤리는 말한다. 「우린 그들에게 완전히
매료되고 말았죠. 베트남 문제에 대해 얘길 나눴는데, 그레그
윌리스는 눈물을 보이기까지 했어요. 불행하게도 우리는 그가
사람들을 호리는 사기꾼이라는 걸 나중에야 알게 되었죠.」
이어지는 이야기는 미국의 〈먹튀〉들이 설립된 지 백 년이 넘은
아르덴의 한 기업을 약탈하러 올 수 있게 한 경제적, 정치적 시스템에
관한 것이다. 카타리나는 노동자들의 노하우와 자동차용 교류
발전기를 생산하는 기업의 엔지니어들이 개발한 기술들을 빼내
갔다. 아주 빠른 속도로 돌아가면서 자동차에 전기를 공급하는
부품을 생산하는 이 공장은 세계적으로 널리 알려져 있었다.
르노와 포드도 이 공장의 주 고객이었다. 이 공장의 노하우들은
연구되고 복사되어 미국과 카타리나 그룹이 멕시코에 세운 공장으로
보내졌다. 이 미국 펀드는 하루아침에 모든 부동산 자산을 팔아 치운
다음 수백 명의 노동자를 실업에 빠뜨리고 미국으로 달아났다. 「다
제 잘못입니다.」 프랑수아 뒤리가 인정한다. 「꼼꼼하게 하나하나
확인했어야 했어요. 하지만 전 그들이 사기꾼들에게 400명의
운명을 맡길 거라곤 상상도 하지 못했죠.」 실제로 이 매각은 인수
서류에 재정보증이 빠져 있었기 때문에 기업 양도 시에 개입할
수도 있었을 샤를르빌메지에르 상사법원 같은 기관들의 묵시적인

동의하에 이루어졌다. 「제가 고위직에 앉아 있긴 했지만 더는 아무 권력도 없었어요. 제 가족의 기업이었는데, 뭔가 수상쩍은 낌새를 알아차렸을 때는 아무것도 할 수가 없었어요. 그저 벽장 속에 처박혀 있었죠.」

카타리나의 두 대표, 그레그 윌리스와 캐서린 지크펠드는 2009년 9월 8일 랭스의 형사합의법원에서 회사 재산의 횡령과 유용에 의한 은닉과 파산으로 징역 5년과 손해배상 2천만 유로를 선고받았다. 그 후로 그들에게는 국제적인 체포 영장이 떨어져 있다. 랭스 지검의 검사장인 파브리스 벨라르장은 말한다. 「그레그 윌리스가 어디 있는지는 오래전부터 알고 있었습니다. 그 사람, 로스앤젤레스에 있는데 숨지도 않아요. 어려운 건 범인 인도, 다시 말해 그를 프랑스로 데려오는 겁니다. 우리는 2010년 2월에 미 당국에 그와 그의 동업자인 캐서린 지크펠드에 대한 범인 인도 요청서를 보냈습니다. 법적으로는 할 수 있는 모든 것을 해봤죠. 인터폴을 통해 체포 영장이 발부됐으니 그들은 언제든 체포될 수 있는 겁니다. 하지만 지금까지 우리는 미 당국의 답장을 받지 못했습니다. 절차가 진행 중에 있지만, 프랑스에서 유죄 선고를 받은 미국 시민을 데려오는 것은 언제나 아주 오래 걸리죠. 미국이 특히 까다로워요.」[3] 미 당국은 1996년에 발효된 조약, 특히 경제 범죄에 대해 범인 인도에 협력하기로 한 조약의 틀 안에서 요청을 받았다.

2009년 가을, 그 먹튀들에게 유죄 선고가 내려진 후, 당시 법무장관이었던 미셸 알리오마리는 미국 시민에 대한 프랑스의

3.　「뤼니웅라르데네」, 2012년 8월 22일자.

어떠한 범인 인도 요청도 거부의 대상이 되지 않았다고 말했다.
하지만 장마르크 에로 수상이 이끄는 사회당 내각의 새 법무장관
크리스티안 토비라는 비서실장을 통해 자신으로서는 〈사법 당국의
독립이라는 헌법적 원칙 때문에 법적인 절차에 개입할 수도, 사적인
성격의 소송에서 쌍방이 주장하는 권리의 정당성에 대해 의견을
표명할 수도 없다〉고 전했다. 그런데 황당하게도 이 편지에는
〈토메-제노 씨에 반대하여 내려진 결정〉이라고 언급되어 있다.
재난에 가까운 실수였다. 게다가 이 사건은 〈사적인 소송〉에 속할 수
없다. 왜냐하면 이 일로 지역의 공적인 집단이 수백만 유로의 손실을
입었기 때문이다. 프랑스 공산당 도당위원장에게 보내진 이 편지는
2012년 10월 9일에 아르덴 지역 일간지인 「뤼니옹라르데네」에
실렸다. 도당위원장은 이 소송의 손해배상 청구인이자 누종빌이
속한 행정구역인 샤를르빌메지에르 도시권 공동체 의회 부의장
자격으로 법무부에 질의를 했었다. 토메-제노 공단은 청산인의
요구에 따라 2013년 7월 10일 시청에서 경매에 부쳐졌다. 53만 5천
유로가 나왔지만, 인수하겠다며 값을 올려 부른 사람은 아무도
없었다.
프랑수아 뒤리가 받은 정신적 충격은 가족주의가 수십 년간 아르덴
야금업계의 사회적 관계를 이끌어 온 만큼 더 크다. 뒤리 가문
사람들은 일상적으로 마주치는 노동자들에게 익히 알려져 있었다.
그들은 역시 직원들 얼굴만 봐도 성이나 이름을 댈 수 있었고, 맡고
있는 직책, 갖고 있는 자격증과 직업적인 이력을 떠올릴 수 있었다.
노동자들의 주거와 건강, 아이들의 교육과 여름 학교에 드는 비용은

021 사장들이 부담했다.

먹튀 사장들을 만난 것은 노동자들뿐 아니라 실패를 경험하고 깊은 회한에 빠진 프랑수아 뒤리에게도 심리적, 도덕적, 정치적 충격이었다. 그는 우리와 가진 인터뷰에서 〈인간을 위한 투자가 아니라 오로지 이익을 위한 이익 추구에 바탕을 두고 있는 시스템에 대해 분개한다〉고 말한다. 「제가 당시 지역신문과 가진 몇몇 인터뷰를 지금 다시 읽어 보면 제가 얼마나 순진했는지 깨닫게 됩니다. 당시 저는 우리는 우리가 원하는 대로 투자를 하고 직원들은 열심히 일만 하면 그 자체로 뒤리 가문과 토메-제노의 직원들이 서로에게 잘 살아갈 수 있는 가장 큰 기회를 주기에 충분하다고 생각했어요.」

흉물스럽게 변한 건물들은 가족주의적인 산업자본주의의 종말을 의미한다. 사장은 아버지, 직원은 그 자식에 비하는 이 메타포는 착취 관계에 윤리적이고 감정적인 성격을 부여하는 경향이 있다. 상속자인 사장들의 의무는 전 세대에게 물려받은 회사를 잘 키워 다음 세대에게 물려주는 것이었다. 그들이 할 줄 몰랐던 것, 아니, 그들이 할 수 없었던 게 바로 그것이었다. 그들은 세계화가 가져온 결과 중 하나, 모든 것을 희생해서라도 주주들에게 최대의 이익을 가져다주려는 움직임에 의해 제거되었다. 경제의 자본화와 함께 생산보다는 투기가 우위에 서게 된다.

〈면세 지구〉와 현상금 사냥꾼

탈산업화에 의해 황폐화된 아르덴은 머나먼 서부처럼 빠르고

원칙 없는 치부가 가능해진 지역 중 하나가 되어 버렸다. 이
도(道)에 프랑스에서 가장 큰 면세 지구가 있는 것은 사실이다.
463개의 행정구 중 362개가 그에 속한다. 2007년 1월 1일부터
발효된 세금과 사회 분담금 면제 조처는 창업, 다시 말해 일자리
만들기를 장려하기 위한 것이었다. 그런데 사장 한 명이 임금
근로자와 기업을 정부 보조금을 타내기 위한 수단으로 이용해
〈아르덴의 베르나르 타피〉[4]라는 별명을 얻었다. 말하자면 현상금
사냥꾼에게는 약속의 땅인 셈이다.

필리프 자를로는 상사법원의 동의를 얻어 야금, 철공과 관련된
회사 여러 개를 인수했다. 그는 단돈 8천 유로로 2006년 11월까지
프랑수아 뒤리 가문 소유였던 자요Jayot사를 사들였다. 〈아르덴의
타피〉는 이 회사를 회생시킨다는 명목으로 도의회로부터 30만
유로에 달하는 지원금을 타냈다. 도의회는 그 지원금이 원래
취지대로 사용되는지, 아니면 필리프 자를로가 다른 공장에 그 돈을
사용하는지 감시할 수 없었다. 모회사인 르누아르 에 메르니에의
파산을 수상쩍게 여긴 임금노동자들과 도의회의 고소를 당한
필리프 자를로는 공금횡령, 회사 재산 유용, 고의적인 도산 혐의로
2011년 5월 18일 샤를르빌메지에르 형사합의법원에 출두해야
했다. 자요사의 회생을 위해 지원된 자금이, 다른 의심스런 사용처
중에서도, 가공의 일자리에 대해 매월 6천 유로의 봉급을 지불하는
데 사용된 것으로 밝혀졌다. 재고품과 수명이 다 된 기계 중 하나를
고철 장수들에게 영수증 없이 현금을 받고 파는 등, 회사 재산을
유용한 사실도 드러났다. 필리프 자를로는 징역 3년의 집행유예와

4.   본문 62면의 〈베르나르 타피, 칸비에르의 새로운 왕자〉 참조 — 옮긴이주.

023 벌금 9만 유로를 선고받았고, 민사에서는 사라진 지원금 30만 1천
유로를 도의회에 환불하라는 판결을 받았다. 가공의 일자리 덕에
봉급을 챙긴 사람과 고철 장수들도 은닉죄를 선고받았다.
필리프 자를로가 처벌을 받은 것은 사장의 공금횡령을 발견하고
법원에 고소한 임금노동자들의 결집 덕분이었다. 도로를 봉쇄하고
버스, 전차, TGV를 막는 등 그들은 결사적으로 행동에 나섰다.
하지만 그것도 효과가 없었다. 2008년에 파산선고가 내려진
르누아르 에 메르니에사에서 임금노동자로 일했던 클로드 쇼케는
아직도 분노를 감추지 못한다. 「당시 우리는 한계에 달해 있었어요.
그래서 뫼즈 강에 염산을 붓겠다고 위협했죠. 그런데도 아무것도
얻어 내지 못했어요. 우리는 환경을 생각해서 위협을 실행에 옮기지
않기로 결정했어요.」
필리프 자를로는 형사합의법원의 결정에 상소하지 않았다. 더 이상
회사를 경영할 수 없게 된 그는 「지금 카스트르 지방에 있는, 딸
앞으로 된 회사에 다니고 있어요. 공식적으로는 영업부장이죠.」
클로드 쇼케가 전한다. 필리프 자를로의 처지는 〈회사를 살릴 수
있었는데도〉 그의 공금횡령 때문에 일자리를 잃고 실의에 빠진
노동자들과 확연히 대비된다.
상사법원은 어려움에 빠진 기업의 상징적인 매각에 있어서 아주
중요한 중재 역할을 한다. 그런데 인수자들이 늘 정직한 사람들인
것은 아니다. 올리비에 토세르는 이렇게 강조한다. 「어떤 사람들의
파산이 다른 사람들의 부를 만든다. 윤리가 사업과 사이가 좋았던
적은 한 번도 없었다. 상사법원의 무대 뒤에서 윤리란 아주 모호한

개념이다. 하지만 이러한 예외적인 재판권은 경제계 곳곳에 편재해
있다. 프랑스 국민의 이름으로 정의를 실현하는 법관들의 도움을
받아 취득된 이러한 사적인 부로 인해 공동체가 치른 대가는 얼마나
될까? 한 번도 계산된 적은 없지만, 아마도 수백 억 유로는 될
것이다.」[5]

필리프 자를로의 직원들은 전직 임금노동자 단체를 결성하고,
그들의 행동을 대중화하기 위해, 또한 한 직장에서 수십 년 동안
일하며 맺어온 거의 가족적인 관계를 이어 가기 위해 블로그를
만들었다.[6]

「왜냐하면 우리의 가장 큰 고통이 이러한 접촉의 파괴였거든요.
우린 함께 식사도 하고 사이가 아주 좋았어요. 두 번째 가족 같았죠.
회사가 청산에 들어가고 일 년 후에 한 여직원이 목을 맸어요.
어찌할 바를 몰랐던 거죠.」 클로드 쇼케가 고통스런 표정으로
말한다. 모든 고통이 아직도 생생하게 느껴지는 무거운 침묵이
이어진다.

하지만 부당 해고가 인정되어 노동쟁의 조정위원들은 노동자들에게
특별 배상을 받게 해주었다. 게다가 그들은 토메-제노의
노동자들과 마찬가지로 직업이전계약CTP[7]의 혜택을 볼 가능성도
있었다. 하지만 대부분은 일자리를 찾지 못했고, 지금은 오랜
기간 기업에 근무했던 실업자들에게 주어지는 매달 480유로의
특별연대수당ASS으로 만족해야 한다. 클로드 쇼케는 이렇게
결론짓는다. 「그들에게 닥친 일은 생존이에요. 그래서 불법적인
일도 조금 하고, 〈사랑의 식당Restos du Coeur〉[8]에서 공짜로 밥도 먹고,

5.   올리비에 토세르, 『공적 자금과 사적인 부, 국가가 베푸는 특혜의 비밀스런 역사』, 〈폴리오
도퀴망〉 총서(파리: 갈리마르, 2003), 170면.
6.   Lenoir et Mernier — http://lenoir-ou-le-noir.over-blog.com.
7.   CTP의 수혜자는 최대 12개월 동안 월급의 80%에 달하는 수당을 받게 된다. 현재는
직업안전화계약(Contrat de Sécurisation Professionnelle)으로 대체되었다 — 옮긴이주.
8.   프랑스 코미디언 미셸 콜뤼슈가 만든 무료 급식 단체 — 옮긴이주.

025 생활비도 줄이고 해서 이 상황에서 벗어나려고 애쓰고 있죠. 이러한 상황을 이용해서 하루나 며칠, 기껏해야 일주일짜리 노동계약을 제안하는 사장들도 있어요. 그야말로 사회적 퇴보죠.」어떤 지역이 황폐화되면 될수록 더 쉽게 양심 없는 약탈자들에게 노출되는 것 같다. 먹잇감의 취약성이 독수리들을 끌어들인다.

일끄1 가난한 자들에게 동정은 없다

노동자로 살다 보면 여러 형태의 폭력에 노출된다. 샤를 레는 토메-제노에 입사하기 전 포세코라는 회사에서 21년 동안 일했다. 그는 그곳에서 석면에 노출되어 끔찍한 고통을 겪다가 2011년 9월 2일에 사망했다. 그곳에서 일한 노동자 700명 중 300명이 석면 노출에 따른 후유증으로 사망했다.

2008년 어느 날 저녁, 우리는 누종빌로 샤를 레를 다시 찾아갔다. 그는 건강검진 때문에 병원에 가봐야 한다며 한잔하러 가자는 우리의 초대를 사양했다. 그가 포세코에서 일할 당시에는 석면과 관련된 규제가 전혀 없어서, 사장은 직원들에게 일하기 싫으면 다른 일자리를 알아보라고 큰소리를 칠 수 있었다. 「노동자를 위한 예방 원칙이 없었습니다.」친구 샤를에 앞서 토메-제노에서 노동총연맹 활동가로 일하고 있었던 야니크 랑그르네는 말한다.

샤를이 사망하자, 그의 아내와 자식들은 권리를 행사하기 위한 절차에 착수해야 했다. 행정적인 절차는 가히 카프카적이었다. 그것은 결코 친절한 행정 서비스가 아니었다. 일이 어떻게 돌아가는지 도무지 알 수가 없었다. 그래서 그들은 결국 전화

상담원들에게 화를 내기 시작했다. 가족은 더 이상 행정 서비스를
〈괴롭히지〉 말라는 경고를 받았다.

샤를 레의 아들 중 하나가 질병보험기초기금의 책임자에게
최후통첩을 보냈다. 〈저는 제 부친을 앗아 갔을 뿐만 아니라
제 어머니와 주변 사람들에게 이 같은 상황을 강요하는 행정
시스템의 모든 탈선을 고발하기 위해 2011년 11월 20일 일요일부터
단식투쟁을 시작하기로 결심했습니다. 제 어머니는 더 이상 그녀의
부담이 되지 말아야 할 비용들을 여전히 지불해야만 합니다.
제 부친은 동세리의 기업 포세코에 의해 살해당했습니다. 이를
상징하기 위해 저는 제 새로운 거처가 포세코 공장의 옛 부지
앞에 설치된 텐트가 되리라는 것을 귀하께 알려 드립니다. 제가
병가 상태이므로 귀하는 저를 방문할 수도 있을 겁니다. 귀하가
필요하다고 판단한다면 일체의 일일배상[9]을 중단할 수도 있습니다.
저는 이미 모든 것을 잃었습니다. 제 부친, 제 직업교육, 제 삶……〉
행정 기계가 다시 돌아가기 위해서는 한 사회당 의원이 이 절망의
편지를 지지하는 것으로 충분했다.

프랑스 경제인연합회[Medef][10]에서 상영된 「계곡의 침묵」

2008년 1월 14일, 한때 공산당의 투사였고 좌파전선과 가까우며
TV 기자로 일하다 은퇴한 마르셀 트리야는 경제인연합회 회장
로랑스 파리조로부터 보스케 대로에 있는 연합회 대강당에서
우리도 협력했던 영화 「계곡의 침묵」을 상영해 달라는 부탁을
받는다. 그것은 흔히 있는 일이 아니다. 자영업자, 중소기업가,

---

9. 근로자가 질병으로 인해 일할 수 없을 경우 사회보장기금 〈세큐리테 소시알〉로부터 하루치
월급에 해당하는 일일배상을 받을 수 있다 — 옮긴이주.
10. Mouvement des Entreprises de France — 옮긴이주.

대기업 경영진AXA 그룹 감독위원회 회장 클로드 베베아르가 맨 앞줄에 앉아 있다뿐만
아니라 해고 노동자, 노동조합 대표, 기자, 사회학자 등으로 구성된
관객 또한 흔치 않기는 마찬가지다. 파리 7구의 그 우아한 동네에서
과연 무슨 일이 일어날까?

2006년, 파업 노동자들과 공권력이 대치하고 있을 때 마르셀
트리야는 누종빌에 있다. 그는 그 지역이 안고 있는 문제들을
다루는 다큐멘터리를 찍기 시작한다. 그가 그 다큐멘터리를 찍을
생각을 한 것은 『노동의 혼란』[11]을 읽고 나서다. 우리는 그가 사전
물색 작업을 할 때 안내역을 맡았다. 다큐멘터리의 주인공은
노동자들과 투기 자본에 농락당한 가족 기업의 경영자다. 이들 중
어느 누구도 그 비극에서 무사히 빠져나오지 못할 것이다.
공산당 기관지 「뤼마니테」는 이 다큐멘터리가 TV 채널 프랑스2를
통해 상영된 2007년 10월 4일자 판에서 〈눈물의 계곡에서는
사장들도 눈물을 쏟는다〉는 제목으로 2면을 할애해 이 영화를
다룬다. 경제인연합회 회장이 손수 2008년 1월 14일 저녁 모임을
마련한 이유를 거기서 찾아야 할까? 로랑스 파리조는 2007년
11월 17일자 「뤼마니테」 지면을 통해 연합회 대강당에서 이 영화가
상영되고 뒤이어 토론이 벌어질 예정이라고 알렸다. 그녀에 관한
기사 바로 옆에 마치 첫 대면이라도 하듯 마르셀 트리야에 관한
기사가 실렸다.

우리는 젊은 동료 사회학자 세드릭 포시크, 폴 파스칼리를 대동하고
그날 저녁 토론을 지켜봤다. 이 보고에는 그 기억할 만한 사건에
대해 그들이 관찰한 것과 우리가 관찰한 것이 뒤섞여 있다. 토론의

11.   미셸 팽송, 앞의 책.

진행자는 유머를 섞어 가며 분위기를 부드럽게 이끌면서도 권위를 가지고 발언권을 골고루 나눠 주었다. 하지만 마르셀 트리야 주변에는 경영자 측 토론자들밖에 없다. 로랑스 파리조, 악사 프라이비트 에쿼티AXA Private Equity 경영권자 회의 의장인 도미니크 세네키에, 토메-제노 사장을 역임했던 프랑수아 뒤리, 기업가이자 아르덴 경제인연합회 회장인 프랑수아 드 생질, 『투자펀드들은 정말…… 약탈자들일까?』[12]의 저자 아르노 부예르, 관객 대부분은 경영자들이다. 칵테일파티 때 정장을 말끔하게 차려입은 그들 중 하나가 쿠키를 손에 들고 옆에 있는 사람들에게 뷔페에 먹을 만한 게 없다며 툴툴거린다. 「사회 고발 영화라 뷔페를 너무…… 비싸게 차리고 싶지 않았나 봐요.」 그의 동료들이 킬킬거린다.

토론에서 노동자의 관점이 설 자리는 거의 없다. 그럼에도 토메-제노의 노동총연맹 대표인 야니크 랑그르네와 토메-제노 해고 노동자 단체를 결성해 이끄는 샤를 레가 그 관점을 효과적으로 방어한다. 마르셀 트리야가 기업의 자금 조달 메커니즘과 투자펀드의 중요성을 둘러싸고 주로 기술적인 얘기들이 오가는 토론에 약간이나마 사회문제를 끌어들이려고 애를 쓴다. 사회문제에 속하는 모든 것은 반박의 여지가 없어 보이는 실용주의 아래로 가라앉고 만다.

마르셀 트리야의 영화는 뭔가 잘못되어 간다고 생각하는 관객에게서 긍정적인 호응을 얻는다. 많은 사람이 그 주제에 관심을 갖고 있다. 예외적인 인파가 그것을 증명한다. 기업명이 새겨진 금박 명찰이 붙은 강당의 의자 350개로는 어림도 없다. 초대 손님 수십

12.　　아르노 부예르, 『투자펀드들은 정말…… 약탈자들일까?』(파리: JC 라테스, 2007).

명은 지하로 내려가 보조 스크린으로 영화를 관람해야만 한다. 캘리포니아의 기업 인수자 카타리나는 유죄를 선고받았다. 로랑스 파리조는 그런 해적들을 조심해야 한다고 경영자들에게 경고하면서도 가족 기업들이 오래 번성하려면 투자펀드에 문을 열어야 한다고 권장한다. 토메-제노 사건은 하나의 사고로 취급되었다. 유감스럽지만 피할 수 있었던 사고. 왜냐하면 기업 인수펀드들의 정상적인 작동 방식은 그렇지 않으니까. 도미니크 세네키에는 프랑수아 뒤리가 신뢰할 만한 투자펀드와 손을 잡았더라면 어려움에 처한 기업을 살릴 수도 있었을 거라고 장담한다.

「토메-제노의 노동자와 노조 운동가 여러분을 이곳으로 모신 것 자체가 하나의 상징입니다.」 로랑스 파리조가 최종 발언에서 엄숙하게 선언한다. 물론이다. 하지만 어떤 상징? 계급 투쟁은 과거사라는 상징? 〈사회적 파트너〉의 탄생이라는 상징? 기업 총수들이 모여 〈노마드〉 금융자본주의에 비판적인 다큐를 관람하는, 이 있을 법하지 않은 일은 소멸의 길을 걷고 있는 자본주의에 작별을 고하는 의식이 아닐까? 먹잇감을 덮쳐 배를 채우는 데 급급한 포식자들을 조심하라는 경고인 동시에 이익 생산의 새로운 국제주의에 뛰어들라는 초대가 아닐까? 졸지에 일자리를 잃고 생활고에 허덕이는 노동자들에 대한 언급은 거의 없는 가운데, 뒤리 가문, 특히 일찍 남편을 여의고 악착같이 기업을 이끌어 온 어머니에 대해 발언자들이 내보인 동정심은 가히 충격적이었다.

샤를 레가 자신의 관점을 피력하기 위해 마이크를 잡는다. 목소리 음색, 아르덴 사투리 억양, 머뭇거림이 양복 차림 사장들의 유창한 연설과는 확연한 대조를 보인다. 토메-제노에 근무했던 직원들을 대변하여 잠재적인 인수자에게 눈물의 호소를 한 그는 우레와 같은 박수를 받는다. 로랑스 파리조가 무대로 올라오라고 초대하지만 그는 거절한다. 계급적 자부심 때문일까?

뫼즈 계곡의 제철산업이 어려움을 겪자 공장들은 문을 닫고 사람들은 일자리를 잃고 생활고에 허덕이거나 타지로 떠난다. 이와 똑같은 과정이 가금육류 가공업체, 자동차 그룹, 그리고 국가가 36%의 지분을 가진 CAC 40[13] 상장회사에서도 진행되고 있다. 플로랑주에서 낭트와 마르세유를 거쳐 덩케르크까지 사정은 다 다르지만 노동자들은 일자리는 없고 가난과 배척만 남을 미래에 대한 불안에 시달리고 있다.

제2장/ 두[14]의 닭들은 고된 삶을 산다

1933년 브르타뉴에서 아버지가 창업한 가금전문기업을 물려 받은 소유주인 샤를 두는 1998년 남미에서 세 번째로 큰 가금 사육장 프란고술Frangosul을 매입해 생산 시설 일부를 브라질로 옮겼다. 매입 자금의 일부는 프랑스에서 발생하는 적자를 메우기 위해 은행들로부터 대출받은 돈으로 충당했다. 이 브라질 가축가공회사의 매입으로 인해 프랑스에서 10년

---

13.   프랑스 증시 — 옮긴이주.
14.   두(Doux)는 형용사로는 〈부드럽다, 안락하다〉는 뜻을 갖고 있다. 소유주의 이름 Doux와 사육업자들의 고된(dure) 삶을 대비시켰다 — 옮긴이주.

사이에 16개 공장이 문을 닫았고, 직원 600명이 해고되었으며,
회사는 법정관리에 들어갔다. 2012년 6월 1일, 샤를 두는 캉페르
상사재판소에 파산신고를 했다.

이 사건의 여파로 두 나라의 사육업자 사이에 경쟁이 자리 잡았다.
프랑스는 브라질에서 샤를 두의 닭을 수입한다. 그 닭들은
프랑스에서 사육한 닭보다 3분의 1은 저렴하다. 〈통합계약〉으로
두사에 덜미가 잡힌 프랑스 사육업자 800명의 운명은 불확실하다.
사육업자는 두의 공장에서 제조된 사료 자루들과 함께 병아리
상태로 제공된 닭들의 소유자가 아니다. 그는 계약에 따라 그
병아리들을 40일 만에 바로 도살할 수 있는 1.5킬로그램짜리
닭으로 키워 내야 한다. 그는 독립 사업자의 신분을 가지는 동시에
자율의 이점은 누리지 못하는 모순적인 상황에 처하게 된다. 그는
자발적인 예속 상태에 빠진 외로운 노동자라 할 수 있다.

두사가 가금육류와 가축 사료 수출을 돕기 위한 유럽 보조금을
따냈기 때문에 납세자는 지갑을 열어 그 회사를 도와야만 했다.
농업경제학자 자크 베르텔로는 2012년 8월 1일자 『르 카나르
앙셰네』에서 이렇게 설명한다. 〈따라서 유럽의 납세자들은 《농산물
수출 보조금》의 형태로 두에게 20억 유로를 선물한 셈이다.〉
2009년에 에르반 세즈네크는 이렇게 썼다. 〈두는 프랑스에서
최초로 이 시스템의 덕을 본 사람이다. 그는 프랑스에서 계속
직원들을 해고하면서도 유럽연합 외부로 팔려 나가는 가금육류
1톤당 200~300유로를 지원받고 있다. 이러한 상황이 몇 년째
지속되고 있는데도 그것을 문제 삼는 사람은 아무도 없다. 이

보조금의 수혜자들이 2009년에 와서야 알려진 탓도 있을 것이다.〉[15]
2012년 10월, 유럽연합은 가금육류 수출 보조금을 30% 삭감했고,
2013년 7월 18일부로 완전히 폐지했다.

샤를 두는 뱅상 볼로레와 프랑수아 피노가 세운, 브르타뉴 지방색이
짙은 클럽 데 트랑트의 회원이다. 그는 1970년대에 회사를 맡아
이끌었고, 2013년 4월 19일부터는 회사 일을 돕던 아들 장샤를이
그의 뒤를 이었다. 가족 왕조는 대대로 가업을 물려받은 자식들에
의해, 그리고 물론 회사 자체에 의해 더욱 공고해졌다. 1990년
페르 도뒤Père Dodu라는 상표로 신선가금육류 시장에 뛰어들면서
아그로파르라는 이름으로 설립된 지주회사가 가족과 기업을
법적으로 완성하고 강화한다. 샤를 두의 아버지 피에르 두는 기업의
본사를 샤톨랭으로 옮기고, 거대한 도축장과 가공 시설, 그리고
인공부화장을 지어 900개의 일자리를 만들어 낸다. 두 집안의
회사는 그 지역에서 가장 세금을 많이 내는 기업이다.

두의 임금노동자들은 불확실성 속에서 살아가고 있다. 모리비앙에
있는 플뢰카되크 도축장 직원들은 2012년 5월 회사가 파산신고를
하는 바람에 400명 중 260명이 해고되고, 1년 후 캥페르
상사재판소가 회사의 청산을 선고하자 남아 있던 직원 147명도
일자리를 잃고 만다. 노동자들은 자본이 벌이는 이 곡예 속에서
할 수 있는 것이 별로 없다. 그들은 로또 번호 추첨함 속에서 뱅뱅
돌아가는 공들 중 하나에 불과하다. 어떤 이들은 이미 일자리를
잃었고, 다른 이들은 위협을 받고 있다. 사업가들은 그들의 사업을
하고, 실업자들은 점점 늘어날 것이다.

15.   에르반 세즈네크, 「가족 자본주의의 보복」, 브누아 콜롱바와 다비드 세르브네, 『경영자의
비밀스러운 역사, 1945년부터 오늘날까지』(파리: 라 데쿠베르트, 2009), 648면.

033 이 상황은 아르덴의 상황과 흡사하다. 두 경우, 노동자들은 그들의
직업에 애착을 갖고 있다. 그들 대부분은 몇 십 년 동안 같은
공장에서 일해 왔다. 그 땅에 뿌리를 내리고 살아온 만큼, 자본이
부리는 변덕에 따라 이리저리 삶의 터전을 바꾸는 것은 불가능하다.
자본의 변덕이 오늘날에는 전 지구촌을 무대로 이뤄지기 때문에
더더욱 그렇다. 도무지 뭐가 뭔지 알 수 없는 법과 금융의 복마전이
민초들의 삶을 짓밟는다. 임금노동자들은 이 지옥으로의 추락이
끝없으리라는 것을 알고 있다. 〈끝장났다〉는 절망의 감정이
그들의 가슴을 짓누른다. 프랑스에서 문을 닫은 산업공단의 수가
2012년에만 266개, 다시 말해 2011년보다 42%나 증가했다.
2009년 이래로 1,087개가 문을 닫고 703곳이 새로 문을 열었으니
그사이에 산업공단 384개가 줄어든 셈이다.

참고2 두 가문과 샤틀랭의 닭

샤를 두는 기업 본사로부터 약 3킬로미터 떨어진 곳에 거주한다.
기업주 가족, 도축장의 노동자, 그리고 사육업자들이 그 지역에 함께
뿌리를 내리고 살아간다. 하지만 그들 간의 사회적 거리는 물리적
거리로 표시된다. 우리가 현장 실사를 나갔다가 목격한 두 가문의
집은 주거 전용면적이 550제곱미터로, 1980년대에 점판암 채굴장이
있던 자리에 지어졌다. 드넓은 정원은 아름드리 나무들로 보기 좋게
꾸며져 있다.
울창한 나무에 가려 구경꾼들의 눈에 띄지 않는 저택 전체가 소도시
샤틀랭을 굽어보고 있다. 반대로 그곳에서 멀지 않은 산업지역에

위치한 두 본사는 아주 잘 보인다. 내부가 훤히 들여다보이는 유리
건물, 말끔하게 깎아 놓은 넓은 잔디밭이 닭의 형상을 한 조각들로
영원히 남게 된 그 기업의 희생자들에게 경의를 표한다. 회사의
웅장함은 바람에 나부끼는 깃발 세 개에 의해 드높아진다. 하나는
프랑스 국기, 다른 둘은 두 그룹과 자회사인 페르 도뒤의 깃발이다.
〈하이테크〉 사무실 뒤쪽에 도축장과 가공 시설이 있다.
끝으로, 매력적이고 아늑한 곳에 자리한 16세기의 로스파르
예배당이 그 문화유산의 보존에 공헌한 두 가문의 후한 아량을
증언한다. 두 가족은 가축과 주인을 축복하는 성령강림절에는
반드시 참석해 자리를 빛낸다. 하지만 맛있게 구워지기 전에
마지막 깃털까지 홀랑 타버리는 닭 냄새가 노동자와 사육업자의
노동만이 그 가문의 부와 너그러움을 허락한다는 사실을 일깨운다.
드넓은 저택, 문화유산으로 지정된 예배당, 기업의 색깔을 띤 깃발,
이곳에서 부(富)는 그 근원에 집중되어 스스로를 정당화하는 상징적
측면을 과시한다.

제3장/ 노동자를 무시하는 PSA 푸조 시트로엥

여름 바캉스가 시작되기 직전인 2012년 7월 12일, PSA 푸조
시트로엥 경영진은 1973년에 지어진 오네수부아 공장을 폐쇄하고
2014년까지 단계적으로 직원 3,000명을 감원하겠다고 발표한다.
게다가 렌느 공장의 일자리 1,400개와 서비스 부문 일자리

3,600개도 위협을 받는다. 결국 우리는 총 11,200개의 일자리가
사라지는 것을 보게 될 것이다. 7월 13일, 경영권자 회의 의장인
필리프 바랭이 프랑스 방송국 RTL에 출연해 인정했듯이, 회사
측은 〈대통령 선거 기간에 그 문제를 이슈화할 수는 없었기〉 때문에
의도적으로 그 발표를 미뤄 왔다. 프랑스 노동총연맹 대표인
장피에르 메르시에는 이렇게 말한다. 「바랭 씨가 PSA의 직원들에게
전쟁을 선포했다. PSA 그룹은 여론을 의식해 일 년 전부터 오네
공장의 운명에 대해 끊임없이 거짓말을 해왔다.」
실제로 2011년 11월에 PSA의 직원들로부터 공개서한을 받은
니콜라 사르코지는 이렇게 답했다. 「어제저녁, 그리고 오늘
아침에도 필리프 바랭과 얘기를 나눴는데, 저는 PSA에 구조조정
계획은 없을 거라고 단호하게 말씀드릴 수 있습니다.」 2012년
4월 12일, 노조 활동가들이 그의 선거운동본부를 찾아갔을 때도
그는 그런 사회적 재앙은 절대 일어나지 않을 거라고 장담했다.
그런데 노동총연맹은 2011년 6월 9일에 이미 니콜라 사르코지의
재선에, 그리고 그 여세를 몰아 우파의 승리에 방해가 되지 않도록
오네수부아 공장의 폐쇄를 대통령 선거가 치러지는 2012년
봄까지는 비밀에 부치라는 2010년 8월 23일자 내부 문건이 있다는
사실을 폭로한 바 있었다.
그리고 폭로 이후로, PSA의 경영진은 그 계획의 존재를 단 한 번도
부인하지 않아 직원들을 불안에 떨게 했다. 사측은 의도적으로
소문을 계속 흘렸다. 그것이 불러일으키는 불안이 행동과 저항을
마비시키니까. 이렇게 직원들과 그 가족을 불확실한 상황으로

내모는 것은 상징적 폭력의 한 형태다. 미래를 그릴 수 없게 만드는 것은 파괴적인 폭력으로, 분노보다는 체념을 불러온다. 게다가 회사 측은 여름 바캉스가 시작되기 직전에 공장 폐쇄를 발표해 휴식과 가족 재회의 시간, 마침내 자기 자신으로 돌아갈 수 있는 시간을 망쳐 놓으며 직원들에게 견디기 힘든 굴욕감을 주었다. 그것은 직원들의 허를 찌르는, 함께 모여 집단적으로 저항하기가 아주 힘든 분산의 시기를 이용하는 비열한 방식이기도 했다. 필리프 바랭의 거짓말, 그리고 우파와 사회당 책임자들의 공모는 그러한 재앙이 대통령 선거의 이슈가 되지 못하게 막았고, 그럼으로써 선택에 아주 중요한 역할을 했을 정보를 유권자들에게서 박탈했다. 이것은 정치인들이 CAC 40에 상장된 기업들에 예속되어 있음을 보여 주는 생생한 예다.

많은 사회주의자들이 PSA 푸조 시트로엥의 조치에 놀라움을 금치 못하는 시늉을 했다. 「다른 사람들과 마찬가지로 저 역시 PSA의 발표에 큰 충격을 받았습니다. 무엇보다 그 직원들과 가족이 걱정되는군요.」 피에르 모스코비치는 어떻게 2012년 7월 17일자 「르 몽드」지에 이렇게 발표할 수 있었을까? 필리프 바랭이 회장으로 있는 산업 서클의 부회장인 그가 과연 그 회사가 처한 상황을 몰랐을까? 새로이 생산성 재건장관에 임명된 아르노 몽트부르는 푸조가와 회사 경영진에 대한 노여움을 공개적으로 드러냈다. 하지만 생산성 재건부와 푸조가가 같은 홍보 대행사인 스테판 푸크의 하바스 월드와이드도미니크 스트로스칸과 미국 사법부 사이에 소송이 일어났을 때 유로RSCG라는 이름으로 세상에 널리 알려졌다로부터, 커뮤니케이션 서비스를

받고 있다는 사실은 언급하지 않았다. 「우리는 PSA의 계획을
그대로 받아들일 수 없다.」 아르노 몽트부르는 단호하게 선언했다.
프랑수아 올랑드도 〈극도의 우려〉를 나타냈다. 7월 14일의
인터뷰에서 그는 이렇게 잘라 말했다. 「저는 그 계획을 도저히
그대로는 받아들일 수 없다고 생각합니다.」 장마르크 에로에게는
그것은 〈그야말로 충격 그 자체〉였다.

실제로 그 조치를 〈그야말로 충격 그 자체〉로 느낀 것은 PSA의
노동자들이었다. 대량실직 사태 속에서 일자리를 잃은 그들은
물질적인 충격을 받았고, 회사 경영진과 정부의 기만에 정신적
외상을 입었다. 철없는 아이처럼 두 눈 멀쩡하게 뜨고 속은 것은
어른들로서는 엄청난 굴욕이다. 지배자들은 위선을 통해 그들이
〈인적 자원〉으로 여기는 노동자에 대한 멸시를 적나라하게
드러낸다. 그들은 노동자를 원료 중 하나로 취급한다.

생산 시설의 해외 이전은 몇 년 전부터 그 그룹의 전략에 들어
있었다. 2006년에는 7,000개, 2007년에는 5,090개, 2009년에는
5,700개, 2011년에는 6,800개의 일자리가 사라졌다. 자동차
회사에서 일자리 하나가 없어지면, 하청회사에서는 일자리 서너
개가 없어진다. 2009년부터 자동차 관련 하청회사에서 사라진
일자리는 23,000개에 달한다. 하지만 PSA는 정부로부터 후한
선물을 받아 챙겼다. 2009년 니콜라 사르코지는 르노와 마찬가지로
PSA에도 이윤이 할인된 융자금 30억 유로를 지원해 줬다. PSA는
이 융자금을 미리 갚았는데, 아마도 부담 없이 대량해고를 하기
위함이 아니었을까? 폐차처분 장려금이나 보험료 할인, 할증

같은 다른 형태의 지원까지 포함하면, 적어도 80억 유로 가량의
공적자금이 PSA로 흘러들어 갔을 것이다.

〈경쟁력〉의 이름으로 노동자들만 오명을 뒤집어썼다. 감당할
수 없는 비용이 드는 부담이라는 것이다. 하지만 『마리안』지의
기자 에르베 나탕에 따르면, 〈PSA가 프랑스에서 생산한 자동차
대수는 총생산 대수의 44%다. 그런데 자동차 가격 계산에서 생산
공임은 대당 최종 가격의 20분의 1에 지나지 않는다……. 따라서
인건비만으로는 자동차 생산이 왜 10년 만에 프랑스에서는 37%
감소했고 독일에서는 11% 증가했는지 설명하지 못한다.〉[16]

PSA는 세계 금융위기가 정점에 이르렀던 2008년과 2009년에는
배당금을 지불하지 않았지만, 2010년에는 2억 5천만 유로를
주주들에게 배분했고, 그중 7천 2백만 유로는 푸조가의
구성원들에게 돌아갔다. 경제학자 프레데리크 로르동은
이렇게 말한다. 「2011년에는 배당금으로 2억 8천 7백만 유로가
지불됩니다. 그리고 무엇보다 기업이 자사 주식을 되사는
비정상적인 거래에 2억 유로가 들어가죠. 경영권 방어가
목적이라고 하지만, 실은 주식당 수익률을 높여 시세를 떠받치기
위한 거예요. 말하자면 5억 유로 가량을 창문 밖으로 내던진
거죠…….」 주주들은 2012년에도 2억 5천만 유로를 배당받았다.
그리고 2013년 주주총회는 총 3억 2천만 유로 어치의 신주 매입을
허락했다.

필리프 바렝 역시 선물을 듬뿍 받았다. 경영권자 회의에서 기타
수당을 유보했기 때문에, 그는 2012년에 고정급 130만 유로를

---

16. 『마리안』, 2012년 7월 21~27일.

039 받았다. 2011년의 경우에 기타 수당이 1,651,000유로에 달했고,
거기에 특별수당 30만 유로와 〈자동차 현물 특혜〉 2,700유로가
추가되었다. 따라서 그는 2012년에 총 3,253,700유로의 소득을
올렸다고 볼 수 있다. 필리프 바랭은 정유회사 토탈의 회장
크리스토프 드 마르저리, 광고회사 퓌블리시스의 회장 모리스
레비를 비롯한 열여섯 명의 슈퍼 부자들이 2011년 8월 『르 누벨
옵세르바퇴르』지에 〈가장 부유한 프랑스 납세자들을 대상으로
특별세를 신설하자〉는 호소문을 실었을 때 자신도 관련이 있다고
느꼈을 것이다. 그런데 왜 같은 사람들이 임기를 막 시작한
프랑수아 올랑드와 사회당 정권이 부자들에게 〈좀 더 노력을
하라〉고 제안했을 때는 그토록 강력하게 반발했을까? 물론 게임의
지배자로 남고 싶었기 때문일 것이다.

PSA 그룹의 주식시세가 지난 5년 동안 8분의 1이 되었고, 2012년
상반기에만 7억 유로나 적자가 났는데도, PSA의 경영진과
주주들은 계속 돈을 벌고 있다.[17]

경영진은 이러한 사정을 뻔히 알면서도 노동법이 존재하지 않는
나라로 생산 시설을 이전하는 것을 정당화하기 위해 모든 것을
〈인건비〉 탓으로 돌린다. 2013년 5월 29일자 『르 카나르 앙셰네』는
유럽부흥개발은행BERD이 미쓰비시와 협력하여 러시아에 자동차
공장을 짓는 PSA를 돕기 위해 1억 1천만 유로를 대출해 줬다고
폭로했다.

PSA 푸조 시트로엥 그룹은 조세 회피지인 몰타 섬에 자동차
생산보다 훨씬 수익률이 높은 PSA 서비스 Ltd, PSA 생명보험 Ltd,

17.　『르 몽드』, 2012년 7월 13일자.

PDA 보험 같은 손자회사들을 세웠다. 〈PSA 파이낸스〉 자회사들은 룩셈부르크, 스위스, 그리고 동유럽폴란드, 헝가리, 크로아티아, 슬로베니아 등을 포함한 세계 여러 나라에 진출해 있다.[18]

모든 거대 기업이 그렇듯이, PSA도 여러 조세 회피지에 안정된 중계소들을 소유하고 있다.

여기서 우리는 고용을 줄이기 위한 PSA의 오네 공장의 폐쇄가 실제로는 어마어마한 부동산 시세차익을 실현하고자 하는 계획에 의해 결정된 것이 아닌가 하는 의문을 품을 수 있다. 실제로 공장 폐쇄에 이어 그 지역에서는 그랑 파리Grand Paris의 실현이라는 틀 속에서 투기 판이 벌어질 수도 있을 것이다. 사회당 소속인 오네 시장의 비서실장인 크리스토프 로페즈는 우리와 가진 인터뷰에서 이렇게 지적한다. 「그 공단의 입지는 각별합니다. 168헥타르로 샹젤리제 궁 크기인 그 PSA의 공단은 루아시 지역과 부르제 공항, 파리광역전철RER 노선, 고속도로들을 이어 주는 교통 요충지 한가운데 위치해 있죠.」 자동 전철역 하나가 PSA의 현 공단 근처에 들어설 예정이다. 「그렇게 되면 오네에서 라 데팡스까지 15분밖에 안 걸릴 겁니다.」 오네, 클리시수부아, 몽페르메이, 리브리가르강을 개발하는 동시에 야심 찬 산업발전계획을 실현할 수 있는 기회를 놓치지 않기 위해 오네 지방의회 의원들과 함께 열심히 뛰고 있는 크리스토프 로페즈가 꿈꾸듯 말한다.

공장 부지를 찔끔찔끔 내다 파는 PSA의 투기적 의도는 2012년 9월 13일 좌파 시 당국이 공장 부지 전체에 대해 최대 3년 동안 모든 발의를 동결시키는 결정 유보를 요청함으로써 저지된다.

---

18. PSA 푸조 시트로엥, 『참고 문건』, 2012년, 130면.

오네수부아의 사회당 소속 시장인 조르주 세귀라는 같은 날 발표된
성명에서 〈공공 기관이 승인한 이 부지에 대한 투자에서 PSA
그룹이 이득을 취하는 것도, 그 그룹이 3억 유로로 평가되는 부지에
투기를 해서 그랑 파리의 역사가 들어설 때 곱빼기 장사를 하는
것도 있을 수 없는 일〉이라고 발표했다.

「저희는 그 공단의 예외적인 입지를 활용해 센생드니 동부 지역의
경제를 활성화하고 싶습니다.」 크리스토프 로페즈는 강조한다.
시트로엥은 예전에 그 부지를 헐값인 농지 가격에 샀지만, 그사이
땅값이 많이 올랐다. 부지 매입에 필요한 1억 유로는 한 도시가
감당할 수 있는 액수가 아니다. 이것은 생산성 재건장관인 아르노
몽트부르가 긍정적인 답변을 내놓아야 할 사안이다. 왜냐하면 그
사안에는 기술 노동력의 가동성을 비롯한 산업 활성화 요인들이
집약되어 있기 때문이다. 하지만 일자리 문제에 있어서 관련
지자체들이 기대하는 만큼의 효과를 가져오지 못할, 덜 산업적인
다른 프로젝트들의 경쟁이 우려된다.

오네 공장의 폐쇄를 설명해 줄 두 번째 가설도 첫 번째 가설과
배치되지 않는다. 오네 공장의 노동자들은 강성이라는 평판을
얻고 있다. 시트로엥이 푸조에 합병되기 이전인 1973년, 그러니까
공장이 문을 연 지 9년 만에 생산을 전면 중단시킨 파업이
일어났다. 1982년에는 경영진의 사주를 받은 직원들이 세운 노조,
자유노조연맹CSL이 작업장에 공포를 퍼뜨리고 다닌다. 물리적
대결도 불사하는 5주간의 격렬한 파업이 있고 나서야 CSL 소속이
아닌 노동자들도 노조 활동의 자유와 임금 인상을 얻어내게 된다.

당시 노동총연맹CGT은 투표에서 57%를 득표해 다수를 차지한다.
사측 노조는 이름을 바꿔 그때부터는 자동차독립노조SIA로 불리게
된다. 2012년에 예고된 대량해고를 앞두고 경영진에게 배신을
당했다고 여긴 이 노조 가입자들은 노동총연맹의 권리 요구 투쟁에
산발적으로 참여하기도 했다.

하지만 2013년 봄, PSA 푸조 시트로엥의 〈구조조정〉 계획에
반대한 건 노동총연맹뿐이었다. 다른 노조들은 모두 그 계획에
동의했다. 오네 공장은 노동총연맹, 연대통합민주SUD 그리고
지역민주노동연합CFDT 소속 노동자 200명이 이끈 파업으로 4개월
동안 봉쇄되었다. 직원들의 분열, 오네 공장의 폐쇄에 대한 회사
경영진과 정치인들의 단호함에도 불구하고, 파업 노동자들의
결의와 용기는 인간의 존엄성이 가격을 매길 수 없을 만큼
소중하다는 것을 보여 준다.

참고3 2012년 9월 13일, 오네수부아

우리는 〈오네-PSA 공장〉행 버스에 올랐다. 목표는 14시 30분에
퇴근하는 아침 조와 인터뷰를 하는 것. 버스가 정류장에 설
때마다, 오후 조 근무자들이 탑승한다. 챙 없는 흰 모자를 쓴 키
큰 아프리카인이 운전기사에게 말한다. 「PSA 직원입니다.」 굳이
신분을 밝힐 필요도 없다. 전혀 PSA 직원처럼 보이지 않는 우리를
포함해 원하면 누구나 탈 수 있으니까. 공장 정문 앞에 어마어마한
크기의 주차장이 있다. 공장은 감히 넘을 엄두가 나지 않는 울타리
뒤에 숨어 있는 놀이공원 같다.

043

전자 배지를 사용하지 않고는 보안 요원들이 철저하게 감시하는 회전문을 넘을 수 없다. 독립노동자당POI 활동가들이 서로 인사를 나누며 교대를 하는 아침 조와 오후 조 노동자들에게 전단지를 나눠 준다. 노동자 대부분이 북아프리카나 적도아프리카에서 온 1~2세대 이주민들이다. 드넓은 공간과 잔디밭이 있는데도 면회 날의 감옥 분위기가 풍긴다. 전체적으로 구속의 느낌, 적대적이고 폭력적인 세계의 느낌이 난다. 그 느낌은 루아시 공항에서 끊임없이 이착륙하는 비행기들로 인해 더욱 증폭된다.

노동자들이 굳은 표정으로 걸음을 재촉한다. 얘기를 나눌 여유가 없어 보인다. 그들은 공장 입구에서 얼쩡대는 기자 둘과 사회학자 둘을 보고도 전혀 놀라워하지 않는다. 오히려 무관심하다. 심지어 그들을 짓누르는 해고의 위협을 상기시키는 그 방문을 못마땅해 한다. 게다가 그들은 지각을 하지는 않을까, 주차장에서 대기하고 있는 버스를 놓치지는 않을까 마음이 바쁘다. 아마 보안 요원에게 찍히지 않을까 하는 두려움도 있을 것이다.

일과를 끝내고 자동차로 퇴근하는 직원들을 붙들고 잠시 인터뷰를 하는 건 가능할 것이다. 이 인원 감축의 단계에서 그들을 가장 힘들게 하는 것은 미래에 대한 불안이다. 「도대체 어떻게 되어 가는지 알 수가 없어요. 모든 게 불확실해요. 버림받았다는 느낌이 들고, 사회당에는 이미 크게 실망했어요. 속수무책으로 당하다 보니 자부심은 온데간데없고 마구 짓밟히는 느낌이 들어요.」 더 안 좋은 건 이번 구조조정에 누가 희생되고 누가 살아남을지 알지 못한다는 데 있다. 집, 자동차, 텔레비전을 마련하느라 진 빚을 계속 갚아

나갈 수 없게 되면 일상생활이 무너질 위험도 있다. 오네에서 수 킬로미터나 떨어진 다른 PSA 공단에서 일한다는 조건으로 실업을 면하게 될 사람들도 매일 여러 시간이 소요될 출퇴근이 문제다. 「이 공장은 우리의 생계 수단이에요. 그런데 이걸 닫아 버리면 우린 어떻게 되겠어요?」 그들 대부분이 도심에서 멀리 떨어진 PSA 공단 근처의 〈시테 드 3000〉에 거주하는 만큼 문제는 더욱 심각하다. 역설적이게도 대행회사와 불특정기간 계약CDI을 맞은 임시직들은 그나마 아직은 속이 편하다. 그들은 다른 회사의 새 일자리를 기대할 수 있기 때문에 실업을 면할 수 있을지도 모른다. 하지만 대행회사라고 해서 이번 충격을 견뎌낼 수 있을까? 불확실성이 자리를 옮겼을 것뿐이다.

참고4 푸조가의 부

푸조가의 직업적 부는 13억 1천만 유로로 2013년 경제 전문지 『샬랑주』가 발표한 순위 40위에 올라 있다. 총 매출 550억 유로에 달하는 자동차회사의 지분 25%를 소유하고 있는 이 가문은 여론조사기관 입소스Ipsos, 청소회사 오네트Onet, 주방기구회사 세브Seb, 그리고 조선회사 조디악Zodiac에도 출자했다. 사교계 연보인 『보탱 몽댕』은 이 가문에 평점 9점을 줬다. 그것은 유산을 대대로 전할 줄 알았던 새로운 부르주아 왕조의 정당성을 말해 주는 지표다. 베르트랑 푸조는 1972년부터 PSA 감독위원회 부회장직을 맡고 있다. 감독위원회 위원이자 전략위원회 회장을 맡고 있는 로베르 푸조는 돈을 가진 귀족이 지닌 모든 기호를 내보인다.

045 그는 프랑스 자동차클럽, 폴로 드 파리, 골프 도르메송, 클럽 데 상과 같은 여러 모임의 회원이다. 그는 도미틸라 도르메송과 결혼해 자식 셋을 두었다. 가족은 부촌인 파리 16구에 거주하고, 케냐에도 집이 한 채 있다.

이 부르주아 왕조와 귀족 가문들 사이의 관계는 파리 경영대학원을 졸업하고 그룹 사무국 내 공공 부문을 책임지고 있는 크리스티앙 푸조에 의해 더욱 공고해졌다. 그는 콩스탕스 드 바르티야와 결혼해 역시 자식 셋을 두었다. 모친인 피에르 푸조 부인의 처녀 시절 이름은 릴리안 세이두 포르니에 드 클로존이다. 푸조가는 신교도들이고, 세이두가와의 혼인은 그로 인한 것이다. 명문교인 장송드사이 고등학교를 나온 티에리 푸조는 2002년부터 PSA 감독위원회 회장직을 맡고 있다. 그 혈통의 7세대에 속하는 그는 프랑스 자동차클럽 회원이다. 그의 딸 중 하나인 파스칼린은 올리비에 오베팽 드 라모트 드뢰지와 결혼했다. 인명사전을 보면 이 집안의 학연은 이 가족 기업의 요람인 두Doubs의 몽베리아르 중학교에서 스위스에 있는 에콜 뒤 로제를 거쳐 파리 이공대학과 국립 행정학교까지, 아주 다양하다.

제4장/ GDF 수에즈와 국가의 공모

〈국가가 36%의 지분을 갖고 있는 GDF 수에즈의 출자 정책은 비교적 단순하다. 활동과 기획에 있어서 실제로 전략적인 것을

준수하는 것이다. 전략적으로 중요하면 100% 지키고, 그게 아니면
가차 없이 버린다. 수에즈 환경이 그렇게 버려졌다.〉 수에즈 환경의
노동총연맹 조정역인 이브 르두는 『노조의 힘』 2012년 12월호에
이렇게 쓰고 있다. 이러한 재정 운용의 목적은 GDF 수에즈 그룹에서
자회사인 수에즈 환경을 퇴출시키는 데 있다. 전문가들의 용어를
빌자면, 이러한 〈분리〉는 모회사 GDF 수에즈의 직원들과 동일한
대우를 받는 8만 명에 달하는 GDF 환경 직원들에게는 예삿일이
아니다. 이는 시장이 요구하고 평가하는 대로 핵심 사업에 주력하기
위한 조치다. GDF 수에즈의 핵심 사업은 가스와 에너지 서비스다.
환경의 경우, 물과 쓰레기는 많은 인력을 필요로 하기 때문에
비용도 훨씬 많이 들고 수익성도 좋지 않다. 또한 수에즈 환경의
분리는 그룹의 부채 75억 유로를 줄이게 해준다. 이사회에서 국가를
대표하는 이사들은 이 결정에 동의했다.

실제로 GDF 수에즈가 2014년 말까지 부채 150억 유로를
줄이겠다고 약속했을 때도, 주가가 5년 만에 57%나 떨어져
스탠더드 앤 푸어사로부터 〈부정적 감시〉 등급을 받았을 때도,
GDF 수에즈 회장 제라르 메스트랄레는 2013년~2015년 기간에
〈안정적이거나 증가하는〉 배당금을 보장하겠다고 약속했다.
「이것은 GDF 수에즈의 최우선 과제이며, 우리가 시장과, 우리의
주주들과 맺는 일종의 도덕적 계약이다.」 2012년 12월 6일, 그는
이렇게 선언했다. 이 약속을 지키기 위해 그룹은 매년 35억 유로,
다시 말해 기대할 수 있는 연간 순이익 전부를 지불해야 할 것이다.
자본화와 규제 완화는 서로 연관되어 있으며, 이익은 사유화하고

047 손실은 사회화한다. 이는 슬픈 운명을 향해 날갯짓하는 사회를
방치하는 결과를 가져온다. GDF 수에즈뿐만 아니라 다른 많은
거대 기업에 있어서 이제는 내적인 창조와 발전보다는 외적인
팽창이 더 중요해졌다. 수익성 있는 회사를 매입해 놓고 너무 늦기
전에 다시 매각하는 일이 비일비재하다. 투자는 점점 더 국제화되어
가고, 프랑스와 유럽보다는 아시아 쪽, 특히 중국을 향한다. 해외
이전과 해외 발주는 이제 예삿일이다. 예를 들어, 정보처리 도우미,
일반적으로 말해 콜 센터들은 프랑스어 서비스의 경우 북아프리카,
마다가스카르 섬뿐만 아니라 모리스 섬, 혹은 동유럽으로 대거
넘어갔다.

임금노동자들은 이제 조절 변수에 지나지 않는다. GDF 수에즈
그룹은 매년 1,400명씩, 3년간 4,000개 이상의 일자리를 없애는
최종 계획을 세워 놓고 있다. 생산된 부 중에 임금이 차지하는
몫은 2008년 49.3%에서 2012년 44%로 줄어든 반면, 주주들에게
지불되는 배당금은 2009년에서 2012년 사이에 25% 증가했다.
가스의 지하 저장을 맡고 있는 GDF 수에즈의 자회사
스토랑지Storengy가 독일, 스페인, 영국, 이탈리아에서 얻은 투자
수익을 흡수하기 위해 룩셈부르크에 지주회사를 세우기로
결정했다는 안건을 이사회에 올렸을 때, 국가의 대표자들은
아무것도 이해하지 못하는 척 했다. 스토랑지 경영진은
기업위원회의 대표들 앞에서 〈룩셈부르크 법에 따르는 회사를
세우기로 한 것은 (……) 무엇보다 배당금을 다시 끌어올리기
위해 그룹이 취한 조세 최적화 방침과 일치한다〉[19] 고 강조하며

19. 「뤼마니테」, 2012년 3월 1일자.

투자 수익을 조세 회피지에 감출 것을 분명하게 요구했다. 국가의
대표자들은 일반적으로 독립적인 사외이사들과 같은 선택을 한다.
국가도 돈이 필요하기 때문이다. 국가도 주주로서 일자리를 없애는
방침을 받아들이면서 이사회에 참석한 대표들을 통해 보수를
받는다. 따라서 가스와 같은 천연자원의 자본화는 자신의 이익을
지키려는 자들과 전체의 이익을 대표한다고 여겨지는 자들 사이의
공모를 통해 이루어진다.

신자유주의는 시스템의 자본화 과정을 통해 자본주의에 내재하는
소외를 엄청나게 악화시키고 있다. 기업의 소유주는 자금을 투자한
주주 그룹에 녹아들지 않을 경우 점점 더 손에 잡히지 않는 경향이
있다. 미국의 연금펀드가 고객들의 퇴직연금 납입금을 프랑스
기업에 투자하면, 그 기업에서 일하는 노동자들은 자신들이 일하는
공장을 누가 지배하는지 알기가 무척 어렵다. 다시 말해 그들에게는
푸조가나 미슐랭가와 같은 대화 상대자가 없게 된다. 숫자 놀음에
지나지 않는 투자자 겸 투기꾼들의 논리로 볼 때 그 노동력이
누구의 것인지 따지는 것은 무의미하다. 노동력은 크리넥스
휴지처럼 언제든 쓰고 버릴 수 있는 것이니까. 생산의 한 요소에
불과한 노동자는 심각한 인간성 상실을 경험하게 된다. 그의 개인이
기계 설비와 마찬가지로 주주와 경영자들의 이익을 위해 관리되는
생산 자원이 되어 버리니까.

육체적이든 지적이든, 오로지 노동만이 부를 창조할 수 있다.
그런데 분배된 수익에 있어서 배당금의 비율은 1982년의
3%에서 오늘날의 12%로 지속적으로 늘어나고 있다. 딜러들의

049   투기게임에서 생겨난 돈이 거기에 추가된다. 그 모든 것이
실물경제를 파고들면 투기꾼들은 인류 공동의 자산인 천연자원을
포함해 거기서 순환되는 부를 취할 수 있다. 투기 자본은
약탈적이다. 그것은 주지 않고 취하기만 한다.

참고5 파이낸스의 수습 마술사들

2010년 10월 11일, 파리 8구 카스티글리온 거리에 있는 그랜드
인터콘티넨탈 호텔 오페라 룸, 당시 재무장관이었던 크리스틴
라가르드는 뉴욕, 파리, 암스테르담, 브뤼셀, 리스본 증권거래소를
포함하는 다국적 증권회사집단 〈Nyse 유로넥스트〉가 주최한
심포지엄에 참석한다. 유로넥스트의 회장인 던컨 니더로어는 한때
골드만 삭스 은행의 고위 간부로 일하면서 극초단타매매High Frequency
Trading, 다시 말해 컴퓨터에 의해 지배되는 금융시장을 일구는 데
일조했다. 아주 복잡한 알고리즘, 다시 말해 금융시장에서 번개
같은 속도로 사고팔고 돈을 걸게 해주는 컴퓨터 프로그램을
개발한 토마스 피터피가 개막 연설을 한다. 「지난 20년간 우리는
컴퓨터, 전자 커뮤니케이션, 전자 상거래, 다크 풀, 플래쉬 트레이딩,
멀티 마켓, 얼터너티브 네고시에이션 시스템…… 극초단타매매,
유럽에서는 MIFID, 미국에서는 Reg NMS의 출현을 목격했습니다.
그런데 오늘날 우리 눈앞에 펼쳐진 것은 완전히 난장판입니다.」[20]
연설은 이렇게 끝이 난다. 침묵이 계속 분위기를 짓누른다. 세계
금융계의 명사들이 숨을 고른다. 이어서 열렬한 박수 소리가 터져
나온다.

20.   익명, 『6』(브뤼셀: 존 상시블, 2013), 53~54면.

연설자는 모두가 알고 있는 것, 모두가 속으로 생각하고 있는 것을 큰소리로 말했을 뿐이다. 우리에게 이 장면을 생생하게 전해 준, 숫자 6으로 한정되는 제목을 가진 이 책의 신중한 저자 알렉상드르 로모니에가 설명하는 것처럼, 오늘날에는 주식거래의 약 70%가 계산 능력이 인간의 두뇌와는 비교가 안 될 정도로 뛰어난 컴퓨터에 의해 이루어진다. 그날, 금융의 복잡하고 위태로운 미숙함은 평소 그것을 따라다니는 현학적인 엄숙함과 양립할 수 없었다.

그 박수는 청중 모두가 자신 역시 어떤 방식으로든 그 변화에 연루되었다는 것을 의식하고 있었기 때문에 가능했다. 그 자리에 모인 지배계급의 구성원들은 자신도 다른 아이들처럼 사탕을 훔쳐 먹었노라고 털어놓는 한 아이의 장난에 공모와 안도의 감정을 느낄 수 있었을 것이다.

금융계의 슈퍼컴퓨터는 이제 전 지구촌을 전장으로 삼고 있다. 이 작지만 놀라운 책의 저자는 〈기계들의 반란〉을 예상한다. 컴퓨터들이 그들 자신의 시간성에 인간을 복종시킬 거라는 것이다. 금융자유주의는 일면 아주 유치해 보인다. 그것은 권력과 사회적 관계의 폭력에 대해 미숙함을 허락하는 돈으로 사람들을 매혹시켜 끌어들인다. 실물경제와 수십 억에 달하는 인간의 노동을 갱처럼 약탈하는 금융의 광적인 일탈에 의해 사회적 관계는 파괴되고 만다.

제2부

부자들의 범죄

「세큐리테 소시알[21]을 속이는 것은 1945년의 정신[22]을 배반하는
가장 끔찍하고, 가장 가증스러운 범죄입니다. 그것은 사회복지
공화국의 기반 자체를 무너뜨리는 잘못된 행위입니다.」
이 아름다운 선언은 니콜라 사르코지가 2011년 11월 15일
보르도에서 한 것이다. 물론 이것은 허위로 병가를 내고 돈을
타 먹는 임금노동자들을 염두에 두고 한 말이었다. 하지만 그는
잘못 짚어도 한참 잘못 짚었다. 세큐리테 소시알의 회계 평가팀이
최근에 한 연구에 따르면, 사회복지와 관련해 포탈된 금액이
200억 유로라면, 복지수당 수령자들이 빼돌린 돈은 단 1%인 2억
유로에 지나지 않는다. 실제로 이 사기 행위의 80%는 사용자들이
사업장에서 행해진 노동을 감춤으로써 지불하지 않은 사측
분담금160억 유로과 관련이 있다.[23]
노동자와 빈민을 상대로 벌어지는 이념 전쟁은 그들이 팔짱 끼고

---

21. 프랑스 사회보장기금 — 옮긴이주.
22. 1945년 영국 노동당이 보수당에 승리를 거둬 광산, 운송, 에너지를 국유화하고, 공공 의료
서비스, 공공 주택 수백만 호의 건설을 시작한 것을 뜻한다 — 옮긴이주.
23. 국회, 「사회적 포탈과의 투쟁에 대한 정보 보고서」, 도미니크 티앙이 발표한 〈세큐리테 소시알
자금조달 법의 평가와 감사 임무〉, 2011년 6월 29일 녹음.

재정적 도움만 바라고 있다고 끊임없이 비난한다. 이 전쟁은 뜻밖의 방식으로 결실을 거둔다. 권리가 있는 수혜자들이 요구하지 않은 수당이 매년 40억 유로나 되기 때문이다. 2012년, 미청구 권리 및 서비스 관측소Odenore에 모인 연구원들은 정보 부족, 복잡한 행정절차, 혹은 권리자의 사회적 소심함 등 그 이유가 아주 다양하다고 밝혔다. 모든 이유가 이해 당사자가 동원할 수 있는 자원의 궁핍함과 관련이 있다. 풍요에서 배제된 자들의 시민권은 이처럼 사회적 권리를 행사하지 않아 약화되고, 선거 참여율이 저조해 악화된다. 그들은 이 두 가지 〈기권〉의 조합을 통해 사회 주변부로 밀려나게 된다.[24]

서민 계층에 가난과 탈세의 결합이 존재하는 건 사실이다. 이는 고발로 이어지는데, 황폐화된 아르덴 지역에서 한 자동차 정비공이 딸들의 교육비를 마련하기 위해 일요일마다 불법적으로 일을 했다가 이웃에게 고발을 당했다. 「참담하기 그지없죠. 다들 사는 게 힘들다 보니 그런 일이 생기는 겁니다.」 야니크 랑그르네가 탄식한다.

제1장/ 탈세, 상류계급의 스포츠

뻔뻔스러운 조세 망명

2012년 9월, 주간지 『샬랑주』의 2013년 순위에 따르면 직업적 부가 243억 유로로 프랑스 1위이고, 『포브스』에 따르면 릴리안

---

24.   Odenore의 인터넷 사이트(http://odenore.msh-alpes.fr)와 Odenore, 『〈사회적 포탈〉의 이면. 사회적 권리 미청구 스캔들』(파리: 라 데쿠베르트, 2012) 참조.

053　　베탕쿠르에 이어 세계 11위인 베르나르 아르노가 벨기에 국적을
신청하자 미디어가 벌집을 쑤셔 놓은 듯 시끄러웠다. 그것은 궁핍에
허덕이며 살아가는 9백만 프랑스인에 대한 전쟁 선포로 여겨졌다.
프랑스인들은 힘든 시기에 어떻게든 세금을 덜 낼 방법을
찾아다니는 거부의 행태에서 심한 배신감을 느꼈다. 거부들은
세금에서 해방되길 원할 뿐만 아니라, 그중에서도 주머니가 가장
두둑한 자의 신호에 따라 국적과 관련된 구속들을 거부한다.
이제 국적은 베르나르 아르노가 적나라하게 보여 준, 고삐 풀린
금융자본주의의 세계적 자기 정체성에 걸림돌이 되어 버렸다.
베르나르 아르노가 2011년 11월에 다수의 조세 망명자들이
거주하는 브뤼셀에서 가장 근사한 동네 중 하나인 위클에 고급
주택을 마련했기 때문에 국적 변경은 이미 준비되고 있었다고 볼 수
있다. 그 주택은 사업가, 정치인, 미디어 엘리트들이 모여 사는 곳에
자리 잡은 로렌 서클과 멀지 않은 곳에 위치해 있다. 2006년 12월
3일, 우리는 한 구호단체가 암환자들의 삶의 질을 개선할 기금을
모을 목적으로 성 니콜라 축일을 맞아 이 서클 회원들의 아이들을
위해 마련한 파티에 참석하기 위해 그곳에 간 적이 있었다. 알베르
프레르의 딸 세골렌[25]은 그곳에서 열성적인 활동을 펼쳤다. 벨기에
왕에게 귀족 서품을 받은 그녀의 아버지는 CAC 40의 상장회사들,
그중에서도 토탈, GDF 수에즈, 그리고 라파르주의 대주주다. 그는
파리에서 가장 인기 있는 서클 중 하나인 자키 클럽의 회원이다.
베르나르 아르노와 알베르 프레르는 사업상으로도 서로 인연이
있다. 그들은 생테밀리옹의 특급 포도원, 르 샤토 슈발 블랑을

25.　　Marie Ségolène Royal(1953~). 프랑스 정치인으로, 2006년 대통령 선거에서 사회당 후보로
나섰으나 패배했다. 현 프랑스 대통령 프랑수아 올랑드와 오랜 기간 동거하며 슬하에 4명의 자녀를
두었으나 결별했다 ― 옮긴이주.

공동소유하고 있다. 그 둘은 브뤼셀에서 만남의 기회를 더 자주
갖게 될 것이다. 8월이 되면 파르크 드 생트로페에서, 고가로
분양받은 땅에 지은 그들의 화려한 별장에서 계속 만나겠지만
말이다.

베르나르 아르노는 거주지를 바꾸지 않겠다고, 프랑스에 계속
세금을 내겠다고 말한다. 믿기 어렵다. 그가 경영하는 LVMH
그룹의 회사 420개 중 약 140개는 조세 회피지에 등록되어 있다.[26]
이는 〈조세 최적화〉가 그룹의 주된 관심사가 아닌지 의심하게
만든다.

베르나르 아르노의 태도는 세계에서 가장 돈이 많은, 전 세계를
무대로 활동하는 사업가 중 하나라는 그의 위상과 일치한다.
그에게는 출신 국가의 조세 구속을 피할 수 있는 다양한 방법을
조언해 주는 전문가들을 고용할 수단이 있다. 그들의 나라는 그들의
계급, 오늘날 최고의 이윤을 추구하는, 신자유주의적 자본주의에
뿌리를 내리고 기회를 찾아 세계를 누비고 다니는 계급이다.
2013년 4월, 벨기에 이민국과 브뤼셀 검찰이 부정적인 의견을
내놓았기 때문에 베르나르 아르노는 막강한 권력을 가졌으면서도
벨기에 국적을 포기해야만 했다. 하지만 2013년 4월 11일 「르
몽드」지와 가진 인터뷰에서 그가 내세운 건 애국심이었다. 「국가가
처한 상황을 고려해 국가 재건을 위한 노력에 우리 모두가 동참해야
합니다. 저는 이 결정을 통해 프랑스에 대한 애착과 프랑스의
미래에 대한 신뢰를 표현하고자 합니다.」

---

26.   LVMH, 「참고 문건」, 2012년, 177~180면.

참고6 조세 망명, 그 사용법

〈이주민 여러분, 환영합니다!〉이것은 쥘리에트 드루에와 빅토르
위고가 나폴레옹 3세의 박해를 피해 브뤼셀로 망명한 사실을
떠올리게 하는 잡지 『쥘리에트와 빅토르』의 특별 호 〈벨기에에
정착해서 잘살기〉에 실린 알랭 르페브르의 사설 제목이다. 문제의
이주민들은 일용직 일자리를 찾는 모로코 노동자들이 아니라,
벨기에보다 자본에 대한 과세율이 높은 프랑스 땅을 떠나려는
프랑스 부자들이다. 2013년 프랑스 인명사전에 사무실 주소와 개인
주소가 브뤼셀로 되어 있는 이 언론인에 따르면, 이 도피는 〈결국에
가서는 최저임금 생활자 외에는 모두가 대상이 될 《부자 사냥》의
냉혹한 논리〉와 연관되어 있다. 「이 의심의 분위기, 나아가 낙인
찍기의 분위기 속에서 생산 엘리트들은 결국 낙담하게 될 것이다.
이 엘리트들은 숨이 막히고, 터널의 끝이 안 보이고, 희망이 없고,
사랑받지 못하는 것에 대해, 심지어 미움을 받는 것에 대해 염증을
품게 될 것이다.」
베르나르 아르노나 제라르 드파르디외처럼 조세 망명을 원하는
사람들이 내뱉는 한탄은 예술계와 스포츠계의 행운아들을 조세의
희생자로 둔갑시킨다. 또한 재정 적자와 공공의 빚을 해결하는
데 큰 도움이 될 수도 있을 수십 억 유로의 돈을 조세 회피지에
감추려는 그들의 의지를 은폐한다.
『쥘리에트와 빅토르』지의 인터넷 사이트에서는 우리가 돈 많은
가문들에 대해 연구하기로 마음먹었던 1986년에 읽을 수 있었다면
아주 좋았을 이 소책자를 온라인으로 구매할 수 있다. 이 책자에는

상류 부르주아의 망명 기지를 재현하기 위해 그 계급의 모든
생활 방식이 나름의 비결과 함께 열거되어 있다. 루이즈 대로에서
위클이나 익셀 같은 국경 마을에 이르기까지, 아름다운 동네들도
묘사되어 있다. 개인 자산을 관리해 주는 로스차일드 같은 은행들,
벨기에에서 인맥을 구성하고 새로운 관계를 맺을 수 있는 클럽들과
〈정당한 사유를 제시하지 않고도 해고할 수 있는〉 가능성과 같은
권리 행사에 유익한 정보들이 소개되어 있다. 정말이지 매력적인
프로그램이다. 주로 사회당 프랑수아 미테랑 대통령이 재임한 14년
동안 진행된 자본과 파이낸스의 유통에 대한 규제 완화와 함께,
신자유주의는 〈행복하게 지내려면 숨어서 살아야한다〉는 옛날
부자들의 신중한 행태를 콤플렉스도 윤리도 없는 오늘날 부자들의
뻔뻔스러운 행태로 대체할 수 있게 해주었다.

이 소책자에 나오는 부의 형태는 다양하다. 아주 많은 돈이 말해
주는 경제적 부, 예술품 경매회사 광고가 암시하는 문화적 부,
각종 클럽이 뜻하는 사회적 부, 각 페이지마다 나오는 〈훌륭한
취향〉을 통해 드러나는 상징적 부. 하지만 이 책자는 사회적 계급
간 권력관계의 변화를 드러내기도 한다. 자본주의 시스템의 새로운
발전 단계에서 부자들은 이윤을 좇아 해외로 이주를 하고, 늘
비용이 너무 많이 든다며, 그들이 섬기는 유일신 돈에게 부담이
된다며 노동자들을 비난한다.

조세 회피지, 부자들의 에덴동산
스위스에 미신고 은행 계좌를 갖고 있다가 싱가포르로 옮긴

057 예산장관 제롬 카위자크를 둘러싼 추문은 숲을 가리는 나무가 될
수도 있었을 것이다. 2013년 4월 2일, 탈세와의 전쟁을 책임지고
있는 장관의 배반 행위가 폭로되자 언론은 상상을 초월하는 일이
벌어졌다고 떠들어 댔다. 하지만 이틀 후, 전 세계 조세 천국조세
회피지을 돌아다니며 조사한 탐사보도 기자 160명의 작업이 거의
동시에 발표되자 분위기가 바뀐다. 이제 한 고위 공무원의 예외적인
경우가 아니라, 그 계좌들을 소지한 자들이 조세 천국을 이용해
벌이는 일반화된 탈세가 문제가 된다. 2013년 4월 5일부터 「르
몽드」지에 연이어 발표된 오프쇼어리크스OffshoreLeaks 앙케트는
비밀스럽고 불투명하게 관리되는 자금의 막대한 규모를 드러낸다.
이러한 부의 은폐는 과두지배체제의 구성원들에게는 전 세계를
무대로 이뤄지는 금융 투기로 인한 적자와 빚을 민중들에게 대신
갚으라고 요구하기 위한 무기로 사용된다. 유럽연합의 경우만 봐도,
니콜라 뒤퐁테냥무소속 의원과 알랭 보케민주공화좌파 의원의 발의로
2012년과 2013년에 진행된 국회 조사에 따르면, 과세되지 않은
돈이 무려 2조 유로로 평가되었다. 프랑스의 경우에는 평가액이
600~800억 유로로, 세금 조사단 공적재무연대Solidaires Finances
Publiques의 평가와 일치한다. 오프쇼어리크스 앙케트가 발표한
첫 번째 프랑스인 명단에는 130개의 이름이 올라 있는데,
그중에는 프랑수아 올랑드의 선거캠프에서 회계를 담당했던
장자크 오지에도 들어 있다. 그 둘은 국립 행정학교 동기이기
때문에 오래전부터 아는 사이다. 장자크 오지에는 영국령 카리브
해의 조세 회피지 카이만 제도에 있는 두 오프쇼어 회사의 주주다.

36개의 국제적 미디어와 국제탐사보도기자협회ICIJ는 이러한 협력을 통해 〈파이낸스는 얼굴이 없다〉고, 탈세와 거짓은 개인적인 문제일 뿐이라고 믿게 만들고 싶었을 사람들의 코에 대고 통쾌한 발길질을 했다. 그것은 오히려 세금을 현행법에 따라 내지 않기 위한 오래된 집단적 전략이다. 탈세자들이 벌을 받지 않는 것은 세법 전문 변호사들이 만들어 낼 수 있는 자금 운용 과정의 복잡성과 불투명성 때문이다.

돈의 세계에 있어서 두 자리 수 이윤 외의 다른 가치는 존재하지 않는다. 그것을 위해서라면 누구와도 손을 잡을 수 있다. 언론에 따르면, 1992년 스위스 UBS 은행에 사회주의자 제롬 카위자크의 계좌를 개설해 준 것은 마린 르 펜이 이끄는 국민전선에 가까운 사람이었다고 한다.[27] 사업을 할 때는 정치적 성향에 관계없이 능력 있는 사람을 쓸 줄 알아야 한다.

자유주의는 집단적 방임주의, 이익을 추구하는 데 장애나 구속이 있어서는 안 되는 한 사회적 계급의 방임주의뿐만 아니라 파렴치와 규칙의 거부를 지배의 작동 방식으로 삼는 개인적 방임주의를 초래한다. 카위자크 사건에 이어 곧바로 전 세계 과두지배자들이 대대적으로, 그리고 체계적으로 조세 회피지를 이용한 사실이 드러난 것은 윤리도 원칙도 없는 신자유주의적 개인이 신자유주의와 모든 분야에 걸친 규제 완화에 부응한다는 사실을 확인시켜 준다.

---

27.   『르 카냐르 앙셰네』, 2013년 4월 10일자, 3면.

059 ## 법 위에 있는 신자유주의적 개인

주식의 움직임 중 30%가 주식시장 바깥에서 이루어지고,
상거래의 70%가 컴퓨터로 이루어지며, 파생상품 총액이 세계
PIB^GDP의 프랑스어의 열두 배나 된다. 이렇게 교환이 아무런 규제 없이
이루어지면 개인의 행동에 중대한 영향을 미치게 된다. 정치가
세계화된 금융과 사업의 요구에 항복해 버린 자본주의 시스템의
탐욕은 충동, 욕망의 해방과 조화를 이룬다.

정신분석학자 마리프랑스 이리구아엥은 자기애에 빠진
성도착자들에 대해 이렇게 쓰고 있다. 〈법의 개념이 지워진 것은
아니다. 그들은 반대로 결국에 가서 자신을 진정한 법을 구현하는
자로 내세우기 위해 법망을 교묘히 빠져나가고 법을 타락시키면서
쾌감을 느낀다.〉[28]

국가들의 금고와 그들의 재분배 의지로부터 멀리 떨어진 조세
회피지에 아늑한 피신처를 찾은 수천 억 유로를 떠올리면,
〈시스템의 중심은 법 바깥에 있고, 《그 시스템이》 민중에게 자신의
법을 강요한다〉[29]는 사실을 잘 알 수 있다. 시장의 법은 새로운 법,
인간의 의지보다 우월하다는 자유롭고 완벽한 경쟁의 힘에 의해
초월적 지위를 얻은 최대 이윤의 추구라는 법의 완곡한 표현에
지나지 않는다.

실비오 베를루스코니, 도미니크 스트로스칸, 세바스티안 피녜라^칠레,
니콜라 사르코지, 포츠머스를 〈약물중독자, 건달, 그리고 노동당
의원들로 득실대는 서민 도시〉로 묘사하고, 〈토리^Tory[30] 를 찍으세요.
그러면 당신 부인의 가슴이 빵빵해질 겁니다!〉라는 슬로건으로

---

28.   마리프랑스 이리구아엥, 『약점의 악용과 다른 조작들』(파리: JC 라테스, 2012), 251면.
29.   베르트랑 메외, 『점령기에 대한 향수, 우리는 이번에도 새로운 형태의 예속에 저항할 수 있을까?』
(파리: 라 데쿠베르트, 2012), 108면.
30.   영국 보수당의 전신인 토리당 — 옮긴이주.

보수당에 표를 줄 것을 호소하는 보리스 존슨 런던 시장 등, 돈에 대해서는 콤플렉스가 없고, 윤리에 대해서는 뻔뻔스러울 정도로 무관심한 부자 정치인들은 무수히 많다.

지배계급이 과두지배를 하게 되면 사회적 관계에 있어서 점점 더 큰 폭력을 행사하고, 영악하고 탐욕스런 개인들이 법을 자기들에게 유리하게 바꿔 개인적인 이득을 취한다. 프랑스, 유럽, 그리고 아마도 전 세계를 파멸로 이끄는 과두지배자들은 2008년 금융위기가 그들의 책임이라는 것을 단 한 번도 인정한 적이 없다. 그들은 비용이 너무 많이 든다고, 너무 욕심이 많다고, 건강과 교육에 너무 많은 돈을 쓴다고 민중을 비난한다. 이런 식으로 자신의 탐욕을 문제 삼지 않은 채 민중에게 책임을 전가하고자 한다.

이처럼 경제적 삶의 방탕으로 개인적, 집단적 파렴치가 활개를 친다. 조세 회피자는 법망을 피해 다니며 당연히 내야 할 세금을 내지 않겠다는 의지를 노골적으로 드러낸다. 그는 그것을 큰소리로 주장한다. 드파르디외는 반항하지만 웃게 만들기도 한다. 사람들을 매료시켜 어느 정도 대중의 지지를 얻기도 한다. 지배계급은 규칙을 공공연히 거부함으로써 유토피아와 집단적 투쟁을 포기하고 개인주의라는 마지막 도피처에 빠져들고 싶어 하는 피지배계급을 짓밟는다. 피지배계급의 포기는 받아들임과 동의하지 않음을 모순적인 방식으로 결합시키는 일종의 독특한 숙명주의다.

참고7 **내 재산을 천국으로**

친애하는 친구들이여, 당신이 모아둔 돈에 대해서는 더 이상

061 걱정하지 마십시오. 세금 뜯길 걱정 없이, 원한다면 매혹적인 기후의
열대 낙원에서 그것을 불릴 수 있으니까요. 단 한 가지 조건은 그
돈의 액수인데, 아마도 어마어마하겠지요? 만약 그렇다면, 당신은
오로지 그 돈을 불릴 생각밖에 안 하는 컨설턴트들의 서비스를
받을 수 있을 겁니다. 그들은 실패하는 법이 없습니다. 인터넷에
〈면세〉라는 단어를 치고 검색하면 0.16초 만에 33,600,000쪽의
검색 결과가 뜹니다. 약간 더 한정적인 〈조세 최적화〉는 시간이
조금 더 걸려서 0.21초 만에 조금 더 빈약한 결과, 모두 프랑스어로
된 6,320,000쪽의 결과가 나오죠. 바로 거기에 첫 직장을 구하느라
고생하는 당신의 자식들, 그리고 아마도 고용 서비스 공단을
들락거릴 당신을 위한 돌파구가 있는 것으로 보입니다. 몇 가지
예를 살펴보도록 합시다.

HSBC 그룹의 파리 지사 HSBC 프라이빗 뱅크는 파리 8구
샹젤리제 대로 103번지에 있습니다. 재산 관리가 이 은행의 전문
분야인데, 프라이빗 뱅킹은 컨설턴트들을 붙이고 철저한 비밀을
보장함으로써 일반 은행보다 훨씬 개인화된 모델에 따라 덩치 큰
재산의 건강을 관리합니다. 몇몇 서비스의 성격을 고려할 때 그것이
바람직하죠. 인터넷 사이트 www.hsbcprivatebankfrance.com은
당신에게 물론 프랑스에도 있는, 하지만 특히 버뮤다, 건지 섬, 홍콩,
룩셈부르크, 모나코, 싱가포르, 스위스, 영국, 그리고 미국에 있는
은행을 통해 당신의 소중한 지갑을 관리하라고 제안합니다. 이
정도면 비밀이 보장된 가운데 당신의 소중한 재산을 불릴 수 있는
조세 천국의 훌륭한 목록이죠.

사업장이 파리 16구 빅토르 위고 광장에 있는 프랑스 오프쇼어도
회사의 본사나 유럽에 있는 과세 거주지를 천국 같은 나라들로
이전시켜 주고, 선박을 등록시켜 주며, 온라인 카지노 허가증을
발급받게 해주는 등의 다양한 서비스를 당신에게 제안합니다.
그중에서도 미국 델라웨어 주에 은행 계좌를 갖고 있거나 회사를
등록하면 이론의 여지가 없는 여러 이점을 누릴 수 있습니다. 세금이
부과되지 않고 경영진과 주주들에게 익명이 보장되는 만큼 회사를
차려도 회계를 해야 할 의무가 없습니다. 이러한 회사들이 내지 않은
세금의 액수는 엄청납니다. BNP파리바, 토탈, LVMH 같은 거대한
그룹들은 모두 조세 천국에 자회사들을 갖고 있습니다. 〈개인〉들로
말하자면, 예를 들어 니콜라 사르코지와 가까운 사이인 릴리안
베탕쿠르나 기 빌덴스타인은 스위스에 여러 계좌를 갖고 있거나
케이맨 제도에 트러스트를 갖고 있어서 한때 장안의 화제가 되었죠.
프랑스 전임 대통령 니콜라 사르코지는 2009년 10월 피츠버그에서
G20이 열리기 바로 전날 〈조세 천국은 이제 끝났습니다!〉라고
외쳤습니다. 돈이라는 신의 수호천사들이 그 말 때문에 아직도
킬킬거리죠. 우리의 삶은 늘 이 조세 천국들과 관련이 됩니다.
BNP파리바는 이 탈세범들의 소굴에 약 180개의 자회사를 가지고
있고, 크레디 아그리콜, 소시에테 제네랄, 방크 포퓔레르[31]도 도합
262개의 자회사를 거느리고 있으니까요.

참고8 베르나르 타피, 칸비에르[32]의 새로운 왕자

베르나르 타피는 2012년 크리스마스를 맞아 자기 자신에게 주는

---

31.   Crédit Agricole, Société Générale, Banque Populaire, 모두 프랑스 은행들이다 — 옮긴이주.
32.   마르세유의 유명한 거리 이름 — 옮긴이주.

선물로 남프랑스의 일간지 「라 프로방스」를 사들였다. 이 새로운
언론사 사장은 자신의 재에서 다시 태어나는 불사조처럼 2014년
프랑스 제2 도시의 시장에 출마하려는 목표를 가지고 마르세유에
다시 발을 디딘다. 한때 축구계의 왕이었던[33] 그는 칸비에르의
왕자가 될 수도 있을 것이다. 따라서 베르나르 타피는 자기 요트를
정박시킬 수 있게 구(舊) 항구에 자리 하나를 마련해 달라고 아주
자연스럽게 마르세유 시에 요구했다.

의미심장하게도 〈리본Reborn〉, 그러니까 〈부활〉이라고 명명된 이
요트는 전장 70미터로, 호화 요트 세계 순위 97위에 올라 있다.
베르나르 타피가 그 배의 길이를 5미터 늘리게 한 것도 틀림없이
이 순위에서 몇 단계 올라가기 위해서였을 것이다. 2010년에 6천만
유로를 주고 산 이 바다 궁전은 대대적으로 수리를 해서 헬리콥터
이착륙장, 수영장, 열대식물원, 그리고 여덟 개의 선실을 갖췄다.
이 배는 승무원 25명과 함께 대여하기도 하는데, 가격은 일주일에
60만 유로이고 손님 12명을 맞아들일 수 있다. 베르나르 타피는
납세자들의 의도치 않은 관대함 덕분에 그 멋진 배를 살 수 있었다.
2008년에 중재재판소, 다시 말해 엄격한 의미에서 법적인 틀 바깥에
있다고 할 수 있는 이 법정이 그에게 4억 3백만 유로를 돌려주라는
판결을 내렸기 때문이다. 그 거액의 수표는 1993년 2월 크레디
리오네 은행이 아디다스를 매각했을 때 그가 입었다고 주장하는
손해에 대한 배상으로 그에게 주어졌다. 그리고 그 거액은 자잘한
이익 따위에는 눈길조차 주지 않는 이 인물의 부활에 크게 기여했다.
실제로 〈리본〉은 그가 의도적으로 찾은 섬, 스코틀랜드와 아일랜드

33.　베르나르 타피는 명문 축구클럽 FC 올림피크 마르세유의 구단주였다 — 옮긴이주.

사이에 위치한 맨Man 섬에 등록된 편의 선적의 깃발을 달고 항해한다. 그곳의 세제는 적어도 그곳의 기후만큼이나 온화하니까.

요트를 사고 남은 돈은 세제가 맨 섬의 항해 세금만큼이나 너그러운 벨기에에 자리 잡은 베르나르 타피 그룹GBT의 홀딩회사에 보관되어 있을 것이다. 그를 도시부 장관에 임명한 프랑수아 미테랑 치하에서 떼돈을 벌었던 베르나르 타피는 라 상테 감옥에서 절치부심한 끝에 사르코지 진영에 합류함으로써 재도약할 수 있었다. 그런데 풍향이 바뀌고 있다. 2013년 6월 28일, 베르나르 타피는 2008년의 중재재판에 대한 수사에서 조직범죄형 사기 행위를 벌인 혐의로 조사를 받았다.

구속도, 국경도, 법도 알아서는 안 되는 경제적 자유주의는 더 이상 죄책감 따위에 얽매이지 않는, 오히려 도덕적 가치와 돈에 대한 콤플렉스를 벗어던지고 파렴치를 공공연하게 드러내는 정신적 자유주의와 좋은 짝을 이룬다.

제2장/ 정의가 눈을 감을 때

돈 많은 부자들에게는 협상에 의한 합의

2009년 당시 예산장관이었던 에리크 뵈르트가 〈미망에서 깨어나는 방〉을 설치한 것은 스위스에 신고되지 않은 계좌를 소유하고 있던 프랑스인 탈세자 3,000명의 경우를 다루기 위해서였다. 그 명부는 회사의 정보 시스템에서 탈세와 〈검은 돈〉의 흔적을 모두 지워

065 없애는 소프트웨어들을 발견하고 분노한 HSBC 은행[34] 정보처리
기술자 에르베 팔치아니가 복사한 파일들에서 나왔다. 처음에
약 8,000개의 이름이 올라 있었던 이 명부는 이런저런 우여곡절
끝에 프랑스 당국에 건네졌다. 명부를 손에 쥔 당국은 탈세를 한
사람들은 세무 당국에 자진 신고해 상황을 합법화하라고 권유했다.
협상을 통해 탈세 사실을 인정하고 과징금을 납부하면 모든 것을
없던 일로 하고 기소도 하지 않겠다는 것이었다. 많은 이들이
회개를 하고 순순히 속죄의 제물을 바치자 사건은 마무리되었다.
법정에 기소되어 처벌을 받은 경우는 단 한 건도 없었다.

그 명부에 오른 이름들은 일반에 공개되지 않았다. 그 조치는
대성공을 거뒀다. 4,725명의 납세자가 세무 당국에 출두해 〈선량한
자들의 평화〉를 요청했다. 세상이 깜짝 놀란 것은 회개자의 명부와
HSBC가 의도치 않게 제공한 명부를 비교했을 때였다. 회개자
4,725명 중에 그 명부에 오른 사람은 고작 68명에 불과했다. 나머지
4,650여명은 위협을 느낀 나머지 당국의 관용을 기대하며 선수를
친 사람들이었다. 이는 스위스에 계좌를 가지고 있는 프랑스
납세자들이 아주 많다는 것을 말해 준다. 그들이 신고하지 않은
자산은 500~900억 유로 정도가 될 것으로 평가된다. 예산 보고
책임자 크리스티앙 에케르는 탈세자 3,000명의 자산 총액이 38억
유로 정도가 될 거라고 보고 있다.

탐사 기자 160명이 오프쇼어리크스 앙케트를 시작하고, 미국,
영국, 오스트레일리아가 조세 회피지에 설립된 수십 개의 오프쇼어
회사에 대해 확보한 비밀 파일을 어떤 나라든 요청만 하면

---

34.   HSBC(Hongkong & Sanghai Banking Corporation)는 세계 굴지의 은행으로 본사는 런던에
있다. 직원이 312,000명에 달하는 이 은행은 1865년 스코틀랜드인 토마스 서덜랜드가 홍콩에서
창립했다.

넘겨주겠다고 발표하자, 세법 전문 변호사들의 로비가 기승을
부렸다. 새로 임명된 예산장관 베르나르 카즈뇌브를 구슬려
외국에서 불법적으로 취득한 자산을 합법화하는 기구를 설치하려는
로비스트들의 시도가 점점 더 집요해졌다. 세무 당국에 적발될까
봐 두려운 많은 탈세자들은 2013년 6월 25일 표결된 탈세와 중대
금융경제사범과의 전쟁 관련 법안이 발효되기 전에 자신의 상황을
적법하게 만들고 싶어 한다. 이 법안은 예를 들어 조직적인 탈세
범죄에 대해서는 처벌을 대폭 강화하고 있다. 이 법이 시행되기 전에
베르시[35]에 자진 출두하는 탈세자들은 일체의 형사처분을 면하게 될
것이다. 반면에 익명은 보장되지 않을 것이고, 회개자들이 내야 할
세금의 총액에 대한 협상도 없을 것이다.

탈세자에 대한 형사소추는 콩세이데타[36]와 회계감사원 위원들로
구성된 조세범죄위원회의 통고를 받은 후에 베르시 당국만 시작할
수 있다. 매년 1천 건 이하, 다시 말해 강도 높은 세무조사를 받은
대상 중 평균 2%가 베르시 당국에 의해 검찰에 송치된다. 세무
당국은 고소를 당한 부자에게 충격이 덜한 당사자 간 협상을
우선적으로 고려한다.[37] 그러면 탈세자는 다른 사업 파트너들과
할 때처럼 세무 당국과 여러 가지 기준에 맞춰 세금 총액을 놓고
협상을 벌일 수 있다. 탈세 규모가 워낙 커서 세무 당국은 2012년
세금과 추징금으로 180억 유로를 거둬들일 수 있었다. 하지만
탈세의 규모에 비해 처벌은 경미하다. 〈10억 유로에 달하는 탈세에
대해 평균 6개월 집행유예와 몇 백만 유로의 벌금이 고작이다.〉[38]

---

35.   일반적으로 파리 베르시 행정구역에 있는 〈경제, 재무, 산업부〉를 지칭한다 — 옮긴이주.
36.   정부의 행정, 입법 자문기관과 최고 행정재판소의 역할을 겸하는 기구 — 옮긴이주.
37.   이에 대해서는 알렉시스 스피르의 『세금에 대해 약한 자와 강한 자』(파리: 레종 다지르, 2012)와
      니콜라 드라랑드와 알렉시스 스피르의 『세금의 사회사』, 〈르페르〉 총서(파리: 라 데쿠베르트, 2010)를
      참조할 것.

067 **벽장 속에 처박히는 법원의 금융 담당 부서**

투기꾼 겸 탈세자들은 마음 편히 지낼 수 있게 됐다. 니콜라
사르코지가 대통령에 취임한 이후로 법원의 금융 담당 부서들이
사라지고 있으니까. 2012년 5월에 대통령에 당선된 프랑수아
올랑드도 그것들을 서둘러 복원시키지는 않을 것이다. 2007년 8월
31일, 니콜라 사르코지는 경제인연합회 여름 대학에서 한 연설에서
추징금도 많고 형벌도 중한 정경 유착 사건에 대해서는 익명의
고발을 금지하겠다고 말했다. 물론 목표는 사업권과 회사 재산
유용을 〈처벌 대상에서 제외시키는 것〉이다. 이렇게 관련 법원에
고삐가 채워지자 경제 범죄는 점점 더 대담해지고, 금융사범에
대한 제소는 점점 드물어진다. 2006년에 101차례 예심을 열었던
파리 법원의 금융 담당 부서는 2010년에는 단 37차례밖에
요구하지 않았다. 2012년 이 부서의 소속 수사판사의 수는 8명으로
12명이었던 2009년에 비해 4명이나 줄었다.

니콜라 사르코지 정권 때 실행된 공공 정책의 전반적인 수정으로
재정경제부 산하의 경쟁, 소비, 부정행위 단속 부서가 약화되었다.
이제 사업계와 금융계가 자신의 법을 정치인들에게 강요하기
때문에, 지배계급의 정의가 되어 버린 것에 손을 보려는 새로운
사회당 권력의 변화 의지에 대해 전혀 낙관할 수가 없다.

그런데 판사들 사이에서 분노가 들끓고 있다. 2012년 6월 28일,
법관 82명이 「르 몽드」에 실린 〈부패를 없애는 행동에 나서자.
금융 범죄에 반대하는 판사들의 호소〉라는 제목의 시국선언에
공동 서명을 했다. 그들은 지난 10년을 결산하면서 이렇게 쓰고

---

38. 알렉시스 스피르와 카티아 베덴펠드, 〈더 많은 판사를 투입해 탈세자들을 적발해야〉, 「르 몽드」,
2013년 4월 11일자.

있다. 〈지난 10년은 어떻게든 사업권을 처벌 대상에 제외하려는
의지, 부패의 위험이 큰 공공 시장을 지배하는 규칙의 위반을
찾아내고 감독하는 국가의 임무 소홀, 실패로 돌아갔지만 수사
판사 제도를 없애려는 시도, 국방 기밀의 개정을 통해 생겨난
장애들, 조세 회피지들에 대해 전혀 손을 못 쓰는 국가의 무기력,
권력에 대한 지나친 아첨 등이 두드러진 시기였다. 이 기나긴 시기를
돌이켜 볼 때, 부패 척결이라는 중대차한 목표에 공공의 힘을
재결집하는 것이 시급하다.〉

파리 법원의 금융 담당 부서에서 6년을 보낸 후에 낭테르 법원에서
예심을 담당하고 있는 자크 가조는 법관 82명이 부패 척결을 외친
2012년 6월 28일 「르 몽드」와 가진 인터뷰에서 이렇게 말한다.
「다수의 국영기업, 특히 대형 은행들이 조세 회피지에 자회사들을
갖고 있다. 그것은 은행 간부들의 바캉스 캠프를 위한 것이 아니다.
곳곳에 생겨나고 있는 원형 교차로가 도로 안전을 위한 것만은
아니라는 건 그 수만 봐도 알 수 있다.」 그는 이렇게 은근히 원형
교차로 건설 허가를 받으려는 프랑스 최대 건설 그룹 BTP사에
매수된 의원들의 부패를 암시한다.

정경 유착 사건들은, 감염된 혈액, 석면, 메디에이터Mediator[39] 사건처럼
건강과 관련된 것들조차도 피해자들의 법적 투쟁을 통해 세상에
알려졌다. 니콜라 사르코지는 언제나 피해자들의 보호자임을
자처했지만, 그들이 직접 손해배상 청구인이 되지 못하게 막은
2007년 7월 1일 법안의 기원에는 바로 그가 있다. 그들은 법률
대리인에게 제소를 해야 하고, 법률 대리인은 그 소를 3개월 동안

39.　프랑스 의사들이 프랑스 제약사 세르비에의 당뇨병 치료제 메디에이터를 잘못 처방하여 33년
동안 프랑스 국민들에게 심각한 부작용을 일으킨 사건. 이 일을 계기로 프랑스 정부는 의약품 분야
제도를 180도 바꿔 버렸다 ─ 옮긴이주.

069 검토한 후에 어떻게 할 것인지 말해 주게 된다. 이 3개월 동안 얼마든지 증거인멸이 이루어질 수도 있을 것이다. 자크 가조가 말을 잇는다. 「다행스럽게도 경제 범죄의 경우에는 웬만해선 처벌받지 않는다는 인식이 팽배해 있기 때문에 굳이 신경 써서 증거를 감추려 들지도 않아요.」 그는 경제사범들이 이렇게 태평스럽게 구는 데에는 그럴 만한 이유가 있다고 말한다. 「기업들을 공격하지 않으려는 정치적 의지가 있습니다. 경제 관련 사건을 조사하는 것은 기업의 자유에 대한 침해로 여겨져요. (……) 매매계약 체결에 대한 사건 수는 제로로 떨어졌습니다. 대규모 경제범죄 중앙단속청OCRGDF의 한 경찰 말로는, 60여 건의 소를 검찰에 넘겼는데 수사가 착수된 건 단 한 건도 없었답니다. 경제 관련 범죄를 형사적으로 처벌하는 일은 완전히 손에서 놓아 버린 거죠.」[40]

2013년에 낭테르 법원으로 발령을 받은 자크 가조는 여러 가지 범죄가 다뤄지는 방식에서도 똑같은 계급 논리를 확인하게 된다. 「오드센 지역에서 척결 대상으로 삼는 범죄는 주로 마약입니다. 하지만 사회적으로 파장이 큰 범죄는 그게 아니에요. 그런 범죄는 라 데팡스나 센 강변 개발 사업을 둘러싸고 일어나죠. 경제 범죄는 눈에 보이지 않아요. 전반적인 경제에 미치는 영향은 한낱 마약상보다 훨씬 더 큰데도 마치 존재하지 않는 것처럼 느껴지죠.」 2012년 OECD 보고서에 따르면, 프랑스 기업들과 외국의 투자 유치를 위해 그들의 뒤를 봐준 공무원들의 부패와 관련하여 프랑스 판사들이 유죄를 선고한 경우는 2000년 이래로 단 세 건밖에 없었다고 한다.

40. 「르 몽드」, 2012년 6월 28일자.

예산장관 제롬 카위자크의 오프쇼어 계좌 사건이 발생하자, 사회당 정부는 금융 경제 부서를 대체하게 될 국립 금융 검사 부서를 만들고자 한다. 하지만 「낭테르 법원이 더 이상 담당이 아니게 되면, 수사에 없어서는 안 되는 특수 인력, 즉 전문가들을 잃게 될 겁니다. 경제 범죄는 눈에 보이지 않습니다. 그래서 찾으러 다녀야 하죠.」[41] 검찰 자문위원회 회장인 롤랑 칼리는 이렇게 설명한다.

이는 물론 비난받아야 마땅하지만 사회 근간을 위협하지는 않는 잡범들, 휴대폰 절도범이나 소매치기를 쫓을 때 사법 당국이 보이는 결의와는 거리가 멀다. 불량배가 타인의 두려움을 불러일으키는 것은 사실이다. 도시를, 대중을, 야밤에 홀로 있는 사람을 공포에 떨게 할 수 있다. 그 또한 집단생활을 해치는 위협이긴 하다. 하지만 건강하지 못한 재정이 입히는 피해는 비교할 수 없을 정도로 크다. 왜냐하면 그리스, 스페인 등지에서 볼 수 있는 것처럼 그것은 국가까지 위험에 빠뜨릴 수 있기 때문이다.

참고9 세이예르 사건 혹은 과두지배자들의 이중적 언어

경제인연합회 회장을 역임한 에르네스트앙투안 세이예르 남작은 벤델Wendel 그룹의 자산 구조조정 때 주식의 형태로 무려 6천 5백만 유로를 챙겼다. 어머니 덕분에 벤델의 상속자가 된 그는 복잡한 편법을 동원해 거액을 챙기고도 세금 한 푼 내지 않았다. 하지만 2012년 4월 12일, 베르시의 범법 행위 적발위원회는 그와 벤델의 임원 13명에게 그들을 탈세 혐의로 기소할 예정이라는 사실을 통고했다. 행정 당국은 한 걸음 더 나아가, 그 편법이 〈형사 고소의

41.　「르 몽드」, 2013년 6월 6일자.

이유가 될 수 있는 권리남용의 구성 요소가 된다〉고 지적했다.
당사자는 세무 당국에 4천만 유로를 납부해야 할 뿐만 아니라 최대
징역 5년형을 선고받을 수도 있다고. 2012년 6월, 검찰이 탈세
혐의로 수사에 착수했고, 같은 해 9월에는 남작의 사무실과 집을
압수 수색했다.

에르네스트앙투안 세이예르는 이 기소에 동의할 수밖에 없었을
것이다. 왜냐하면 그가 그의 책 『우리는 욕을 먹기 위해 그 자리에
있는 게 아니다……』에 〈탈세, 조세 회피지와 싸우는 것, 거액의
보수에 대한 여론의 따가운 시선을 의식하는 것이 (……) 근거
없는 것으로 보이진 않는다〉[42]고 썼기 때문이다. 이중적 언어는
지배자들의 자질 중 하나다. 부와 권력을 계속 누리기 위해 그들은
개인적인 이득은 가능한 한 많이 챙기고 세금은 가능한 한 적게
내면서 윤리적인 자본주의를 권장해야 한다.

2011년 6월 17일, 베르사유에서 개최된 〈세상 모든 지식의 대학〉에
참석한 우리는 권력 분리라는 주제를 두고 벌인 원탁회의에서
에르네스트앙투안 세이예르와 논쟁을 벌이는 기회를 가질
수 있었다. 우리의 발표가 끝나자, 1997년부터 2005년까지
경영인연합회 회장, 2005년부터 2009년까지는 2007년에
비즈니스유럽으로 이름을 바꾼 유럽공동체 산업연합Unice 회장을
지낸 이 〈보스 중의 보스〉는 우리의 발언에 격한 반응을 보였다.
「놀랍기 그지없군요. 모두에게 투표권이 있고, 경쟁이 자유로우며,
자격이 기준인 민주주의 국가 프랑스에서 모든 권력이 한 계급의
손에 들어가 있다니요. 솔직히 말해서, 팽송 부부는 프랑스 사회학에

---

42.   에르네스트앙투안 세이예르, 『우리는 욕을 먹기 위해 그 자리에 있는 게 아니다……』
(파리: 알마, 2012).

대한 〈갈라Gala〉 타입의 〈피플People〉[43]적인 비전을 갖고 있군요. 공모니
결탁이니 떠들어 대지만, 우리에게도 마음에 드는 사람과 골프를 칠
권리는 있단 말입니다!」

우리는 그의 격한 반응, 후안무치, 그리고 논쟁가로서의 노련한
솜씨에 많이 놀랐다. 그는 〈팽송 부부가 강박에 시달리는 건
《자기로서도》 어쩔 수 없다〉고 상기한 후에 〈프랑스 사람끼리
반목하려 들지 말고 프랑스의 성공에 해가 되지 않게 국가 통합의
분위기를 조성해야 한다〉고 우리에게 권고했다. 프랑스에서
37번째로 부자인 사람이 운운하는 성공은 물론 만인의 성공이
아니라 소수 과두지배자들의 성공이다. 에르네스트앙투안
세이예르는 〈무거운〉 산업에서 세계화된 경제의 〈휘발성〉
파이낸스로 넘어가는 자본주의의 변화에 발 빠르게 적응하는
돈 많은 가문들의 완벽한 계승자다. 유럽공동체 산업연합이
비즈니스유럽으로 이름을 바꾼 것은 우연한 일이 아니다. 비즈니스
자본주의의 대두로 산업자본주의가 쇠퇴하고 있다는 것을,
가족자본주의가 믿음도 법도 조국도 없는 금융자본주의로 변화하고
있다는 것을 의미한다.

제3장/ 두 개의 급, 두 개의 조치: 부자의 정의와
빈자의 범죄

그사이, 사회적 사다리의 대척점에서, 블루칼라 범죄에 대한

---

43.   살바도르 달리의 부인이었던 갈라를 의미하는 듯하다. 갈라는 달리의 모든 돈을 직접
관리하였다. 『피플』은 유명 인사를 주로 다루는 미국의 주간 잡지이다 — 옮긴이주.

073 가혹함이 화이트칼라 범죄에 대한 관대함과 대조를 보인다. 그것은 각기 다른 속도를 보이는 정의의 기능과 관계가 있다.

즉결심판

파리 법원의 〈즉결심판〉은 월요일 오후 1시 30분부터 23호 경범죄 법정에서 이루어진다. 이 법정에서는 대개 이주민 출신인 젊은이들의 범죄에 대한 심판이 얼마나 신속하게 이루어지는지 지켜볼 수 있다. 거기서는 징역이 예방과 이해보다 우선인 것처럼 보인다. 좀처럼 마주칠 기회가 없는 두 세계가 엄숙한 법정에서 끝에 가죽 뭉치를 댄 검을 들고 대결을 벌이는 것 같은 즉결심판은 상징적 폭력이 발생시킬 수 있는 상처를 목격하고, 그 폭력이 당하는 사람들에게 줄 수 있는 형언할 수 없는 고통을 예감할 가능성을 생방송으로 제공한다. 이 법적 절차는 프랑수아 미테랑 대통령 치하, 국회에서 사회당이 과반을 차지하고 있었던 1983년 6월 10일에 발효된 법에 의해 생겨났다. 〈즉결심판은 성인을 감치한 이후 아주 빠른 기간 내에 심판하게 해준다.〉[44]

피의자는 주로 청년들이다. 법정에 불려 나온 그들은 일군의 여성들과 마주하게 된다. 우리가 방청석을 찾았던 날, 변호사, 검사, 배석판사, 서기가 모두 여자다. 그 〈법조인〉들 가운데 남자는 판사뿐이다. 그날 사회학자인 우리처럼 법정에서 벌어지는 드라마를 생방송으로 지켜보기 위해 방청석을 찾은 젊고 아름다운 법대 1학년 여대생들이 상징적인 폭력을 더한다. 사법부는 당사자들의 신중하고 확고한 동의를 얻어 그들의 운명을 즉시

---

44. 국회, 도미니크 랭부르와 세바스티앙 위그, 「감옥 과밀 현상 해소 방안 보고서」, 〈즉결심판, 투옥자의 주요 공급자〉, 2013년 1월 23일 등록.

처리하게 될 것이다. 이것은 하나같이 후드 점퍼와 금방이라도
농구화 위로 흘러내릴 것 같은 바지를 입은, 파리 교외에 사는 그
가난한 젊은이들이 느낄 불편함과 고통스러운 당혹감을 증폭시킬
수밖에 없다. 고딕 성당의 성가대 좌석을 떠올리게 하는 일종의
박스 자리 안에서 그들은 창백한 표정을 짓고 있고, 그들 뒤에는
경찰이 한 명씩 붙어서 지키고 있다. 그들은 가족과 듬성듬성 앉은
방청객이 슬픔, 호기심, 분노, 혹은 연민이 배인 눈길로 지켜보는
가운데 재판이 끝날 때까지 계속 서 있을 것이다.
그날 오후, 그 젊은이들은 그렇게 서서 불안한 눈길로 주변을
두리번거린다. 가끔 프랑스 국적도 있지만, 태생은 대부분
콩고민주공화국, 말리, 튀니지, 혹은 리비아다. 그들은 오로지
프랑스 백인들로 구성된 법정에 선다. 불안정, 실업, 불법 노동이 그
젊은이들의 공통된 운명이다. 그들 중 하나는 직업을 묻는 판사에게
〈불특정기간 계약직입니다〉라고 대답한다. 이 대답은 안정된
일자리를 갖는 게 무엇보다 중요하다는 것을 말해 준다. 일자리
선택의 문제를 두고 허황된 꿈을 꿔서는 안 된다. 법관들은 아주
자유롭게 법 공부를 선택했다. 즉결심판을 받기 위해 출두한 그
젊은이들의 세계에서는 〈안정된 직장에서 경력을 쌓는 일〉은 엄두도
못 낸다. 일자리를 얻기만 해도 천만다행이다. 그것이 어떤 것이든.
가난과 불법체류는 가끔 다소 중한 질병과 결합되기도 한다.
그날은 후견인을 둬야 할 수도 있다는 언급과 함께 환각성
정신질환과 가벼운 정신박약이 거론되기도 했다. 언제나 관선인
변호사들은 대개 술에 취한 상태로 저질러진 절도 행위를

변호하려고, 설명하려고 애쓴다. 피의자들은 어떤 처벌을 받게 될지 상상하며 차례를 기다린다. 판결이 내려질 때마다 젊은이 하나가 불안에 휩싸여 자신의 불법행위를 어떻게 해명할지 궁리하는 구치소 동료들을 남겨둔 채 경찰과 함께 무대 뒤로 사라진다. 자의적인 판결을 신성한 것으로, 사회로부터 부여받았기 때문에 거의 신적인 성격을 띠는 의지의 집행으로 변화시키는 임무를 띤, 웅장한 기둥들과 상징적인 모티브를 띤 벽화들로 장식된 무대로 배우들이 나왔다가 곧 사라진다. 이러한 법정의 연극적 외형 속에서는 재판장의 너그러움도 부질없다. 재판장이 아무리 관대해도 젊은 피의자들은 자신을 표현하는 데 큰 어려움을 겪는다. 질문에 대한 대답, 행위를 설명하고자 하는 시도는 짧고, 혼란스럽고, 머뭇거리는 동시에 뚝뚝 끊기는 리듬에 따라 기어들어가는 목소리로 이뤄진다. 그들은 일찍이 겪어 보지 못한 그 폭력과 굴욕의 상황을 어떻게든 빨리 끝내고 싶어 한다.

반면, 주로 여성인 검사와 변호사들의 발언은 명료하고 쩡쩡 울리고 화려하며, 공화국 예배의식의 사제들인 그들에게 부여되는 위엄 있는 검은 법복의 후광 속에서 낭송된다. 재판의 공개가 이러한 요소들의 대미를 장식한다. 공개재판은 잔뜩 주눅이 든 젊은이들의 열등한 입장을 강조하고 그들의 유죄를 확인함으로써 그들을 정직한 시민들의 치욕거리로 만들어 놓는다. 거기에는 가장 드러내고 싶지 않은 삶의 순간들을 들여다보는, 형벌이 선고되는 파탄의 순간을 생방송으로 지켜보는 관음증이 있다. 그것은 선량한 자에게는 자기만족을, 잘못을 저지른 자에게는 크나큰 아픔을

줌으로써 양쪽의 입장을 강화시킨다.

이 광경은 전혀 예외적인 것이 아니다. 2002년에 38,300건이 즉결심판으로 처리된 반면, 예심을 거친 건은 그보다 적은 37,400건이었다. 그 격차는 점점 커져서 2011년에는 즉결심판이 43,000건인 반면, 예심을 거친 것은 17,548건밖에 되지 않았다. 특히 니콜라 사르코지 대통령 재임 중에는 예산의 축소와 함께 〈검사들은 예심을 제한하라는 지침을 받았다.〉[45]

심의 후에 판결이 내려지는데 확정이든 유예든 거의 언제나 징역이 선고된다. 그날의 범법자들을 무대 뒤에서 불러내어 줄줄이 세워 놓고 각자의 운명을 알려 준다. 이 또한 먼저 판결을 듣는 이들은 절망에 빠뜨리고 나중에 듣는 이들은 불안에 시달리게 만드는 상징적 폭력의 순간이다. 하지만 검사는 단 한 번도, 심지어 재범일 경우에도 최하한형_{재범자 선고령 하한제한법}을 구형하지 않았다. 니콜라 사르코지 정권 때 크게 유행한 이 양형 기준에 따른 판결은, 정의 실현을 피의자가 초범이 아닐 경우 형법에 정해진 형벌을 자동적으로 적용하는 일로 축소시켜 버렸다. 프랑수아 올랑드 후보의 53번 공약은 명료했다. 「형량의 개별화 원칙[46]과 반대되는 최하한형을 재고하겠습니다.」 하지만 그가 대통령에 당선된 지 일 년이 지난 지금, 어떠한 결정도 내려지지 않았다. 2013년 3월 28일, 프랑수아 올랑드 대통령은 한 TV 방송에 출연해 아직 망설이고 있다고, 〈최하한형은 재범률을 줄일 방안을 찾는 즉시 폐지될 것〉이라고 선언했다.

즉석에서 수감 영장이 발부되어 투옥이 즉각적으로 이뤄지기도

---

45. 국회, 「감옥 과밀 현상 해소 방안 보고서」 참조.
46. 범죄인의 나이, 성별, 직무 따위를 고려하여 개별적으로 형량을 정하는 것 — 옮긴이주.

한다. 2010년에는 모든 법적 절차를 통틀어 발부된 수감 영장 15,947건 가운데 즉결심판이 끝난 후에 발부된 것이 15,291건이나 된다! 경범 재판소에서 다룬 사건 전체를 놓고 볼 때, 징역형이 선고된 비율은 즉결심판에 회부된 피의자들이 다른 피의자들보다 훨씬 높다. 〈이처럼 즉결심판에 회부된 사람들은 징역형을 선고받는 경우가 잦을 뿐만 아니라 즉시 투옥되기 때문에 형의 집행이 시작되기 전에 형량을 조정할 여지가 없다.〉[47]

자신이 몇 개월의 징역형을 선고받았다는 걸 당사자가 이해했는지 확인하기 위해 재판장은 이렇게 말한다. 「당신은 오늘 밤 감옥에서 자게 될 겁니다.」

징역형의 집행유예에는 언제나 보호관찰이 따라붙는데, 몇몇 경우에는 그 기간이 5년이나 되기도 한다. 그 기간 중에 다시 범죄를 저지르면 유예형이 자동적으로 확정형으로 바뀐다. 거기에 정신적 이상을 나타내는 자들에게는 지속적으로 치료를 받을 의무가, 다른 자들에게는 사법 당국의 조사를 받을 의무가 추가된다.

한 개인의 행동 변화는 자신의 잘못을 이해하고 새로운 가치들을 내면화함으로써만 이루어질 수 있다. 미성년자에게 핸드폰, 아이팟, 그리고 주머니에 든 20유로를 빼앗았지만 전과가 전혀 없는 스무 살 청년에게 징역 10개월그중 4개월은 집행유예을 선고하고 즉석에서 영장을 발부해 수감할 경우, 그가 건강한 시민으로 사회에 복귀할 가능성은 희박해 보인다.

감옥의 과밀 현상은 의심의 여지가 없다. 2012년 9월 1일, 자리는 57,385개인데 수감자는 66,126명으로 점유율 115.2%를 나타냈다.

47. 위의 보고서.

우파는 2017년까지 자리가 80,000개로 증가할 것으로 예상한
반면, 새 법무장관 크리스티안 토비라는 프랑수아 올랑드 대통령의
임기 5년이 끝날 때까지 63,000개를 넘기지 않기를 바란다. 이러한
바람에도 불구하고 교정 당국이 내놓은 수치에 따르면 수감된
사람의 수가 2013년에는 67,829명으로 계속 증가하고 있다.

우리가 지켜보는 동안, 재판장은 피의자에게 즉결심판을 받아들일
건지, 아니면 변호를 준비하기 위해 소송을 미루고 싶은지 계속
물었다. 모두가 조금의 망설임도 없이 가장 빠른 해결책을
선택했다. 가능한 한 빨리 폭력적인 현 상황을 벗어나야겠다는
듯 모든 것이 일사천리로 진행되었다. 즉결심판을 선택하면 법적
절차가 짧은 시간 내에 처리된다. 어쩌면 간편한 절차를 선택해
재판부의 수고를 덜어줌으로써 감형을 받을지도 모른다고
생각했을지도. 불확실한 상황에서 오랜 시간을 보내야 하는
임시 구류를 피하려는 게 아니라면 말이다. 실제로 임시 구류의
기간은 즉결심판을 택할 경우 훨씬 짧다. 예심 절차를 거치는
사건의 경우 5.5개월인 반면, 즉결심판의 경우에는 2012년 평균이
0.5개월이었다. 2012년 1월 1일, 수감된 피의자의 11.1%가
즉결심판을 기다리고 있었다.

서민 계층의 청소년들이 저지르는 범죄를 대하는 당국의 폭력성은
니콜라 사르코지의 재임 5년 동안 확연히 증가했다. 2011년 8월
10일에 발효된 법은 16세 이상의 미성년자를 경범이든 재범이든
미성년자를 위한 법정TCM에서 재판할 수 있게 하는 새로운
재판권을 만들었다. 그때까지 이러한 미성년 재범자들을 심판했던

청소년을 위한 법정TE이 청소년 담당판사 한 명과 시민 배석판사 두 명으로 구성된 반면, 이 법정은 직업적인 법관 세 명으로 구성된다.[48] 이 법으로 인해 성인을 위한 경범재판소의 규정들이 열여섯이나 열일곱 살의 미성년자들에게 적용되어 그들도 성인과 똑같은 형벌을 받을 수 있고, 특히 재범의 경우에는 최하한형을 선고받을 수도 있다. 정상과 죄질을 참작해 형량을 조정하지 않고 정해진 형량을 자동적으로 선고하는 것에 개의치 않는 법관들이 특히 새로운 법무장관 크리스티안 토비라가 문제 삼은 이 법을 적용하는 경우는 드물다.

부잣집 망나니 패거리

사회적 사다리의 반대쪽 끝에 특권을 누리는 부잣집 도련님들이 있다. 귀족 집안에서 태어난 에두아르 드 포시니뤼생주는 23세 때 공범 두 명과 상인들을 대상으로 세 차례 무장 강도질을 했고, 팡테옹 광장에 있는 전직 수상 로랑 파비우스의 집 앞에서 보초를 서던 경관의 총을 빼앗으려고 시도했다. 이 무모한 시도의 목표는 샤를로트 갱스부르의 납치에 나서기 전에 패거리를 무장시키는 것이었다. 이 패거리와 출동한 경찰 사이에 총격전이 벌어졌지만 부상을 당한 사람은 없었다.

언론에 따르면, 이 세 명의 패거리가 배심원들뿐만 아니라 검사에게도 좋은 인상을 줬지만, 1989년 10월 검사는 에두아르 드 포시니뤼생주에 대해 징역 10년을 구형했고, 그것은 결국 8년으로 감형되었다. 손해배상 청구인으로 나선 상인들의 변호사는

48. 〈법무부는 2,000명 이상의 시민에게 완전한 권리를 가진 판사의 임무를 맡기고 있다. (……) 청소년을 위한 법정에서 일하는 배석판사들은 미성년자의 재판이라는 아주 특별한 분야에 참여하기 위해 지원한 시민들이다. (……) 법무장관의 법령에 의해 임명되는 배석판사는 임기 4년으로 상고재판소 제1 재판장이 추천한 후보들 중에서 선택된다.〉 www.justice.gouv.fr/justice-des-mineurs.

그 부잣집 망나니 당시 신문들은 그들을 이렇게 지칭했다들이 무난한 사회
복귀를 예상하게 하는 긍정적인 측면들을 내보였다고 강조했다.
즉결심판이 행해지는 경범재판소 법정에서는 한 번도 들어본 적이
없는 의견이다. 개인과 가족이 동원할 수 있는 자원은 사회계층에
따라 다르다. 이미 어려움을 겪고 있는 가난한 집안의 청소년보다는
유복한 집안에서 태어난 망나니를 사회에 복귀시키는 쪽이 훨씬
수월하다. 재정적 수단과 사회적 자본은 젊은 시절의 탈선에
대처하는 데 소중한 도움이 된다.

힘 있는 자들은 거의 대부분 법의 그물망을 요리조리 빠져나가는
반면, 어려움에 처한 젊은이들은 즉결심판과 최하한형이라는
신속한 소송절차에 덜미가 잡혀 옴짝달싹 못하고 있다. 얼마
전부터는 노동권의 체계적인 침해에 대한 노동자들의 항의와
반항을 억누르기 위해 점점 더 가혹한 조치들이 거기에 추가되고
있다. 이렇게 해서 〈노동계급〉은 19세기처럼 〈위험한 계급〉[49]과
같은 피고석에 앉게 된다.

제4장/ 사회적 항의의 범죄화

분노에 휩싸인 노동운동가

클로드 파스키에는 아이가 일곱인 집안에서 자랐다. 노동자였던
그의 부친은 작업 중에 심각한 사고를 당해 장애인이 되었다.
2011년 10월 28일, 클로드 파스키에는 니콜라 사르코지의 퇴직연금

49.　이 표현은 루이 셰발리에가 사용한 것이다. 「노동계급과 위험한 계급」, 〈르 리브르드 포슈〉
시리즈(파리: 리브레리 제네랄 프랑세즈, 1978).

개혁에 반대하는 시위에 참가했다. 그는 우리와 가진 인터뷰에서 이렇게 얘기한다. 「우리는 아라스에서 시위를 하는 내내 곳곳에 스티커를 붙였습니다. 아무런 문제도 없었죠. 경찰도 우릴 그냥 내버려 뒀으니까요. 그런데 대중운동연합UMP 사무실에 도착하자 모든 게 달라졌어요. 경찰이 삼엄한 경비를 펼치고 있었는데, 책임자로 보이는 사람이 우리를 향해 경멸의 눈길을 던지면서 오락가락하더군요.」

클로드 파스키에와 그의 동지들은 시위자들의 생각을 표현한 스티커로 퇴직연금 개혁을 홍보하는 대중운동연합의 포스터를 뒤덮어 버리려고 했다. 사르코지의 개혁안이 채택되면 직접 고된 일을 해온 사람들이 퇴직연금을 온전히 받지 못하게 되리라는 것을 그들은 알고 있었다. 「우리는 홍보 포스터가 붙어 있는 대중운동연합 사무실의 유리창을 향해 다가갔어요. 그러자 곧 최루탄이 날아들었죠. 바로 그때 시위자 하나가 제 발치에 쓰러졌어요. 포석에 머리를 찢어서 이마에 피가 나더군요. 옆에서 또 한 사람이 고통을 호소하며 무릎을 꿇었어요. 그가 소리쳤죠. 〈내 눈, 내 눈, 빨리 물 좀 줘요!〉 그러자 모든 시위자들이 길 건너편으로 달려갔어요. 무엇 때문에 그랬는지는 모르겠지만, 도발을 하던 경찰이 두 번째 최루탄의 안전핀을 뽑아 들었어요. 그러자 항의, 야유, 걷잡을 수 없는 분노의 움직임이 일기 시작했죠.」

바로 그때, 클로드 파스키에의 과거가 떠오른다. 그는 돈이 없어 난방도 수도도 없이 지낸 겨울들을 떠올린다. 부동산 압류를 알리기

위해 집행관이 대문에 붙여 놓은 빨간 딱지는 클로드에겐 그야말로
악몽이었다. 「그때 저는 아직 어려서 왜 우리 집 대문에만 그런
딱지가 붙어 있는지 이해할 수가 없었어요.」

그래서 클로드 파스키에는 돌을 집어 그를 그토록 고생시킨 권력을
상징하는 대중운동연합의 유리창을 향해 있는 힘을 다해 던진다.
그는 평생 고된 삶을 산 사람에게 60세에 은퇴해 편안한 노후를
즐길 수 있는 권리를 주자고 주장하는 자신의 스티커를 붙이고
싶었을 뿐이다.

두 달 후, 크리스마스 직전의 어느 날 아침 7시, 경찰이 그의 집에
들이닥친다. 「아내와 딸이 그들을 집안으로 들어오게 했어요.
그들이 얼마나 사납게 굴었는지 둘은 큰 충격을 받았죠. 저는 이미
출근을 했는데, 집에 숨어 있는 줄 알고 잡으려고 덮친 거예요.
〈반자본주의신당NPA 깃발은 어디 있지?〉 그들이 물었어요.
다행스럽게도 집에는 없었어요. 그건 제 차에 있었거든요.」

클로드 파스키에는 직업교육도 받지 못한 채 16세 때부터 일을
시작했다. 그는 이 직업 저 직업 전전하다가 장거리 트럭 운전수가
되었다. 「그들이 트럭을 몰고 있는 저한테 전화를 걸어서는
지체 없이 아라스 경찰서로 출두하라고 하더군요. 그들은 신발
끈과 허리띠를 빼앗고는 저를 벽에 핏자국이 묻어 있는 감방에
처넣었어요. 그들은 저를 기물파손죄로 고발했어요. 사람들이 문에
달린 유리창으로 들여다보는데, 마치 제가 우리에 갇힌 짐승이
된 것 같은 기분이 들더군요.」 그들은 클로드 파스키에에게 그런
행동을 한 이유를 설명해 보라고 했고, 범죄자처럼 전면과 옆면

083 증명사진을 찍었으며, 심지어 침을 채취해 DNA 검사까지 했다.

「마치 범죄자가 된 것 같았어요. 언론 역시 조금의 망설임도 없이 우릴 파괴자로 취급하더군요.」

같은 날 체포된 클로드 파스키에와 그의 동료 다섯은 그날 자정까지 경찰서에 붙들려 있게 된다. 클로드는 형사재판소에서 징역 3개월에 집행유예 5년을 선고받는다. 5년 동안 사회적, 정치적 분노를 조금이라도 표현했다가는 집행이 유예된 징역 3개월은 실형으로 변하게 될 것이다. 민사상으로도 피소인들은 수천 유로는 족히 될 피해 배상금을 대중운동연합 측에 지불해야 할 것이다.

덫에 걸려들고 말았다는 느낌에 시달리면서도, 다모클레스의 칼[50] 아래에서 살아가는 고통을 겪으면서도, 그는 담담하게 말한다.

「정치적으로 당하고만 있을 수는 없어요. 전 저 자신이 부끄럽지 않아요. 제가 지키고자 하는 건 저 자신의 존엄성이니까요. 제가 먼저 폭력을 행사한 게 아니에요. 그들이 먼저 도발을 했죠. 파괴자는 우리가 아니라 사장들이에요.」

인터뷰는 클로드가 여러 회사에 기계를 배달하기 위해 트럭을 몰고 돌아다니는 노르파드칼레라는 황폐화된 지역의 일부 사장들이 가한 폭력의 몇 가지 상징적인 예들로 마무리된다. 그는 눈이 펑펑 쏟아지는데도 사장의 강권에 못 이겨 미끄러지지 않기 위해 양말을 신고 올라가 곡물 창고 지붕을 수리한 청년 넷을 결코 잊지 못할 것이다. 그는 노동자들이 운동화를 신은 채 진흙투성이 배수구에 들어가 공공 작업을 하는 것도, 화학비료 공장에서 아무런 보호 장구 없이 암모니아 가스를 들이마시는 것도 받아들일 수 없다.

---

50. 고대 그리스 이야기에서 나온 말로, 신하인 다모클레스가 왕의 행복을 찬양하는 아첨을 하자, 왕이 화려한 잔치에 다모클레스를 초대해 그의 머리 위에 한 올의 말총으로 매달아 놓은 칼 밑에 앉는다. 그만큼 운명이 위험하다는 것을 의미한다 — 옮긴이주.

운이 없어 교육을 받지 못한 사람들이 겪는 수모는 비용을 줄이기
위해 공사장에 화장실을 설치하지 않는 바람에 비닐봉지에 소변을
봐야 할 때나, 차 안에서 서둘러 도시락을 먹어야 할 때처럼 끔찍할
수 있다. 심지어 클로드는 사장이 식당으로 점심을 먹으러 가면서
일하는 게 시원찮다고, 한 노동자의 도시락을 빼앗아 가버리는 것도
본 적이 있다! 클로드 파스키에는 이렇게 결론짓는다. 「노동자들은
그 어느 때보다 큰 고통을 겪고 있어요. 그들은 얼마 남지 않은
여생을 즐기기 위해 은퇴를 해도 틀림없이 500유로도 못 받을
겁니다.」〈빈곤의 시절로 되돌아간다〉는 느낌은 노동자의 여건을
향상시키기 위해 싸웠던 사람들에게는 견딜 수 없는 것이다.
전 세계적인 차원에서 연대하는 거부들의 새로운 폭력이 복을
타고 나지 못해 기업이 필요에 따라 언제든 쓰고 버릴 수 있는,
생산과정에 필요한 여러 요소 중 하나가 되어 버린 대부분의
사람들에게 행사되고 있다는 것을 목도하는 만큼 더더욱 그렇다.

사회적 사면법을 위한 투쟁

〈불량배가 아니라 활동가다!〉2013년 2월 27일, 사회운동과 관련된
행위에 대한 사면법을 표결에 부치는 상원의원들을 지지하기
위해 달려온 수백 명의 남녀는 이렇게 외친다. 상원 앞에 출동한
경찰력은 압도적이다. 시위자보다 공화국 치안기동대CRS의 수가 더
많다. 활동가 중 몇몇은 죄수를 연상시키는 굵은 줄무늬 파자마를
입었다. 샌드위치맨들이 든 플래카드에 그들이 그곳에 온 이유들이
적혀있다. 〈내 일자리를 지키려고 한 게 죄냐?〉〈불법체류자들과

085 연대한 게 죄냐?〉〈공공 서비스를 지키고자 한 게 죄냐?〉
「오늘날 집단행동은 사방에서 공격을 받고 있습니다.」 그 순간
상원의 연단에 선 공산주의자, 공화주의자, 시민 그룹 소속의
상원의원 아니 다비드는 이렇게 선언한다. 그녀는 사회적 사면을
위한 법안의 최초 발의자다. 「오늘날 기업에는 해고하겠다는
위협의 형태를 띤 협박, 나아가 두려움이 일상적으로 존재합니다.」
그녀는 이전의 정권들을 고발한다. 「〈그들은〉 기회만 되면 아무
망설임 없이 좋지 않은 상황의 책임을 임금노동자, 활동가, 퇴직자,
구직자들에게 돌렸습니다. 임금노동자들은 비용이 너무 많이
들고, 구직자들은 게으름뱅이에다 거저먹으려 들며, 퇴직자들은
너무 오래 산다는 거죠. 이러한 비난은 참을 수 없는 것이며
범죄적이기까지 합니다!」[51] 마리 드 메디치가 1615년부터 짓기
시작한 그 옛 궁궐에서 지배계급의 사회적 폭력을 이런 용어로
고발할 수 있다는 사실이 민중계급을 대상으로 벌어지는 전쟁에
질겁한 우리를 놀라게 한다.
〈저항, 그것은 우리의 인류애다!〉 투르농 거리에 펼쳐진 또 다른
플래카드는 이렇게 선포한다. 2010년 가을, 니콜라 사르코지의
퇴직연금 개혁안에 반대해 투쟁할 때 사르코지가 다른 정황에서
사용했던 표현, 〈꺼져, 이 머저리야!〉[52]로 군청 벽을 도배하다시피
했던 로안의 활동가들은 묻는다. 「우린 살기 위해 싸운다. 그게 어떤
점에서 정당치 못한가?」
삽시간에 프랑스 전역으로 번진 이 욕설은 대통령 본인의 입에서
나온 것이었다. 문학을 좋아하고 재치 있는 표현을 즐겨 사용하는

51. 이 연설 전문은 프랑스 상원 인터넷 사이트(www.senat.fr)에서 검색할 수 있다.
52. 2008년 파리 농업전시회 때 니콜라 사르코지가 자신의 악수를 거부한 시민에게 했던 실언을
말한다 — 옮긴이주.

대통령의 말로 군청 벽을 장식했던 다섯 명의 활동가들은 경찰에
체포되자 깜짝 놀랐다. 법적 절차가 진행되어 그들 각각에게 전과
기록과 동시에 2천 유로의 벌금이 부과되었다. 노동총연맹과 좌파
정당의 동지들이 총동원해 항의한 덕분에 조정이 이뤄져 전과
기록은 삭제되었다. 하지만 2013년 5월 22일, 이 로안의 활동가들은
경찰서로 출두해야만 했다. 검사는 DNA 채취를 요구했고, 그들은
단호하게 거부했다.

아니 다비드는 상원의원들 앞에서 설명했다. 이 사면 법안으로,
「우리는 과거의 판결들, 다시 말해 사법부의 활동을 문제 삼으려는
게 아닙니다. 이미 내려진 형벌이나 벌금을 재검토하자는 게
아니니까요. 단지 우리는 유죄를 선고받은 사람들의 형벌을
사면하자는 겁니다. 그 형벌이 그들을 법원에 출두하게 만든
집단적인 권리를 요구한 행동 너머까지 그들을 괴롭히지 않게.」
타이어 제조사 콘티넨탈의 직원, 즉 〈콘티〉의 노동총연맹 대표
자비에 마티유는 〈범죄자 취급을 받는 게 싫어서〉 DNA 채취를
거부했다. 1998년 6월 17일에 통과된 법에 의해 수사관들이
자동화된 유전자 파일을 열어볼 수 있게 됨으로써 가능해진 DNA
채취는 원래 그 대상이 성범죄자로 한정되어 있었다. 그런데 니콜라
사르코지의 발의로 그 법의 적용 범위가 〈국내 치안〉으로 확대되어
재산의 손괴와 같은 다양한 범법 행위까지 포함하게 되었다. 따라서
불의와 생활환경의 악화에 항의하기 위해 거리로 나선 시위자들도
슬로건을 부르짖고 호루라기를 부는 것 따위로 분노를 표현하는
게 신상에 이롭다. 심각한 사고가 발생할 경우 모든 책임을 져야

하니까. 반면에 기업주나 경영진의 책임은 웬만해선 묻지 않는다. 그들의 실수, 특히 광적인 이익 추구가 훨씬 큰 피해의 원인이 되는데도.

니콜라 사르코지의 참모였고 대중운동연합 고문이자 〈사르코지의 친구들〉 부의장인 피에르 샤롱은 물론 사면 법안을 지지하지 않는다. 상원의원인 그는 이렇게 반박한다. 「만인의 법을 존중하지 않아도 된다고 활동가들을 부추겨야 할까요? 저 역시 신념을 지키는 일에는 한없는 존경심을 갖고 있습니다. 하지만 노조의 전투적 투쟁으로 혼란과 공포에 빠진 나라, 그게 우리가 원하는 나라입니까?」 그가 동료 의원들에게 묻는다.

이 사면법을 위해 투쟁하는 활동가들이 원하는 건 그들의 자부심과 긍지, 주주들의 독재에 굴하지 않겠다는 의지를 인정받는 것이다. 마지막 표결까지 한 치 앞도 가늠할 수 없었다. 법안은 대폭 수정된 후에야 찬성 174표, 반대 172표로 아슬아슬하게 채택되었다. 하지만 그걸로 끝이 아니었다.

2013년 4월 24일, 국회법사위원회에서 여당인 사회당이 〈사회운동이나 2007년부터 2013년까지의 노조 활동에서 저질러진 위법 행위의 사면을 위한〉 법안을 거부했기 때문이다. 좌파전선 소속 의원들은 사회당과 대중운동연합 소속 의원들의 반대에 부딪혔다. 환경주의자들만 그 법안을 지지했다. 「르 파리지앵」지와 가진 인터뷰에서 자비에 마티유는 말한다. 「화가 나서 견딜 수가 없습니다. 정부가 경제인연합회 눈치를 보는 거예요. 아미앵에서 〈굿이어Goodyear〉 동지들이 고소당한 날 발표를 한 것도 이상해요.

정부가 사회운동과 관련해 아주 힘든 몇 달을 준비하고 있다는
얘기지요.」

프랑수아 올랑드는 좌파전선 의원인 장뤼크 멜랑숑의 〈눈을
똑바로 쳐다보며〉 사면 법안을 통과시키겠다고 약속했었다.
하지만 실제로는 그의 정부가 그 법안에 호의적이지 않았던 것으로
드러났다! 그럼에도 사회당 의원 80명이 법안 지지를 밝혔다.
일부 여당 의원들이 벌인 엉뚱한 짓거리에는 그럴싸한 관료적
해결책만한 것이 없다. 절차 동의안 하나가 의원들에게 제출되었다.
동의안이 채택된다면, 그 법안은 위원회를 구성해 새로운 검토에
들어가게 될 것이다……. 프랑수아 올랑드는 2013년 5월 16일
가진 기자회견에서 〈원칙에 의해, 그리고 경험에 의해〉 사면 법안에
대한 반대 의견을 밝혔다. 「왜냐하면, 왜 어떤 사람들은 되고 다른
사람들은 안 되느냐고 말하는 사람들이 있으니까요. 잘못을 저질러
놓고 금방 책임을 면제받을 수 있다는 인상을 줄 수 있으니까요.」
노동자의 분노에 대한 반응은 다양하다. 그것은 치사하고 모욕적일
수도 있다. 야니크 랑그르네가 말한다. 「아르덴 도청은 우리가
들렀던 사무실의 양탄자 세탁비를 청구했어요. 신발 바닥에
우리의 행동을 보여 주기 위해 불태운 타이어의 검댕이가 묻어
있었거든요」. 그것은 폭력적인 계급에 대한 경멸감을 드러내며
노동자들에게 제대로 교육을 받지 못한 사람의 이미지를 덧씌우는
방법이기도 하다. 하지만 부자들의 몰이해와 비난은 아주 악랄할
수도 있다. 유니레버 그룹의 자회사로 차 봉지를 생산하는 프라립
드 제므노 사의 직원인 마르세유 〈프라립〉들은 일자리를 지키기

089 위해 상원 앞에서 시위를 할 때 〈테러리스트〉, 〈탈레반〉 취급을
받았다고 말한다.

사회적 관계들은 이렇게 경제적, 사회적으로 어려울 때 더욱
경직된다. 우리는 몇몇 상원의원의 발언에서 〈내부의 적〉을
만들려는 의도를 감지할 수 있다. 노예처럼 지배자들의 이익에
복무하기를 거부하는 노동자들이 바로 그 적이 될 것이다.

사회적 항의를 악마시하는 미디어

2013년 봄, 사회적 사면법은 몇몇 기자의 격렬한 반응을 불러왔다.
그들은 조금의 망설임도 없이 일자리와 존엄성을 지키기 위해
투쟁하는 노동자들을 비난했다. 예를 들어, 미디어 비평단체
아크리메드Action-Critique-Médias협회는 라디오 방송 프랑스 퀼튀르에
나와 〈콘티〉들의 행동을 비판한 『르 푸앵』지의 기자 필립
마니에르의 분노를 지적했다. 「아무리 그래도 그렇지 이건 너무한 것
아닙니까? 정말이지 흔히 볼 수 없는 광경이에요.」 『렉스프레스』지
편집장인 크리스토프 바르비에는 2012년 3월 8일자 논설에서
사면법의 의미에 대해 약간 성급한 결론을 끄집어낸다. 「이건 한
마디로 파괴와 폭력을 독려하자는 겁니다.」[53]
자유주의 진영의 기자들은 결코 부자들의 폭력을 언급하지 않는다.
그들은 폭력의 원인을 가장 가난한 사람들에게 전가함으로써
책임의 의미를 전도시키고, 투기꾼과 탈세자들에 의해 야기된
피해는 문제 삼지 않으려고 조심한다. 텔레비전 저녁 뉴스나 라디오
아침 뉴스에는 노조의 투쟁에 관한 소식이 전혀 나오지 않는다.

53.   아크리메드 협회, 〈미디어 전망대〉, www.acrimed.org.

게다가 노조 활동가들은 그들의 행위를 정당화해야 하는
의무까지 진다. 「이러한 폭력 행위를 후회하십니까?」 2009년 4월
21일 공영방송의 8시 뉴스 앵커인 다비드 퓌자다스는 자비에
마티유에게 대뜸 이렇게 묻는다. 2013년 2월 12일, 라디오 방송
프랑스 앵테르에서 파스칼 클라르크는 노동총연맹 대표로
나온 미카엘 바맹에게 묻는다. 「경찰은 상황이 걷잡을 수 없게
변할까봐 두려워하는 것 같은데, 당신들의 정신 상태는 원래 그렇게
호전적인가요?」

존중할 만한 노조 활동가는 〈사회적 파트너〉의 지위에 오른
사람들, 경제인연합회에 유리한 협정에 서명을 해주는 사람들이다.
그럼으로써 그들은 〈민주주의자〉의 자질을 인정받는다. 반면에
다른 사람들은 〈범법자〉로 내몰리고 만다. 존중할 만한 미디어는
사회적 항의를 악마시하는 미디어이지, 권력자들이 가려워하는
곳을 긁어 주는 기자들을 비판하는 미디어는 결코 아니다.
그래서 아크리메드 협회는 〈전체의 이익에 기여하는 활동과
기구〉의 승인된 기부금에 한해 66%를 면세해 주는 세제상 혜택을
거부당했다. 이 면세 혜택은 지배 문화의 촉진을 위해 광범위하고
후한 방식으로 거물급 후원자들에게 주어졌다.

제5장/ 무슨 짓을 해도 벌 받지 않는다는 배짱, 언제까지?

지배계급은 모든 전선에 동원된다. 작은 전투란 없다. 경계는

091 사업, 재산의 보존뿐 아니라 자식들의 교우 관계와 학업, 사회적
관계, 그리고 아주 위험한 형태를 띨 수도 있는 조세 최적화에
이르기까지 전 분야에서 이루어진다. 이러한 지속적인 다사다망은
그들의 권력과 부가 어떻게든 숨겨야 하는 사회적 전횡에서
비롯된 것이라는 권력자들의 의식을 은연중에 드러낸다. 자신이
특권을 누린다는 사실을 그들도 잘 알고 있다. 그들이 소수라는
것, 그것이 엘리트의 지위와 불가분의 관계가 있다는 것을 그들도
모르지 않는다. 그들은 과거에 겪은 몇몇 실패 사례를 똑똑히
기억하고 있고, 그래서 그런 일이 다시 일어나는 걸 피하고 싶어
한다. 1789년, 1830년, 1848년, 1871년, 1936년, 1968년, 과거에 큰
상처를 입은, 민중의 해방 시도와 관련된 악몽을 다시는 꾸고 싶지
않을 가문들에게는 좋은 기억으로 남아 있지 않은 연도들이다.
이러한 불철주야의 경계와 지속적인 동원이 권력과 부의 특권
향유와 양립할 수 없는 것은 아니다. 자본주의 체제에 내재하는 경쟁
너머에서 이뤄지는 그 계급의 실용적 연대는 그들에게 무슨 짓을
해도 벌을 받지 않는다는 뻔뻔스런 배짱을 제공한다. 그 계급은
전국적으로, 그리고 국제적으로 결속되어 있고, 행동에 무시무시한
효율성을 부여하는 모든 직위를 장악하고 있기 때문에 놀라울
정도로 강력하다.
실제로 그 구성원들은 공적인 분야든 사적인 분야든 수많은
고위직을 차지하고 있다. 고위 공무원들은 퇴직하면 사기업에
들어가고, 은행가들은 경제와 금융의 공적 기구에서 조언을
하거나 자리를 꿰찬다. 산업계, 사업계, 문화계에서 같은 패거리의

구성원들을 발견할 수 있다. 모두가 동일한 가족적 조직망에 속해 있다. 사교적인 만남이 관계들을 견고하게 하고, 그 효율성을 전 지구적 차원으로 확장시킨다.

그럼에도 풍향이 바뀌고 있는 것처럼 보인다. 경제의 자본화가 모험가들에게 문을 활짝 열었고, 파나마 운하 시절[54]처럼 스캔들들이 터져 나왔다. 유럽과 남미에서 민심이 들끓는다. 조세 회피지들은 몸을 사리며 불안해한다. 예전에는 금방 정리되었던 사건들이 이제는 공공의 무대를 떠나지 않는다. 나라를 이끄는 고위 인사들의 가면이 벗겨지고, 회장님들의 천문학적인 보수가 사람들의 원성을 산다. 전능한 과두지배의 실체가 사람들 눈에 보이기 시작한다. 트레이딩 룸에 들어가는 천문학적인 인건비를 지불해 온 서민 계층이 부자들을 위한 이 무질서한 사태에 항의하기 시작한다. 오늘날에는 그 엘리트들에게 현 금융위기의 책임을 지우기 위해 곡예와 같은 자금 운용의 기술과 과정, 그 교묘함을 드러내고 기술하고 분석하는 것이 그 어느 때보다 중요하다. 국민전선이 자주 써먹듯 〈모조리 썩었다〉고 싸잡아 비난하는 것은 계급 관계와 자유주의의 메커니즘은 드러내지 않은 채 개인들을 먹잇감으로 던져 주는 선동적인 태도다. 힘 있는 자들이 일탈을 저지르고도 벌을 받지 않는 건 주로 그것을 허락하는 사회, 경제 시스템 탓이다. 자유주의, 자유로운 경쟁과 시장이 사회를 이끄는 한, 지배자들의 무기, 특히 재정적 무기는 각국의 민중과 지구촌을 괴롭힐 것이다.

세계화된 금융자본주의의 현 단계에 있어서 부자들의 범죄는

54.　19세기 말에 파나마 운하 사업에 들어가는 자금을 조달하기 위해 공채가 발행되었다. 그런데 대양 간 운하회사가 파산을 했고, 수많은 사람들이 재산을 날렸다. 그 계획을 주도한 페르디낭 드 레셉스와 수문 설계를 위해 부름을 받은 귀스타프 에펠을 비롯해 많은 국회의원들이 그 사건에 연루되었다.

보편화되어 버렸다. 조세 회피자들이 주기적으로 신문 1면을
장식한다. 사람들은 탈세를 근절하는 임무를 맡은 장관이 돈 많은
납세자들을 위한 천국에 계좌를 갖고 있다는 사실을 알게 된다.
수백 만 유로에 달하는 회장님들의 보수는 곧바로 최저임금을 깎아
내리려고 드는, 바로 그 경쟁력의 이름으로 정당화된다. 이러한
범죄의 보편화는 국가가 지배자들을 위한 서비스회사로 변했기
때문에 가능했다. 이는 지배자들이 공공 분야와 민간 분야를
수시로 오가는 것으로 증명된다. 스테판 리샤르는 국가와 민영화된
기업의 요직을 장악하고 있는 좌파와 우파의 과두지배를 상징하는
인물이다. 2013년 6월 12일, 프랑스 텔레콤 회장이 〈조직적 사기〉
혐의로 조사를 받았다는 소식을 접한 일반 시민들은 뭔가 착오가
있는 거라고 생각했을 것이다. 왜냐하면 이런 유형의 기소는 행정
부처 사무실보다는 생활환경이 열악한 교외 공공 주택단지를
떠올리게 하기 때문이다. 그런데 스테판 리샤르는 니콜라 사르코지
정권에서 경제부 장관을 지낸 크리스틴 라가르드의 비서실장을
지낸 인물이다. 국립 행정학교와 파리 경영대학원 출신으로 재무
감독관인 그는 2007년 8월에 베르나르 타피에게 4억 3백만 유로가
넘는 돈을 안겨 준 중재재판소의 설치에 한몫을 담당했다. 스테판
리샤르는 비벤디의 부동산 사업부장으로 있던 2006년에도 경찰에
감치된 적이 있었다. 그는 또한 66만 유로에 대한 세액 경정에도
대처해야 했는데, 2007년 경제부 장관 비서실장이 되었을 때
결국 모두 납부했다. 행정기관과 사소하나마 갈등을 빚고 있는
인물을 그 기관의 요직에 앉히는 것은 참으로 뻔뻔스러운 짓이다.

하지만 그들이 챙기는 것은 대박을 쫓고 있는 친구, 형제, 동지다. 패거리라고는 할 수 없어도 파벌의 구성원인 것이다. 스테판 리샤르는 1991년 당시 산업부 장관이었던 도미니크 스트로스칸의 조언자였다. 2006년 7월 14일, 도미니크 스트로스칸은 다른 두 사회주의자 클로드 바르톨론, 마뉘엘 발스와 함께 니콜라 사르코지가 스테판 리샤르에게 레지옹 도뇌르 훈장을 수여하며 찬사를 늘어놓은 의식에 참석했다. 사르코지는 이렇게 말했다. 「스테판, 자넨 부자야. 멋진 집도 있고 돈도 많이 벌었지…… 아마 나도 나중에 자네처럼 될 수 있을 거야. 그게 바로 내가 사랑하는 프랑스일세!」

최근에 조사를 받은 스테판 리샤르의 반응은 날카로웠다. 「직원 17만 명이 일하는 회사를 이렇게 흔들어 대면 안 됩니다. 이대로 당하고만 있지는 않을 겁니다!」 그는 소송을 제기할 거라고 예고했다.

서민계급에 속하는 범죄자와는 달리, 과두지배체제의 중심에 있는 재무 감독관은 절대 자신이 조직적 사기를 범했다는 느낌을 가지지 않을 것이다. 부자 동네의 〈우리끼리〉가 그에게 체통 있는 이미지를 반사해 줄 테니까. 사업권을 처벌 대상에서 제외시키고자 하는 시도가 계속되는 만큼, 부와 권력은 무슨 짓을 해도 벌을 받지 않는다는 감정을 부여한다. 이러한 화이트칼라 범죄의 보편화는 〈모조리 썩었다〉는 숙명의 감정을 불러일으킬 수 있다.

정치적 계급이 되살아난다면 이러한 탈선들이 계속 반복되지는 않을 것이다. 그러기 위해 선출된 자의 신분 규정을 만들고 선거의 양상들을 바꿔야 한다. 겸직을 폐지하면 정치인으로 성공하는 일은

095 없어질 것이다. 투표를 의무화하는 대신 기권도 유효표로 계산하자.
2013년 4월, 정부는 장관들의 재산을 공개함으로써 역설적이게도
그들의 이력이 서민계급의 그것과는 거리가 멀다는 것을 확인시켜
주었다. 돈이 있어야 누릴 수 있는 민주주의, 이미 엘리트 계층에
속하는 후보자, 더 이상 투표하러 가지 않는 가난한 유권자,
이것으로 과두지배체제가 우파 자유주의에 이어 좌파 자유주의도
만들어낼 수 있다는 사실이 설명된다.

참고10 **세계화의 화신**

경제의 세계화는 대 부르주아지와 귀족의 양어장 안에서 성장한
사회적 주체들이 이뤄 낸 것이다. 프랑수아 뷔종 드 레스탕은
그것을 아주 잘 보여 주는 한 예다. 시앙스 포와 국립 행정학교를
나온 그는 하버드 비즈니스 스쿨에서도 학위를 땄다.
그는 프랑스뿐만 아니라 전 세계를 돌아다니며 외교, 정치,
금융 분야에서 경력을 쌓았다. 그는 자크 시라크가 수상이었을
때1986~1988 그의 외교 담당 보좌관이었다. 그리고 캐나다1989~1991와
미국1995~2002 주재 프랑스 대사를 역임한다. 앵글로색슨 세계를
잘 아는 그는 은행인 프랑스 시티 그룹에 들어가 체어맨, 다시
말해 회장이 된다. 국제적으로 인맥을 쌓고 세계를 대상으로
사업을 하는 상업은행에 들어가 판돈을 부풀리기에는 외교관의
신분만한 것이 없다. 또한 그의 두툼한 주소록은 그가 1993년에
세운 컨설턴트회사, 〈전략 지정학적 충고와 정치적 위험의 분석을
전문〉으로 하는 FBE 인터내셔널 컨설턴트에도 동원된다. 프랑수아

뷔종 드 레스탕에게 FBE는 자신이 만든 것과 거세게 부는 세계화의
바람 속에 자기 개인을 새겨 넣는 하나의 방식이기도 하다.

프랑수아 뷔종 드 레스탕은 프랑스 그룹 트리라테랄의 회장으로서
금융의 세계화에 유리한 제도적 입장을 다방면에서 다져 간다.
트리라테랄은 신자유주의적인 목표를 공공연히 내세우며 1973년에
창립되었다. 그 목표는 자유주의의 확산에 반하는 정책들과
민족주의로 인해 생길 수 있는 장애들과 싸울 수단을 강구하는
것이었다. 이 사적인 기구는 빌더버그 그룹과 미국 외교 관계
평의회의 핵심 지도자들인 데이비드 록펠러, 헨리 키신저, 그리고
즈비그뉴 브레진스키의 주도로 탄생되었다.

FBE 인터내셔널 컨설턴트의 고객인 프랑스 기업과 다국적 기업의
경영진은 지정학적인 맥락을 고려해 가며 사업 전략을 세우기 위해
프랑수아 뷔종 드 레스탕의 조언을 활용한다.

과두지배자들의 동원은 대대로 가족의 기억이 뿌리를 내리고
있는 마을에서 성찰과 교환의 조직망인 집단 지성에 이르기까지
아주 다양한 차원의 영역에서 이루어진다. 물론 그 목표는
프랑수아 뷔종 드 레스탕이 회원으로 있는 프랑스 자동차클럽
같은 전국적 서클들과 말씀을 전파하는 임무를 맡은 잡지들을
거쳐 앵글로색슨의 신자유주의를 전 세계로 퍼뜨리는 것이다.
예를 들어, 문학 잡지『르뷔 데 되 몽드』는 금융회사 피말락을
통해 신용평가회사 피치 레이팅스를 통제하는 마르크 라드레
드 라샤리에르의 소유다. 프랑수아 뷔종 드 레스탕은 이 잡지의
편집위원으로 가끔 글을 신기도 한다.

097 사교계에서 쌓은 인맥은 크고 작은 사업에서 아주 중요한 역할을 한다. 거기서 책임 있는 직책을 맡는 것은 자신의 권력을 확인하는 것이다. 프랑수아 뷔종 드 레스탕도 그것을 모르지 않는다. 자유주의 세계화의 지도자 양성소 하버드 비즈니스 스쿨을 나온 사람들끼리 모이는 〈하버드 비즈니스 스쿨 클럽 드 프랑스〉의 회장직을 포함해 여러 곳의 회장직을 맡고 있으니까.

참고11 눈에 보이는 범죄와 그렇지 않은 범죄

거기서는 석유 냄새가 난다. 오래된 배의 낡은 선체에서 새어 나오는 석유 냄새가. 돈을 갈고리로 쓸어 담는 잘 나가는 회사들에 임차된 그 배들은 귀하고 끈적거리는 액체를 가득 실은 채 오대양을 누빈다. 2012년 가을이 그 배들 중 하나, 에리카 호에게는 최종적 난파가 될 것이다. 프랑스 최고법원인 파기원은 형사상 유죄판결과 1999년 브르타뉴 해안을 기름으로 시커멓게 물들이며 침몰한 그 배를 임차했던 토탈사가 지불해야 할 손해배상액을 확인했다. CAC 40에 상장된 거대 기업 중 하나에 의해 사용된 에리카 호는 몰타 섬에 등록된 배로서 라이베리아에 있는 한 회사의 소유이면서도 바하마 군도에 있는 한 회사를 거쳐 임대되었다.

그로부터 3년이 지난 2002년 11월, 이번에는 프레스티지 호가 에스파냐 갈리시아의 먼 바다에서 침몰한다. 석유가 가스코뉴 만의 해안을 뒤덮는다. 이번에는 의장 책임자들은 그리스인이지만, 배의 정주지는 라이베리아다. 풍경을 좀 더 온화하게 만들기 위해 바하마 군도가 그 배에 깃발을 부여했다. 스페인, 포르투갈, 프랑스의

해안은 흘러나온 석유로 시커멓게 더럽혀질 것이다. 2013년 7월
10일, 그 난파의 책임자들에게 5~15년의 징역형이 구형되었다.
하나씩 침몰하다 보니 그 호두 껍데기 같은 배들이 드물어졌을까?
천만의 말씀이다. 스페인 일간지 「ABC」에 따르면 그린피스가
〈스페인 빌바오 근처에서 프레스티지와 같은 타입의 유조선〉을
적발했다. 라이베리아에 등록된 그 배는 버뮤다에서 보험 가입을
하고 이미 프레스티지 호의 보증을 섰던 선박검사회사 ABS로부터
항해를 해도 좋다는 〈보증을 받은〉 한 그리스인이 의장(艤裝)했다.
그 괴물들이 침몰하면 눈에 띠지 않을 수 없다. 특히 해안에서는.
저녁 뉴스 타이틀 화면에 쓰기에 너무나 매력적인 이미지 아닌가.
스캔들은 어마어마하다. 흰개미를 닮은 사람들이 그리스 의장
책임자들이나 라이베리아 선주들의 양심보다 훨씬 깨끗한 옷이야
더럽혀지든 말든 바위들 위를 분주하게 돌아다니며 기름을 닦아
낸다. 그 사이, 비밀스런 트레이딩 룸에서 마우스를 클릭하는 능숙한
손놀림 몇 번에 수십 억 달러가 투기를 위해 조세 회피지에 설립해
놓은 은행 자회사들의 계좌로 날아가도 그 사실을 아는 사람은
조작자들과 그 수혜자들뿐이다. 기적은 비밀로 남고, 시민들은
더럽혀진 해안과 바위, 죄 없는 가마우지들의 수난에 분개하지만
지구촌 사람들의 생활 조건을 황폐하게 만드는 또 다른 범죄에
대해서는 아무것도 모른다. 해양 범죄는 세인의 눈에 적나라하게
드러난다는 단점이 있다. 그래서 충고 하나, 범죄다운 범죄를
저지르려면 금융을 택하시라.

제**3**부

프랑수아
올랑드의
과두정치

계급의 폭력은 권좌에 오른 정치인의 공모와 협력 없이는 행사될
수 없다. 우리는 『부자들의 대통령』에서 정치인이 거부들과 맺은
특별한 관계, 과두지배체제 전체에 대한 조사를 통해 정계와 재계를
지배하는 자들의 이러한 공모를 보여준 바 있다.[55]
프랑수아 올랑드는 대통령 선거 기간 동안 〈변화는 바로 지금!〉
이라고, 자신의 주적은 금융계라고 외쳤다. 니콜라 사르코지가
권좌에 오른 2007년 5월 7일부터 해왔듯이, 우리는 그로부터 5년
후에도 매일 일기를 썼고, 새로 권좌에 오른 사회당 정권의 정치적,
사회적 선택들을 엄격하게 검토해 좌파 가치들의 새로운 일탈을
보여 주었다.

---

55.   미셸 팽송과 모니크 팽송-샤를로, 『부자들의 대통령』, 장행훈 옮김(서울: 프리뷰, 2012).

제1장/ 프랑수아 올랑드와 그의 인맥

대통령 선거운동이 한창이던 2012년 1월 22일, 프랑수아 올랑드는
부르제에서 2012년 5월 6일의 승리에 결정적 역할을 할 연설을
한다. 그는 이렇게 선언한다. 「그의 〈진짜 상대는〉 이름도, 얼굴도,
당도 없기 때문에 대통령 선거에 출마하지 않을 것이고, 따라서
선출되지도 않을 것이다. 하지만 그래도 그는 지배할 것이다. 그
상대는 바로 금융계다.」 그는 금융계를 공격함으로써 2008년
금융위기의 여파로 고통을 겪고 있는 수백만 프랑스인의 표를 얻어
올 수 있기를 기대한다. 프랑수아 올랑드는 교묘하게 현실을 피해
간다. 금융이 얼굴과 이름을 갖고 있다는 사실을 누구보다도 잘 알
수 있는 위치에 있으니까. 그의 선거캠프에서 회계를 담당하다가
나중에 노련한 사업가로 변신한 장자크 오지에는 당시에도 카리브
해의 조세 회피지 영국령 케이맨 제도에 있는 오프쇼어회사 두 곳의
주주였다. 부르제 연설이 있고 겨우 몇 주 후, 프랑수아 올랑드는
영국 언론과 가진 인터뷰에서 〈좌파는 한때 장장 15년 동안 정권을
잡았고, 그 기간 동안 경제를 자유화하고 해외 금융과 민영화에
시장을 개방한 바 있다〉고 말한다. 그의 결론은 명백하다. 〈겁먹을
필요가 전혀 없다〉는 것이다. 실제로 금융계의 얼굴과 이름들은
그가 주장하는 것만큼 그에게 낯설지는 않다. 그의 친구나 측근 중
몇 사람만 살펴보자. 공증인의 아들로 태어난 재무 감독관 장피에르
주이에는 프랑수아 올랑드와 함께 국립 행정학교 볼테르 기수에
속했던 동기생이다. 따라서 두 사람이 다른 사회주의자 세 명과

101 함께 장프랑수아 트랑스[56]라는 필명으로『좌파는 움직인다』라는
책을 쓴 것은 아주 자연스럽다. 당시 커플이었던 프랑수와 올랑드,
세골렌 루아얄과 아주 친하게 지냈던 장피에르 주이에는 이익이
된다 싶으면 우파와 협력하는 것도 마다하지 않는 인물이다.
2000년부터 2004년까지 재무부 이재국장을 지낸 그는 2004년에
재정경제부 장관의 자리에 오른 니콜라 사르코지에 의해 〈경제
문제 담당 대사〉로 임명된다. 그는 니콜라 사르코지가 대통령에
당선된 2007년 5월에 유럽부 장관이 되는데, 2008년 12월에는
금융시장감독청AMF 청장으로 자리를 옮긴다. 그의 아내 브리지트
테탱제는 클로드 테탱제와 카트린 드 쉬아르즈 돌란의 딸로,
사교계를 다루는『보탱 몽댕』지에 따르면 프랑스 귀족상조회ANF
회원이다. 그녀는 니콜라 드 바렌과의 첫 번째 결혼에서 아이
다섯을 낳았고, 두 번째 남편인 장피에르 주이에와 아이 하나를
낳았다. 그녀는 마케팅과 럭셔리 분야에서 일하는데, 1997년부터
2005년까지 크리스털 브랜드 바카라를 공동으로 이끌었다. 지금은
향수회사 아니크 구탈의 최고경영자로 있다. 그녀는 만찬을
자주 여는데, 프랑수아 올랑드는 언제든지 대환영이다. 만찬에는
1974년부터 정유회사 토탈을 이끌고 있는 그녀의 사촌 크리스토프
드 마르저리도 자주 참석하는데, CAC 40의 최근 소식을 정계와
재계의 중심에 있는 사람들에게 알려 준다. 2012년 10월 19일,
장피에르 주이에는 국가재정을 좌지우지하는 예금공탁금고CDC의
수장으로 임명되었다. 그는 또한 중소기업들을 돕기 위해 설립된
공공투자은행BPI의 회장이기도 하다.

56.   장프랑수아 트랑스,『좌파는 움직인다』(파리: JC라테스, 1985).

마티유 피가스는 사회당 당원으로 프랑스 라자르 은행과 유럽 라자르 은행을 이끄는 은행가이면서도 프랑수아 올랑드를 엘리제 궁으로 보내기 위해 무조건적인 지지를 보냈다. 그는 도미니크 스트로스칸이 베르시에 있을 때 그의 비서실에서 일했다. 로랑 파비우스 수상 시절에는 그와 함께 일하며 몇몇 민영화 작업에 공헌하기도 했다. 그가 라자르 은행에 입성한 건 알랭 밍크 덕분이지만, 2009년 여름에 주간지 『레 쟁록큅티블』을 인수한 것은 순전히 개인적인 취향 때문이었다. 프랑수아 올랑드와 같은 국립 행정학교 볼테르 기수로 앙리 드 라 크루아 드 카스트리가 있다. 가톨릭과 보수의 감수성을 지닌 그는 세계 9위 그룹 AXA 보험의 사장으로 2007년 5월 6일에 열린 그 유명한 푸케츠Fouquet's 당선 축하 파티에 초대받을 정도로 니콜라 사르코지와 가깝게 지내다가 장자크 오지에가 이끈 서클 〈프랑수아 올랑드와 함께《왼쪽으로》라고 대답하기〉에 7,500유로를 기부함으로써 프랑수아 올랑드 캠프를 지지했다. 재무 감독관인 샤를앙리 필리피는 사회주의자들이 금융 시스템의 규제를 완화한 결정적인 시기였던 1983~1984년 당시 재무장관이었던 자크 들로르의 비서실에서 보좌관으로 일했다. 그는 스턴 은행과 프랑스 HSBC 은행의 책임자였기 때문에 금융 분야에서 아주 높은 직책을 맡았다. 피에르 뒤스켄도 국립 행정학교 볼테르 기수 동기다. 그는 앵도수에즈 은행 외화시장 통상분과 책임자, 은행신용거래위원회 사무차장, 세계은행 감독위원회와 국제통화기금IMF 윤리위원회 의장을 역임했다. 그는 또한 2000년과 2001년, 그러니까 프랑수아

103 올랑드가 사회당 당수였던 시기에 리오넬 조스팽의 보좌관으로
일했다. 파리 도핀 대학교 경제학 교수이자 경제학자 서클 회장인
장에르베 로렌지는 경제 전문가로서 대통령 후보 프랑수아
올랑드의 캠프에 참여했다. 그는 또한 에드몽 드 로스차일드
금융회사의 경영권자 회의 고문, BNP파리바 보험의 이사,
생토노레 금융회사의 감독위원이기도 하다. 로스차일드 은행의
출자자 겸 관리인이었던 에마뉘엘 마크롱은 지금은 엘리제 궁의
사무차장이다. 환경부 장관 자리에서 좌천당한 델핀 바토가 2013년
7월 4일 기자회견을 열어 폭로하기 전에는 프랑수아 올랑드의
비서실장 실비 위바크가 대통령과 국립 행정학교를 같이 다닌
동기생이며 콩세이데타 위원인 그녀의 남편 필리프 크루제가
발루렉 그룹 경영권자 회의 의장이라는 사실을 아는 사람은 거의
없었다. 그런데 델핀 바토는 혈암유와 혈암가스 채굴에 사용되는
무계목강관의 세계적 리더 기업을 이끄는 필리프 크루제의 로비를
구체적인 예로 들었을 뿐이다.

이름도 얼굴도 없는 금융계 인사들의 명부는 아직 총망라되지
않았다. 거기에 1973년 파리 경영대학원에서 프랑수아 올랑드를
만난 앙드레 마르티네즈도 추가해야 할 것이다. 그는 미국 은행
모건 스탠리의 숙박업 분야 전 세계 책임자였다. 2012년 1월 다보스
포럼에서 올랑드 후보자를 대리한 것도 그였다. 그리고 세계
3위의 신용평가회사인 피치 레이팅스의 주주인 마르크 라드레 드
라샤리에르도 있다. 그는 1993년 당시 노동부 장관이었던 마르틴
오브리가 만든 〈배척에 대항해 행동하기 재단FACE〉의 발기인 중

하나였다.

이름도 얼굴도 없는 금융계가 스스로 자유로워졌다. 이것이
바로 프랑수아 올랑드가 프랑스 국민이 믿어 줬으면 하고
바라는 것이다. 그런데 그는 왜 프랑스 텔레콤의 포털 사이트
와나두Wanadoo를 민영화하는 데 앞장섰고, 캡 제미니Cap Gemini의
재무 책임자였던 니콜라 뒤푸르크를 어려움에 빠진 기업에 자금을
지원하는 공공투자은행BPI의 장으로 임명했을까?

대다수 사회주의자들이 재계 인사나 우파 정치인들과 같은 그랑
제콜, 다시 말해 국립 행정학교, 시앙스 포, 파리 경영대학원,
그리고 하버드 등지에서 공부를 했는데, 어떻게 그들이 노동자들에
대해 보다 공정한 정책을 펼 거라고 믿을 수 있을까? 여러 자리를
겸직함으로써 사회당 소속 국회의원 297명 가운데 207명이 겸직을 하고 있다 민중과
단절된 다수의 사회당 의원들은 정치인으로 성공하기 위해
지배계급의 실질적인 동맹자가 되어 그들의 이익을 대변했다.

대다수 프랑스 정치인은 겸직을 하고 있다. 국회의원 577명 가운데
의원직만 갖고 있는 이는 109명에 지나지 않고, 상원에는 그 경우가
348명 가운데 84명밖에 안 된다. 상, 하원에서 다수를 차지하는
엘리트들은 그들 자신 혹은 그들이 대표하는 사람들의 이익에
부합되는 법들을 공포하는 체제 속에서 프랑스 정치가 〈민주주의〉와
〈인권〉의 이름으로 관리되는 것에 동의한다. 왜 국회나 상원에는
경제활동인구의 52%를 차지하는 노동자와 피고용자를 대표하는
사람이 거의 없을까? 이러한 현상이 정치에 대한 무관심과
기권주의자들의 당이 거둔 놀라운 성공을 잘 설명해 준다.

참고12 사업의 세계를 자유로이 넘나드는 사회주의자 장관

경제부 장관 피에르 모스코비치는 중요한 모임을 드나들며
인맥을 쌓는다. 엘리제 궁 근처, 포부르생토노레 가에 있는 뤼니옹
앵테랄리에 서클 회원인 그는 콩코르드 광장에서 회원들을 조용히
맞이하는 프랑스 자동차클럽과는 달리 엘리트 정치인과 언론인이
모이는 유명한 만찬으로 언론의 조명을 받은 〈시에클〉에도
드나든다.

피에르 모스코비치는 2004년부터 2012년까지 산업 서클 부회장을
역임하기도 했다. 공직을 맡으면서 이해 충돌이 너무나 명백하게
드러날 위험이 있다고 판단한 것인지 그만두긴 했지만 말이다.
장마르크 에로 내각에 들어가게 될 피에르 모스코비치는 바로
이 산업 서클에서 그 모임의 주류를 이루는 재계의 거물들과
친분을 쌓았다. 2012년 6월, 크리스토프 드 마르저리토탈에서
장 시릴 스피네타에어 프랑스 KLM, 파트리크 크롱알스톰에서 기욤
페피프랑스 국영철도. SNCF에 이르는 41명의 회장이나 사장들이 그곳에
모인다. 이 모임의 회장은 PSA 푸조 시트로엥의 회장인 필리프
바랭이다. 산업 서클의 또 다른 회원 여섯은 프랑스 국영철도와
유럽항공 방위우주산업EADS 사장을 역임했던 루이 갈루아
같은 전직 경영자나 헌법재판소 위원인 자크 바로중도주의자나 질
카레즈대중운동연합 같은 정치인들이다.

이 모임은 1993년 6월에 르노 회장이었던 레몽 H. 레비와, 1991년
5월부터 좌파가 총선에서 패배한 1993년 3월까지 수상을 지낸
에디트 크레송과 피에르 베레고부아 내각에서 산업과 무역

특임장관을 지냈던 도미니크 스트로스칸이 만들었다. 인터넷
사이트에 나와 있는 산업 서클의 자기소개에 따르면, 〈파리와
브뤼셀에 근거지를 둔 이 서클은…… 대기업들을 위한 대화와
교환의 장소다. 이곳에는 모든 산업 분야에 진출한 대기업의 총수와
정치인들이 모인다. 산업 서클은 산업적 특수성, 유럽 건설을 위한
참여, 그리고 정치적 양당체제를 지지한다. 이 서클은 진정한 산업
정책의 정의와 실행에 대한 성찰에 참여하는 것을 소명으로 삼는다.
이 서클은 유럽의 경제적, 재정적 거버넌스의 개선을 지향한다.〉[57]
피에르 모스코비치는 푸조의 영지라 할 수 있는 소쇼몽벨리아르
선거구의 의원이었다. 따라서 그가 자동차 산업단지 공동체
협회ACSIA 회장인 것은 아주 자연스럽다. 지배계급에 있어서 권력의
분립은 존재하지 않는다. 엘리트 간의 결탁은 당연하게 이루어진다.
이 사회계급은 빈번한 교류를 통해 정치적 대립을 넘어, 경제적
자유주의를 추종한다는 공통점을 가지고, 이슈가 있을 때마다
동원될 수 있는 유일한 계급이다. 노동자들에게는 그들이 지향하는
방향이 중요하긴 하지만, 가장 헐벗은 사람들이 맞닥뜨리는 현실의
진정한 변화는 자본의 이익이라는 논리에 사로잡혀 있는 사회적
주체들로부터 올 수는 없을 것이다.

산업 서클 회원들과 경제부 장관이 여러 해 동안 맺은 친분은
실업가들과 정부 사이의 관계를 우호적으로 만들어 놓는다. 피에르
모스코비치가 프랑수아 올랑드의 파리 경영대학원 동기로 아코르
그룹의 경영자였던 앙드레 마르티네즈를 기업 관계 고문으로
임명한 것은 우연이 아니다. 정치 행위가 고급 정보를 다루고

57. www.cercleindustrie.eu/fr.

107 프로젝트를 구상하는 재계 거물들과의 접촉을 고려하지 않을 수
없기 때문에 최고위층에서 이뤄지는 이러한 교류는 정당화된다.
하지만 이러한 관계의 부정적인 급부는 사업과 관련해 정치적
선택에 영향을 미칠 수 있는 사람들이 뒤섞여 지냄으로써 개인의
이득이 전체의 이득보다 우선시될 위험이 상존한다는 데에 있다.
이렇게 보면, 2013년 4월 13일 오네 PSA 공장 직원 50여 명이
파리로 올라와 사회당 전국위원회가 열리는 방을 가득 채웠을 때
피에르 모스코비치가 느꼈을 불편함도 이해가 된다. 노동자들은
우레와 같은 박수를 받은 반면, 경제부 장관은 방 안쪽으로 황급히
피신했다.

참고13 예술과 돈, 자유주의 좌파의 투자가들

1996년에 설립된 경매회사 피아사는 프랑수아 피노에 의해
사회당과 가까운 투자가 그룹에 팔렸다. 이 그룹은 2011년부터
이 회사 전체를 지배한다. 매출이 4천 5백만 유로를 상회하는 이
회사는 프랑스 예술시장에서 4위를 차지하고 있다.
사업가와 정치인들이 예술 취미, 유산 보호, 그리고 돈이 잘
어우러지는 배를 타고 모험을 벌인다. 프랑수아 미테랑 대통령
시절에 수상을 지냈던 외무부 장관 로랑 파비우스가 개중에서 가장
잘 알려진 인물이다. 재무 감독관 샤를앙리 필리피는 프랑스 HSBC
은행의 행장을 역임했다. 아르테 사장을 지낸 제롬 클레망은 피에르
모루아 내각에 참여했었다. 세르주 와인버그도 1981~1982년
로랑 파비우스의 비서실장으로 일할 당시 그와 친분이 있었을

것이다. 명부는 에르메스를 비롯한 여러 회사의 책임자이자 사장인
크리스티앙 블랑카에르, 로랑 파비우스의 비서실장을 역임한
르노의 전직 회장 루이 슈바이처로 이어진다. 로랑 파비우스의
특임 각료 중 하나로, 로스차일드 은행의 출자자 겸 관리인과
「리베라시옹」지 이사가 된 리오넬 진수도 있다. 파트리크 퐁솔 역시
로랑 파비우스의 비서실을 거쳤다. 그는 모건 스탠리 인터내셔널의
부회장이자 프랑스 모건 스탠리의 회장이다. 스위스로 망명한
클로드 베르다는 RTL9의 주식 대다수를 보유한 유료방송 AB
그룹을 통해 긁어모은 9억 유로의 재산으로 프랑스 500대 부자
중 60위에 올라 있다. 또 다른 은행가 미셸 시퀴렐은 에드몽 드
로스차일드 금융회사의 경영권자 회의를 주재한다. 파리 항소법원
변호사인 장미셸 다루아는 변호사 협회 자문회의 회원이며 프랑스
시멘트 이사다. 장 드 케르기지오 드 케르바스두에는 농업공학
수석 엔지니어로서 피에르 모루아 수상의 비서실을 드나들었다.
피말락과 피치 레이팅스의 소유주로 프랑스 부자 58위에 올라 있는
또 다른 귀족 마르크 라드레 드 라샤리에르는 보자르 아카데미
회원으로 피아사에 집대성된 예술과 돈의 결합을 아주 잘 구현하는
노련한 투자가이기도 하다. 유일한 여성 오를라 노낭은 이 위엄
있는 모임이 남녀평등을 전혀 존중하지 않는다는 사실을 보여 준다.
회원 14명 중에 12명이 인명사전에 등재되어 있다. 그들 중 10명은
시앙스 포를 나왔고, 8명은 그 외에도 국립 행정학교를 거쳤으며,
6명은 파리 16구의 명문인 장송드사이 고등학교를 다녔다.
예술시장의 판매자와 구매자들은 같은 세계, 상류사회에 속한다.

109 훌륭한 집안의 상속자인 수집가들끼리 예술품을 교환하는 것이다. 사회적 불평등은 물질적 부뿐 아니라 문화와 그것을 전문적으로 취급하는 시장이 제공하는 이러한 탁월함의 상징들에 의해서도 생겨난다. 예술은 권력과 부를 정당화하고, 그것을 누리지 못하는 사람들로 하여금 그 정당성을 인정하게 만든다. 이러한 인정은 1982년 부자세가 신설되었을 때 로랑 파비우스의 로비로 예술 작품을 그 대상에 포함시키지 않은 국가의 인정을 거쳐 간다. 2012년 가을, 제롬 카위자크는 예산장관으로서 사회당 정권이 그림, 보석, 그리고 고가의 문화유산에 대한 과세에 반대한다는 것을 분명히 밝혔다.

제2장/ 1983년에 이미 시작된 신자유주의

1981년 5월 10일 프랑수아 미테랑이 대통령에 당선되고, 좌파연합이 권력을 잡는다. 공산주의자 장관이 임명되고 국유화 약속이 지켜지면서 프랑스는 희망과 기대에 부푼다. 그런데 1983년 공공 회계에 다시 〈질서〉를 잡는다며 발표된 〈긴축〉 계획이 이러한 분위기에 찬물을 끼얹는다. 이렇게, 사회당은 〈긴축〉이나 〈경쟁력 강화를 위한 인플레이션 억제〉라는 이름으로 신자유주의 이념을 추종하기 시작한다.

프랑수아 올랑드는 1985년에, 지금은 절판된 『좌파는 움직인다』[58] 라는 책의 공저자로 참여했다. 이 책은 자유주의를 지지하는 한

---

58. 장프랑수아 트랑스, 앞의 책.

젊은 정치인의 생각을 증언한다. 당시 31세의 프랑수아 올랑드는
회계감사원 검사관 겸 시앙스 포의 조교수였다. 책은 장프랑수아
트랑스라는 필명으로 출간되었지만, 미래의 공화국 대통령과 네
저자의 이름이 6쪽에 실명으로 나온다. 장미셸 가이아르, 39세,
회계감사원 검사관 겸 국립행정학교 조교수. 장피에르 주이에,
31세, 프랑수아 올랑드의 국립 행정학교 동기, 재무 감독관이자
민주주의 2000 클럽 회장. 장이브 르 드리앙, 38세, 역사학
교수자격 소지자, 로리앙의 선출직 시장, 현 국방장관.
장피에르 미냐르, 34세, 통합사회당PSU 정치국 위원을 역임한 파리
변호사협회 소속 변호사, 국제인권보호 가톨릭 기구 회원.
서문에서부터 그들은 독자에게 이렇게 외친다. 〈꿈은 끝났고,
환상은 땅에 묻혔으며, 망상은 허공으로 사라졌다. 현실이 모든
것을 휩쓴다. 회계는 다시 균형을 잡아야 하고, 의무적인 공제는
줄여야 하며, 경찰 인력은 보강되어야 하고, 국방은 강화되어야
하며, 기업은 현대화되고, 발의는 해방되어야 한다.〉[59]
소위 〈현대적〉이고 자유주의적인 좌파를 중심으로 합의를 이뤄
내기 위해 사회당 내 여러 계파에 뿌리를 내리고 있는 봉건적
특권을 일소하는 〈흐름들을 가로질러Trans-Courants〉 운동을 전개해
사회당 내부에서, 길게는 국가적 차원에서 중요한 직책을 맡고자
하는 이 5인에게 상투적인 정치선전 구호 따윈 없다. 이 5인회는
장자크 오지에가 당시 60%의 지분을 가지고 있던 P.O.L. 출판사의
뒷방에 자주 모였다. 〈사회계층이 응집력을 상실하고 임금노동자가
완전히 다른 방식으로 재구성된 20세기 말에 정치적으로 노동자

---

59.   위의 책, 9면.

III 계급을 대표하거나, 국가재정이 점점 더 어려워지고 국민이
전통적인 위험들로부터 어김없이 보호를 받는 이 시기에
복지국가를 더욱 강화하려고 들어서는 안 된다.〉[60]
계급 투쟁은 끝, 개인주의 만세. 이 개인주의는 경제와 금융의
세계화, 특히 정보처리 분야의 신기술에 편승하는 사람들에게는
긍정적인 것이지만, 그 자유주의적 혁명에서 배제된 사람들에게는
부정적인 것이다. 이렇게 이원화된 사회는 자본과 노동 사이의
갈등을 애써 외면한다.

신자유주의적 언어는 이때 이미 〈복지 기득권〉이나 〈더 이상
부자들의 본능적인 반응이 아니라 가난한 사람들이 필요로 하는
것이 되어 버린 보수주의〉[61]를 지키려 한다고 노동자들을 비난한다.
〈프랑스인들이 구원의 자본주의, 해방의 시장, 그리고 변혁 앞에서
이토록 위축되고, 미래에 대해 이토록 불안해하며, 자신의 운명에
대해 이토록 비관적이고, 변화와 이동에 대해 이토록 적대적인 적은
결코 없었다.〉[62] 노동은 삭감해야 하는 〈비용〉[63]이 되어 버렸다.
베르나르 아르노나 베르나르 타피 같은 사람들의 축재는 일찌감치
정당화된다. 프랑스인들이 앞으로는 이윤의 가치를 옹호하게 될
테니까. 〈하필이면 돈이 부족할 때 돈을 복권시키느냐고? (……)
위기의 시기에 우리는 성공하는 사람들에 대해 그 어느 때보다
관대하고 너그러워진다. 거기서 모두의 형편이 나아질 수 있다는 첫
신호를 보니까.〉[64]

베르나르 아르노는 2013년 4월 11일 「르 몽드」와 가진 인터뷰에서
자신의 경험에 의거해 이렇게 말한다. 「피에르 베레고부아가

60.   위의 책, 11면.
61.   위의 책, 25면.
62.   위의 책, 26면.
63.   위의 책, 78면.
64.   위의 책, 29면.

프랑수아 미테랑의 경제부 장관이었을 때는 기업가가 국가적
영웅으로 여겨졌습니다.」

『좌파는 움직인다』의 저자들은 〈긴축〉이라는 주제 아래 감춰진
신자유주의적 전환을 받아들인다. 〈시기적절하게 기업과 성공을
복권시킴으로써 좌파는 신참의 열의를 가지고 우파가 우스꽝스러워
보일까봐 아주 오래전부터 감히 입에 담지 못했던 어조를 취한다.
하지만 너무 과하지는 않도록 조심하자. 평등주의를 지지한
우리의 경거망동을 잊게 만든답시고 우리의 사회적 소명을 지워
버리지는 말자.〉[65] 파렴치는 그러고도 계속된다. 〈좌파가 기업들의
파산과 프랑스인의 구매력 저하를 받아들인 것은 계산이나 악의가
있어서가 아니라 냉철해야 하기 때문이었다. 이러한 변화들을
거부했다면 좌파가 또 다시 나라를 경영할 수 있을 거라는 전망은
끝장이 났을 것이다.〉[66] 정치적 이상은 끝났다. 하지만 앵글로색슨의
신자유주의와 그 〈민주주의자들〉, 다시 말해 미국의 〈공화주의자〉,
영국의 〈보수주의자〉와 보조를 맞추는 좌우 정권교체와 관련된
직책과 입장에서 현실을 감정하고 경영하는 것은 대환영이다.
〈1981년부터 카드의 재분배가 우리의 목전에서 이루어지고 있다.
그것은 갑작스러운 정권교체를 거부하려는, 하나는 보수적이고
또 하나는 진보적인, 두 개의 거대한 사회적 프로젝트 사이에
경제와 복지제도, 유럽의 건설과 국제 정치의 거대한 축들의 관리에
필요한 타협이 이루어지는 것을 보고자 하는 프랑스인들의 열망이
점점 커지고 있다는 것을 나타낸다. (……) 사회민주주의에 대한
극단적인 반대로 점점 경직화되고 주변화되어 가는 공산당과는

65.   위의 책, 50면.
66.   위의 책, 53면.

113 달리, 사회당은 개혁주의자와 모더니스트 연합의 중심축으로 자리
잡기 위해 필요한 조종의 여지를 찾아낸다.〉[67] 정권교체는 이제
자연스럽고, 정상적이고, 지속적인 것으로 나타나야만 한다.
〈따라서 사회주의자들이 프랑스 공산당과의 연합을 받아들일
전망은 더 이상 존재하지 않는다.〉[68] 이 책의 공저자 5인이 자신들을
〈좌파 자유주의자〉[69]라고 주장하는 것은 당연한 일이다.
과두지배체제가 준비되고 있다. 프랑수아 올랑드와 그의 수하 넷은
체제의 대통령 중심적 성격을 더욱 강화하려고 든다. 게다가 이러한
계획은 리오넬 조스펭이 수상이었던 1997년과 2002년 사이에
대통령 선거에 우선권을 주는 방식으로 선거 일정을 뒤바꿈으로써
실현될 것이다. 자유주의 우파 대통령과 좌파 자유주의자 내각의
동거 역시 검토의 대상이 되었다. 〈국회의원과 동시에 보통선거로
선출된 5년 임기의 대통령은 오로지 그 앞에서만 책임을 지는
내각을 임명할 것이다. 이렇게 안정된 행정부 곁에서 국회는 입법
권력을 한껏 행사할 것이다. 그리고 그 무엇도 프랑스인들이 국회의
성향과 다른 정치적 성향을 띤 대통령을 선택하는 걸 막지는 않을
것이다.〉[70]
프랑수아 올랑드가 2013년 판 인명사전에 소개된 자신의 저술에서
『좌파는 움직인다』를 뺀 것을 보면, 신자유주의에 대한 이
신앙고백에 협력한 것이 드러나면 자신에게 해가 될 수도 있다는
것을 의식하고 있었던 것처럼 보인다.
이처럼 1983년에 시작된 사회당의 신자유주의적 전환은 아주
중요한 이 저작에 의해 확인된다. 왜냐하면 프랑수아 올랑드가

67.   위의 책, 121~122면.
68.   위의 책, 148면.
69.   위의 책, 152면.
70.   위의 책, 124면.

부자들, 그리고 소위 얼굴 없는 금융계와의 가짜 전쟁을
예고함으로써 공화국 대통령에 당선되었기 때문이다. 큰 환상을
품지는 않았지만 〈부자들의 대통령〉[71]과 끝을 봐야만 했기 때문에
우리는 결선투표에서 프랑수아 올랑드에게 표를 던졌다. 하지만
우리는 집단 해고의 증가로 인해 객관적으로 실망했고, 모든
희망과 사회주의자들의 발언에 대한 모든 신뢰를 잃었기 때문에
주관적으로도 그렇다.

참고14 〈위기 만세!〉
1984년 2월 22일, 공영방송 프랑스2는 이념적 폭력성이 대단히
큰 방송을 내보낸다. 이 방송의 목표는 시청자들에게 공공 서비스,
사회보장제도, 국가에 의한 부의 재분배가 사실상 끝났다는
것을 이해시키는 데 있다. 저녁 8시 뉴스에서 앵커 크리스틴
오크랑은 비상 국무회의가 열려 실업수당을 20% 삭감하거나
앞으로 비급여로 바뀔 약물의 목록을 작성하는 등의 긴급조치가
내려졌다고 알린다. 시청자들은 큰 충격에 휩싸인다. 그 조치들이
1983년 이래로 사회당 정권이 취한 자유주의로의 전환과 일치했기
때문이다.
이브 몽탕이 등장해서 말한다. 「이 속보는 가짜입니다. 시청자
여러분, 더럭 겁이 나셨죠. 정상입니다. 다들 예상하고 있었을
테니까요!」 그에 따르면, 당시 프랑스는 〈진정한 변화〉를 겪고 있고,
〈새로운 세계〉로 들어가야만 한다. 그러니까 그는 열광적으로,
뻔뻔스럽게, 〈영화만큼이나 열정적인 방식으로〉 위기의 이유들을

---

71.   니콜라 사르코지를 지칭한다 ─ 옮긴이주.

설명하는 임무를 맡는다.

이브 몽탕은 르포를 근거로 프랑스인이 누리는 특권이 일상생활에 너무 깊이 스며들어 있어서 그것들이 〈자연스럽게〉 여겨진다는 것을 보여 준다. 열세 번째 달 봉급의 요구가 받아들여지면 다음에는 열네 번째 달 차례가 될 텐데, 열일곱 번째 달 얘기는 왜 안 나오겠는가! 그런데 그 특권들은 〈이제 끝났다!〉고 이브 몽탕은 선언한다. 미셸 알베르도 출연했다. 그는 유럽의 여러 기관과 미디어에서, 그리고 경제개발계획의 책임자로 국가의 중심에서, 권력과 결탁한 금융계 요직을 두루 섭렵한, 자유주의가 좋아하는 과두지배자다. 그는 망설임 없이 〈유럽이 저개발을 향해 미끄러지기 시작하는 역사적 전환기〉에 대해 이야기한다. 공격의 폭력성이 불충분한 것으로 판단되자, 그는 심지어 강력한 조치를 취하지 않으면 유럽이 〈일종의 아프가니스탄〉이 될 거라고 위협한다! 파리 경영대학원 출신으로 나중에 경제인연합회 2인자가 되는 드니 케슬레, 1984년 당시 생고뱅의 사장이었던, 국립 행정학교를 수석으로 졸업한 재무 감독관 알랭 밍크처럼 자본 이동의 전적인 자유를 수용하는 좌, 우파 자유주의 전문가들은 그 방송에서 갖고 있는 지식을 한껏 펼친다. 알랭 밍크는 프랑수아 미테랑이나 니콜라 사르코지 같은 자유주의 좌파나 전통적인 우파의 대통령들에게 조언을 할 수 있는 자유주의자들의 상징이라 할 수 있는 인물이다. 이브 몽탕은 이렇게 결론짓는다. 「우리가 탄 배가 흔들리고 있습니다. 침몰 일보 직전이죠. 우파 정권이든 좌파 정권이든 더 이상 그 배를 몰 수 없습니다. 정치적 처방들이 더는 먹혀들질

않습니다. 모든 출구가 막혔어요. 이념들은 우스개 농담이 되어
버려서 더 이상 아무 쓸모가 없습니다.」이브 몽탕은 끝으로
이념의 색채가 전혀 없는 레이건과 대처의 목가적인 만남, 그리고
한 기업의 노동자들이 일자리를 잃기보다는 절반의 봉급만 받고
파트타임으로 일하는 쪽을 택하는 가상의 르포를 소개한다.
역사가 말을 더듬는다. 투기꾼들이 세계 금융을 위기로 몰아넣었다.
근로자들이 그 밑 빠진 독을 채워야 할 것이다. 1982년에서 1989년
사이에 부가가치의 배분에 있어서 이윤의 몫은 28%에서 37%로
증가했다. 영국인들은 대처 다음으로 블레어를 선택했고, 우리는
사르코지 다음으로 올랑드를 선택했다. 역사는 보다 명확하게 말을
해야 할 것이다.

제3장/ 자유주의의 세계화에 프랑스 사회주의자들이
담당한 역사적 역할

프랑스인은 대부분의 경우 미국인, 영국인, 혹은 독일인만
무역, 사업, 금융의 세계화에 책임이 있다고 생각한다. 그런데
실상은 그렇지가 않다. 국제 경제교류를 위한 사회당의 국가
대표1976~1981였던 자크 들로르는 프랑수아 미테랑 대통령 치하의
모루아 내각1981~1985에서 재정경제부 장관을 지낸 후에 유럽위원회
의장1985-1994에 임명된다. 당시 그의 비서실장은 사회당 집행위원회
전직 위원으로 국립 행정학교, 파리 경영대학원, 시앙스 포를

나온 후에 재무 감독관이 된 파스칼 라미였다. 그들은 함께 유럽
내 자본 이동의 자유화에 대한 1988년의 지침서를 만들었다. 그
후, 1992년에 국민투표에 부쳐진 마스트리히트 조약은 유효표의
51.05%밖에 얻지 못했다. 그런데도 이 조약은 즉시 자본 이동의
자유화를 유럽공동체에 속하지 않는 나라들까지 확장하는 것을
의무화했다. 〈시장 개방과 무역 장벽 축소가 가장 중요한 것으로
남아 있었고, 남아 있으며, 남아 있을〉 거라고 여긴 파스칼 라미는
2005년부터 2013년까지 세계무역기구OMC 의장을 지냈다.

사회당과 가까운 국립 행정학교 출신의 고위 공무원으로 1982년에
재무부 이재국장에 임명된 미셸 캉드쉬가 프랑수아 미테랑의 첫
임기 때인 1984년에 프랑스 은행 총재가 되었다. 그는 1987년에서
2000년까지 국제통화기금 총재의 직책을 수행했다.

여전히 프랑수아 미테랑 대통령 치하, 당시 이재국 고위
공무원이었던 앙리 샤브란스키가 1982년부터 1994년까지 자본
이동 및 경상무역 외 거래위원회CMIT의 회의를 주재한 곳은 OECD
본부가 있는 파리 16구의 라 뮈에트 성이었다. 사회당과 아주
가까운 것으로 알려진 국립 행정학교와 시앙스 포 출신의 이 고위
공무원이 자신의 경력에 대해 보이는 신중함은 그가 OECD에서
지지한 자본의 자유화와 관련된 결정들의 중요성과는 확연히
대비된다. 경제의 상호 의존이 회원국 간 자본 이동의 자유화 외에
다른 선택의 여지를 남겨 주지 않을 거라고 확신한 이 공무원은
1989년 OECD의 법령을 자유화에 단기적인 이동도 포함시키는
쪽으로 수정하기 위해 할 수 있는 모든 것을 했다.

국제 정치경제 전문가인 하버드 비즈니스 스쿨의 미국인 교수
라위 압들랄이 분석하듯이, 자유주의의 세계화에 결정적인
방식으로 공헌한 것은 사회주의자이거나 사회당과 가까운 이
세 명의 프랑스인, 즉 자크 들로르, 미셸 캉드쉬, 그리고 앙리
샤브란스키다.[72]

우리는 자유주의의 세계화에 연루된 사회당원의 명부를 더 채울
수도 있을 것이다. 2007년 대통령에 당선된 니콜라 사르코지로부터
국제통화기금 총재 자리에 출마해 보라는 제안을 받았던 도미니크
스트로스칸그는 2011년 5월 세간을 떠들썩하게 만든 추문으로 낙마할 때까지 그 자리에
머물렀다도 있고, 2011년 6월 30일 도미니크 스트로스칸의 후임으로
세계통화기금 총재 자리에 오른 크리스틴 라가르드도 있다. 자크
들로르의 딸로서 당시 사회당 사무총장이었던 마르틴 오브리는 TV
뉴스에 나와 크리스틴 라가르드의 자질을 높이 평가한다고, 그녀가
국제통화기금의 수장에 지명된 것에 흔쾌히 동의한다고 말했다.
크리스틴 라가르드가 2013년 5월 23일과 24일 공화국 법정에 출두
명령을 받았는데도, 사회당 정권은 이 동의를 유지했다. 피에르
모스코비치는 이렇게 단언했다. 「라가르드 부인은 국제통화기금을
이끄는 그녀의 직책에 있어서 프랑스 당국의 전적인 신뢰를 받고
있습니다. 필요하다면 제 입으로, 혹은 국제통화기금에 나가
있는 프랑스 대표의 입을 통해 이 사실을 재확인하겠습니다.」
피에르 모스코비치가 낸 사인소추제도는 크레디 리오네 은행의
자산을 관리하는 임무를 맡은 책임자의 〈직권남용〉에 대한
수사에만 관련될 뿐, 공화국 법정에만 해명을 하면 되는 크리스틴

---

72.   라위 압들랄, 『자본의 규범: 글로벌 파이낸스의 구축』(케임브리지: 하버드 대학교 출판, 2007).
〈파리 합의: 프랑스와 세계 금융의 규범〉, 『크리틱 인터내셔널』 28호(2005년 7~9월), 87~115면.

라가르드와의 대질을 피하게 해준다. 법원이 그녀에게 고지한
보조 증인이라는 신분은 그녀가 곧바로 워싱턴으로 돌아가 직책을
수행하는 것을 막지 못했다.

신자유주의가 승승장구 국제적으로 입지를 다지자 그에 꼭 맞는
금융기관의 설립이 동반되었다. 〈1991년 프랑스의 주도로 이루어진
유럽부흥개발은행의 설립은 이러한 가속화의 가장 완성된 상징
중 하나로, 이로 인해 처음에는 특수한 영토에 국한되어 있었던
자유주의의 입자가 국제적으로 확산되었다. 경제를 민영화하도록
동구권 국가들을 독려하는 임무를 맡은 유럽부흥개발은행은 그
《발명가》인 자크 아탈리에게 맡겨졌다.〉[73]

콩세이데타 위원인 이 파리 이공과대학 졸업생은 프랑수아 미테랑
대통령 치하인 1981년에 산업과 은행의 국유화를 지휘했는데,
나중에는 신자유주의로 완전히 돌아섰다.

이렇게 형성된 자유주의 과두지배체제는 사회당 엘리트들이 그들의
〈현대성〉을 받아들였던, 다시 말해 자유주의에 발을 들여놓았던
1983년부터는 좌우 정권교체가 이루어지게 하면서 자신의 이익을
지킬 수 있게 된다. 정권교체를 통해 사람은 바뀌지만, 그것은
종달새를 현혹시키는 거울처럼 사냥감을 무력화시키기 위해 희망을
비추는 것에 지나지 않는다.

73.   세르주 알리미, 『거대한 퇴보』, 〈요소〉 총서(마르세유: 아곤, 2012), 351면.

제4장 / 〈제2우파〉[74]의 몇 가지 상징적 조치

현실은 예상보다 훨씬 더 반사회적이었다. 유럽, 프랑스
경제인연합회, 국제 금융계의 압박에 대한 굴복은 예상했던 것을
훨씬 넘어섰다. 프랑수아 드 클로제의 책 제목을 빌리자면[75]
사회당 정권은 〈더, 더 많은〉 것을 원하는 부자들에게 자발적으로
예속된다. 그럼으로써 사회주의자들은 니콜라 사르코지가 추구한
것 중에 많은 것을 자기들의 것으로 다시 취했다.

〈예산 협약〉

통상적으로 〈예산 협약〉이라 불리는 〈유로존 안정, 협력 및
거버너스 협약TSCG〉의 텍스트는 유럽연합 회원국의 공공 적자를
줄이기 위해 모든 예산 초과에 제재를 가하는 방식으로 앙겔라
메르켈과 니콜라 사르코지가 조율했다. 브뤼셀의 판결에 복종하는
이 법령을 프랑스 헌법에 집어넣으려는 사르코지의 의지는
황당하기 그지없다. 왜냐하면 공공 적자가 2007년에는 417억 유로,
다시 말해 국내총생산의 2.7%에 불과했던 것이 2008년과 2009년에
7%를 초과하더니 2011년에는 1,031억 유로로 5.2%에 달했기
때문이다. 예산 협약은 2011년 12월 9일 협상에 들어가, 2012년 1월
30일에 타결되고, 2012년 3월 22일의 유럽 정상회담 때 서명되었다.
프랑수아 올랑드는 대통령 선거 유세 기간 동안 니콜라 사르코지가
서명한 이 협약의 재협상에 나서겠다고 약속했다. 그는 특히
〈성장과 일자리를 중시하고 유럽중앙은행의 역할을 그 방향으로

---

74.   장피에르 가르니에와 루이 자노베르가 쓴 책의 제목에서 따왔다. 『제2의 우파』, 〈맞불〉
총서(마르세유: 아곤 2013). 이 책(초판은 1986년)은 1980년대 중반에 이뤄진 변화를 분석해
자본주의의 새로운 단계, 즉 신자유주의 실현에 있어서 자유주의 좌파가 했던 역할을 조망한다.
75.   프랑수아 드 클로제, 『더, 더 많이』(파리: 그라세, 1984).

나아가게 함으로써 2011년 12월 9일의 합의에서 나온 유럽조약을
문제 삼겠다〉고 선언했다. 하지만 2012년 6월 28일과 29일에 열린
유럽 정상회담이 끝났을 때, 〈성장 협약〉의 개념은 실질적이고
법적인 영향력이 없는 조약의 부속 조항에만 들어갔다. 따라서
조약의 재협상은 없었던 셈이다.

프랑수아 올랑드 대통령과 장마르크 에로 내각은 〈황금률〉을
채택하기 위해서는 개헌이 반드시 필요한지 헌법재판소에 의견을
물었다. 지배계급에 속하고 오른쪽으로 많이 기울어진 판관들의
구성을 볼 때, 유럽 예산협약에 의해 예견되는 규정들을 들여오기
위해 개헌이 반드시 필요한 건 아니라는 헌법재판소의 판결이 나온
건 그리 놀라운 일이 아니다.

2012년 11월 22일 목요일, 국회는 〈예산 황금률〉을 제정하는
법안을 최종적으로 채택했고, 며칠 후에는 상원의원 대다수가 그
법안에 찬성표를 던졌다. 정권을 잡은 좌파 정당들과 중도우파
대중운동연합이 그 결정에 힘을 합쳤다. 그 법안은 의원 477명,
유효표의 87.2%의 찬성을 얻어 비준되었다. 반대는 70표밖에
없었다. 사회주의자, 공화주의자, 시민 그룹은 유효한 284표 가운데
264표, 다시 말해 93%가 찬성표를 던짐으로써 프랑스 국민에게
긴축을 강요하겠다는 의지를 강하게 드러냈다. 대중운동연합
그룹은 열의가 약간 덜 해서 91%만 찬성 167표, 반대 17표 협약에 찬성했다.
공산당과 좌파당 의원들이 포진해 있는 민주공화좌파 그룹은
13명이 반대, 1명이 기권을 했다. 투표 결과는 유럽 급진자유주의의
확실한 승리였다.

비준이 안 되면 〈유럽이 위기에 처할 수도 있다〉는 장마르크 에로
수상의 위협에도 사회주의자 그룹 의원 20명은 동의를 거부했는데,
그중 하나인 센생드니 의원 라찌 하마디는 2012년 8월 22일자 「르
몽드」에 〈그런 협약에 동의하기에는 유럽을 너무나 사랑한다. 그
협약은 긴축에 긴축을 더할 뿐이고, 이전 협약들의 폭력적이고
반민주적인 처방들에 기대고 있다……. 그 협약을 거부하는 것은
미래를 위해 일관성을 지키는 행위이고 이념적 투자를 하는
행위이다〉라고 선언했다. 사회당 상원의원 마리노엘 린느만과
유럽환경녹색당EELV 상원의원 장뱅상 플라세의 경우도 마찬가지다.
유럽환경녹색당의 대통령 후보 에바 졸리는 〈그런 사안에 대해
공론을 벌이지 않는 것은 있을 수 없는 일이다. 그들이 우리에게
투표하라고 제안하는 협약은 메르코지[76] 협약〉이라고 선언했다.
1993년의 마스트리히트 조약과 2008년의 리스본 조약이 보수
우파와 자유주의 좌파의 과두지배 연대 덕분에 비준되었다는
사실을 상기하자. 대중운동연합 의원 319명 중에서 206명, 즉
65%가 유럽연합 조약을 수정하는 2008년 리스본 조약에 찬성표를
던졌다. 사회주의자, 급진적 시민, 기타 좌파 그룹의 경우, 그 비율은
아직 59%의원 205명 가운데 121명였다. 프랑수아 올랑드, 마르틴 오브리,
도미니크 스트로스칸은 조금도 망설이지 않고 2005년 국민투표
당시프랑수아 올랑드는 이 투표의 캠페인을 위해 니콜라 사르코지와 같은 복장을 하고 나란히 앉아서
「파리 마치」지의 표지를 장식함 노골적으로 신자유주의적인 유럽헌법에 대거
반대표를 던진 민의를 외면하고 니콜라 사르코지의 주도로 몰래
서명한 리스본 조약에 금융시장을 위한 우선권을 도입했다. 〈예산

---

76.   독일 수상 앙겔라 메르켈과 프랑스 대통령 니콜라 사르코지의 합성어 — 옮긴이주.

123 협약〉이라고 일컬어지는 새로운 조약은 마스트리히트와 리스본
조약보다 더 문제가 많다. 이제 재정 적자의 기준들은 경제 정세의
변동을 전혀 고려하지 않고 계산된다. 최대 적자 폭이 국민총생산의
3%에서 0.5%로 내려간다. 그것을 조금이라도 초과하면
제재가 가해진다. 프랑스 국회의원과 상원의원들은 그 조약에
찬성함으로써 초국가적 기구인 유럽위원회와 유럽법정이 프랑스의
예산편성과 경제적, 사회적 정책을 좌지우지하는 것을 받아들였다.
2013년 2월, 프랑스 정부는 연말까지 공공 적자를 국민총생산의
3%까지 줄이겠다는 약속이 지켜질 수 없을 거라고 예고한다.
그러자 유럽위원회는 공공 지출의 대폭 축소와 세금 인상을
조건으로 내세우면서 2015년까지 3% 달성 가능성을 고려한다.
각종 사회 수당과 연금을 인플레이션에 연동하지 않는 방안,
근무시간을 연장하거나 공공 서비스를 민영화하는 방안이
연구되고 있다. 최저임금 동결과 가족수당 삭감 같은 주제도 더
이상 금기가 아니다. 따라서 프랑수아 올랑드는 경제와 통화
문제 담당 유럽위원회 위원 올리 렌으로부터 취해야 할 조치들의
정확한 목록을 받았다. 프랑수아 올랑드 탓에 이제 굴욕은 헌법에
새겨졌다. 프랑수아 올랑드는 브뤼셀의 지도부가 프랑스의 주권을
쥐고 있는 것처럼 보이게 하는 한 광고를 걱정하는 모습을 보였다.
재정 적자는 어디서 멈출지 알 수 없는 긴축을 정당화함으로써
민중을 노예로 만들기 위한 무기다. 제2차 세계 대전의 카오스
이후에 서서히 구축된 공공 서비스들을 해체하기 위해 공사(公私)
제휴와 민영화가 나머지를 맡아서 한 것이다.

이제 계급 전쟁의 새로운 장이 유럽이라는 전쟁터에서 다시
열렸다. 유럽위원회의 제재나 명령에 따르지 않는 모든 국가는
유럽연합의 법정에 소환될 것이다. 금융시장은 유럽을 지배하는
권력의 고삐를 쥘 것이다. 민주주의와는 작별이고, 인민주권은
끝났다. 금융 과두지배체제의 일방적인 결정에 복종해 투기꾼들과
경제의 자본화에 문을 열어준 것은 바로 각국 국민의 손에 뽑힌
남녀 정치인들이다. 이제 국가들은 옴짝달싹도 할 수가 없다.
마스트리히트와 리스본 조약 이후로 유럽중앙은행에서_{프랑스의}
_{경우는 프랑스 은행에서} 돈을 빌릴 수가 없기 때문이다. 국가들이 더는
적자를 낼 권리가 없기 때문에 공적 기금들은 바닥을 드러낼
것이다. 사회주의자들은 부자들은 더 부유하게, 빈자들은 더
가난하게 만드는 것이 목표인 그러한 경제 시스템과 타협하는 것이
가능하다고 믿게 만들고 싶어 한다. 그리스, 스페인, 이탈리아,
포르투갈, 그리고 아일랜드가 이미 균형 잡힌 예산의 추구가 상황을
악화시켜 세입은 줄고 실업과 가난은 느는 경기후퇴에 이르고
만다는 것을 보여 주었다. 이것은 사악한 논리다. 이처럼 타락한
경제 시스템에 대해서는 반대와 거부 외의 다른 대안은 없다.
그런데 현 유럽의 실제 상황에 대해 프랑스인들이 정확하게 알고
있는 게 뭐가 있는가? 2012년 8월 27일 여론조사 기관 CSA와
「뤼마니테」가 공동 실시한 여론조사에 따르면, 프랑스인의 72%가
〈예산 협약〉에 대해 국민투표를 원했다고 한다. 좌파연합 지지자 중
80%가 긴축, 관료주의, 그리고 금융시장의 전체주의를 불러올 이
조약에 내해 의견을 표시하고 싶어 했고, 사회당 지지자 중 66%도

125 그러했다. 이 여론조사에서 약간 놀라운 것은 우파 지지자 중
75%도 국민투표를 원했다는 사실이다. 이 여론조사는 프랑스 시민
대부분이 예산 협약 법안에 대해 의견을 표시할 수 있기를 바랐다고
생각하게 한다.

오랫동안 공부를 할 수 있었던 사람들조차 놀라울 정도의 무력감과
함께 뭔가를 박탈당했다는 느낌이 든다. 확산되는 전문적인
평가가 생각들을 죽인다. 국가를 통치하는 자리에 있으면서도
프랑수아 올랑드가 요구하는 건 응급처치를 위해 필요한 자신의
〈연장통〉뿐이다. 비판적, 사회적, 경제적, 정치적 성찰은 눈곱만큼도
없다. 급하게 대충 수리를 하고, 누수를 막고, 흐름을 재개시켜야
한다. 그것이 다시 작동되어야만 한다. 하지만 어떤 대가를 치르고?
무엇보다 누구를 위해?

참고15 현자들, 과두지배체제, 그리고 예산 협약

국회에서 표결에 부쳐지는 법안들이 헌법과 일치하는지 감시하는
임무를 맡은 〈현자들〉은 유럽의 새로운 예산 법규들을 헌법과
통합시키기 위해 국민투표를 할 필요도, 양원 합동 회의를 열
필요도 없다는 판결을 내렸다. 따라서 투표를 통해 국민의
의견을 묻거나 양원을 소집해 프랑스의 미래를 위해 아주 중대한
그 법규들에 대해 의논할 제도적 의무가 없다고 결정한 것은
지배계급의 대표자들이었다.

12명의 현자들 중에는 우파에 속하는 세 명의 전직 대통령이 있다.
나머지는 상원의장이나 국회의장, 그리고 현직 대통령이 지명한다.

그들은 일반적으로 장루이 드브레처럼 아버지그의 아버지 미셸 드브레는 드골 대통령 치하에서 수상을 지냈다가 정치인으로 경력을 쌓았기 때문에 〈훌륭한〉 집안 출신이다. 다른 이들은 국회 재무관이나 외교관을 지낸 이의 아들이나 딸이다. 자유업회계 전문가이나 고위 공무원재무 감독관을 지낸 사람도 있다. 가장 초라한 아버지는 한 단계 한 단계 승진해 프랑스 은행 임원까지 올랐던 미셸 샤라스의 아버지일 것이다. 학벌도 편중되어 있다. 아홉 명은 시앙스 포를 나왔고, 다섯 명은 국립 행정학교를 나왔다. 물론 그런 중요한 자리에 학벌도 경험도 없는 사람을 임명할 수는 없을 것이다. 하지만 국회나 상원과 마찬가지로 여기서도 민중이 그 계급 출신의 책임자들에 의해 대표되지 못한다는 사실을 지적하지 않을 수 없다. 유럽의 민중에게 영원히 긴축을 강요하게 될 예산 협약의 텍스트는 단순한 조직법의 형태로 투표에 부쳐질 수도 있을 것이다. 이런 종류의 법은 개헌과 국회에서 표결하는 일반적인 법들 사이에 위치한다. 그것과 헌법의 관계는 법령과 법의 관계와 같다. 지배자들을 위해 지배자들이 고안한 법은 언제나 과두지배자들을 만족시킬 수 있는 해결책, 혹은 해석의 여지를 늘 가지고 있다.

이 예산 협약의 경우, 엘리트들은 위급한 사항이 있을 때는 우파와 자유주의 좌파 사이의 정치적 차이를 무시하면서 다시 한 번 본질적인 연대감을 표시한다. 우선적인 목표는 시장을, 그와 함께 자본주의가 구속들로부터 가능한 한 해방되어야 하는 시기에 고삐를 쥐고 있는 지배계급의 구성원들을 안심시키는 것이니까. 구성이 아주 다양한 지배계급의 이익이 예산 협약을 재협상하겠다는 프랑수아 올랑드의 약속보다 우선이다. 금융가와 투기꾼에게는 아주 다행스럽게도, 그리고 긴축에 시달리게 될 유럽의 민중에게는 불행하게도.

참고16 〈경쟁력 쇼크〉

사회당 정권은 국민이 받아들일 수 없는 것을 받아들이게 만들기 위해 신자유주의가 즐겨 사용하는 〈충격 전략〉을 택했다. 유럽항공 방위우주산업 회장을 역임한 루이 갈루아가 프랑스 기업들의 경쟁력 제고를 위해 제안을 하는 임무를 맡았다. 두 명의 취지 설명자를 대동한그중 하나는 대중운동연합 당원인 피에르에마뉘엘 티아르였다 루이 갈루아는 〈경쟁력과 일자리를 위한 세액공제CICE〉를 비롯해 〈경쟁력의 여덟 가지 지렛대〉를 제안한다. 다시 말해 위기가 한창인 시기에 매년 200억 유로를 중, 저소득 임금노동자 대상 사회적 분담금에 대한 세액공제의 형태로 기업에 선물해 주자는 것이다. 그 수백 억 유로는 국가가 기업에 지불해야 하는 것으로 간주되기 때문에 〈공제〉는 공공 재정의 관점에서 보면 세출에 해당된다. 이 조치의 결과는 누구나 뻔히 예상할 수 있다. 알다시피 2013년 7월 12일 이후로 〈세무당국은 CICE의 사용을 감독하지 않을 것이고, 기업 경쟁력 제고라는 목표에 맞게 사용되지 않은 CICE도 전혀 문제 삼지 않을〉[77] 테니까.

부랴부랴 작성되고 발표된 협약에 감시까지 없으니 결과는 불 보듯 뻔하다. 이 첫 번째 지렛대는 국제 무대에서 경쟁을 해야 하는 기업들을 지원할 목적으로 2013년 1월 1일부터 시행되었다.

---

77.   경제재무부, http://www.economie.gouv.fr/ma-competitivite/faq-cice/cice-et-controle-fiscal.

하지만 2013년 1월 23일 「레 제코」지에 실린 한 연구에 따르면,
CICE로 가장 크게 덕을 보는 건 국제 경쟁과는 거리가 먼 건설이나
대형 유통 분야가 될 것이라고 한다. 이렇게 해서 부이그, 에파주
그리고 빈치 같은 건설회사들이 수천만 유로가 든 봉투를 받을
수 있을 것이다. 이익이 증가하고 있는 회사들이니 이건 그저 굴러
들어온 횡재다. 철강회사 아르셀로미탈은 2천 5백만 유로를 챙기게
되겠지만, 그것이 플로랑주 공장의 폐쇄[78]를 막지는 못할 것이다.
제약회사 사노피는 한창 잘 나가는 회사다. 이 회사의 주주들은
2012년 34억 유로의 배당금2011년에는 13억 7천 2백만 유로[79]을 받았다. 이는
154%가 더 증가한 것으로, 2012년 7월 최저임금 생활자들이 받은
혜택하루에 0.20유로보다 더 큰 액수다. 이런데도 사노피는 〈비용〉을
줄이기 위해 2,000명을 해고하겠다고 발표했다. 정부는 공로가 큰
자본주의자들에게 내리는 이러한 경제적 은총을 기업 수장들에게
장려하는 캠페인을 모리스 레비가 회장으로 있는 광고회사
퓌블리시스에 맡겼다. 경쟁력 협약의 〈등대〉 조치는 사람의 눈을
멀게 만드는 뭔가를 가지고 있다.
로랑 모뒤이의 멋진 책 제목[80]처럼, 참으로 〈이상한 항복〉이다.
프랑수아 올랑드의 공약을 지킬 시도조차 해보지 않은 채
자본주의자들의 주머니를 두둑하게 채워 주는 이 사회주의자들에
대해 어떻게 의문을 가지지 않을 수 있겠는가?
위기가 한창인 시기에 기업에 던져 줄 200억 유로는 어떻게
조달할까? 바로 부가가치세 인상을 통해. 자잘한 정원 공사,
가정에서 하는 수업 등 몇몇 서비스 업종에 대해 2013년 7월

---

78. 2012년 9월 아르셀로미탈은 유럽에서 엄청난 적자를 기록하자 플로랑주 제철소 소재 용광로
2기 폐쇄 계획을 밝혔다. 그러자 당시 사회당 대선 후보였던 올랑드는 현장을 방문해 노동자 보호를 위해
설비 폐쇄를 원하는 기업이 먼저 인수 희망자를 확보하도록 하는 법을 제정하겠다고 약속했다. 결국
아르셀로미탈은 2013년 7월 용광로 2기를 폐쇄했다 — 옮긴이주.
79. 사노피, 『참고 문건』, 2012년, 149면.
80. 로랑 모뒤이, 『이상한 항복. 변화, 그것은 지금이었다!』(파리: 장 클로드 제우세비치, 2013).

1일부터 7%에서 19.6%로, 보통세에 대해서는 19.6%에서 20%로, 그리고 식당업 등의 수입세에 대해서는 2014년 1월 1일부터 7%에서 10%로. 생색을 내기 위해 생활필수품에 대한 세율은 5.5%에서 5%로 낮춰졌다. 과세 기반은 어마어마하다. 생산된 모든 재화와 용역에 이 간접세가 부과된다. 이 세금은 수입이나 가족 구성과 관계없이 모든 소비자에게 일률적으로 부과되기 때문에 불공정하기 짝이 없다. 이 인상으로 65억 유로의 추가 세수가 발생한다. 거기다 환경세가 35억 유로를 거두게 해줄 것이다. 정부는 부족한 세수 100억 유로를 마련하기 위해 공공 지출에 대한 새로운 공제 계획들을 세웠다. 따라서 베르나르 아르노가 프랑스로 돌아온 것은 전혀 놀라운 일이 아니다. 집권 첫 몇 달 동안 사회당 정권이 보인 호의적인 태도는 푸대접을 우려하던 자본가를 안심시킬 수밖에 없었다. 게다가 이 사치의 챔피언은 비틀거리는 부삭Boussac 그룹의 알짜배기였던 디오르를 인수함으로써 부를 쌓기 시작했다. 그에게 그 열쇠를 쥐어 줬던 사람은 당시 수상이었던 로랑 파비우스였다.

이처럼, 프랑스 국민은 광범위하게 혈세를 뜯겼다. 거대 민영 상업은행 출신 인사들이 국가의 중심에 자리를 잡고 있는 게 사태의 흐름을 바꾸도록 도움을 주지는 않을 것이다.

참고17 권력 중심에 파고든 상업은행들

프랑수아 올랑드는 로스차일드 은행의 출자자 겸 관리인인 에마뉘엘 마크롱을 엘리제 궁 사무차장에 임명했다. 프랑스의 정치사는 제자리걸음을 한다. 왜냐하면 니콜라 사르코지도 2007년에 로스차일드 은행의 출자자 겸 관리인이었던 프랑수아 페롤을 엘리제 궁의 사무차장에 임명했기 때문이다. 두 경우 모두 이미 관계가 맺어져 있었다. 에마뉘엘 마크롱은 대통령 선거 당시 프랑수아 올랑드 캠프에 합류했고, 프랑수아 페롤은 니콜라 사르코지가 2004년 재무장관이었을 때 그의 비서실장이었다. 젊은 재무 감독관이었던 에마뉘엘 마크롱은 2008년 31세의 나이에 로스차일드 은행에 들어갔고, 이제 35세가 된 그는 권력의 대부분이 자유주의 좌파의 손에 있는 정치 시스템의 중심에서 국제 금융 문제의 중계를 맡고 있다. 「에마뉘엘 마크롱이 우리의 중계자, 대통령 곁에 있는 우리의 출입문입니다.」 프랑스 텔레콤 회장인 스테판 리샤르는 이렇게 말한다.[81]

CAC 40 상장기업의 한 사장은 같은 기사에서 이렇게 단언한다. 「로스차일드 은행에서 일하는 그를 본 적이 있습니다. 그는 모두를 안심시킬 겁니다.」

마르틴 오랑주에 따르면, 「두 상업은행 라자르와 로스차일드이 영향력 시스템을 이 정도로 중앙집권화 하는 건 오직 프랑스뿐이다. 두 은행은 권력의 중심에 있다. (……) 재무장관이 그들을 특별한 대화 상대자로 삼고 너무나 많은 임무를 맡기다 보니 결국에는 그들이 또 하나의 산업경제부가 되고 있다.」[82]

그녀는 우파와 좌파 정권 아래에서 이뤄진 수많은 민영화에 이 두 은행의 서비스가 동원되었다는 점을 지적한다.

따라서 2012년 9월 사회당의 경제부 장관 피에르 모스코비치가

81.   http://www.challenges.fr, 2012년 7월 3일.
82.   마르틴 오랑주, 『로스차일드, 권좌에 오른 은행』(파리: 알뱅 미셸, 2012), 12면.

라자르 은행을 공공투자은행의 설립을 위한 자문은행으로 선택한
것은 더 이상 놀랍지 않다. 그 선택은 어김없이 이해 충돌에 대한
의심을 둘러싼 논란을 촉발시켰다. 왜냐하면 프랑스 라자르 은행의
총수가 다름 아닌 도미니크 스트로스칸과 가깝고 대통령 선거기간
동안 프랑수아 올랑드를 공개적으로 지지했던 사회당 당원 마티유
피가스이기 때문이다.

마치 거대 민영 상업은행들에 의해 감정되고 보증되지 않는 한
국가가 더는 어떤 결정을 내리지 못하는 것처럼, 정치적, 경제적
중재를 하길 원치 않거나 못 하는 것처럼 모든 일이 벌어지고 있다.

부자들에 대한 특별세는 위헌

2012년 여름, 헌법재판소에서 〈재산가에 대한 특별세〉가
합헌이라는 판결이 내려졌다. 하지만 〈현자들〉은 정부가 부자세를
그토록 높은 세율로, 그리고 영구적인 방식으로 유지한다면, 〈세금
부담 평등 원칙의 명백한 파괴를 피하기 위해 형평성의 효과를
발생시키는 상한 장치〉를 마련해야 할 것이라고 명시했다. 이것은
개인당 1백만 유로가 넘는 수입에 대해 75%의 세금을 매기겠다는
프랑수아 올랑드 후보자의 제안에 대한 견제다.

하지만 사회당 정권은 니콜라 사르코지가 정치적으로 세금
방패를 포기할 수밖에 없었을 때 내용을 싹 비워 버린[83] 부자세의
폭밖에 변화시키지 못했다. 가장 높은 구간|천만 유로 이상의 재산에 대한|
세율은 0.5%에서 1.5%로 인상되었다. 니콜라 사르코지 이전에는
1.8%였다.

83.　미셸 팽숑과 모니크 팽숑-샤를로, 『부자들의 대통령』, 34~55면 참조.

1백만 유로를 초과하는 수입에 대해 75%의 세금을 매기겠다는
공약은 장뤼크 멜랑숑에게 표를 주겠다는 유권자의 수가 계속
증가하자 불안해진 올랑드 후보가 즉흥적으로 만들어 낸 것이었다.
그러자 최고 부자들은 생산 시설 이전과 조세 망명을 들먹이며 전례
없는 반대 캠페인을 벌였다.

2012년 7월 23일자 「르 피가로」지에 의해 열렬한 지지를 받은 최고
부자들의 협박은 분석해 볼 만한 가치가 있다. 〈거대 그룹들은
그 법이 발효될 때까지 기다리지 않고 행동에 나섰다. 그들은
프랑스에 남거나 프랑스에 오기를 거부하는 경영자들을 외국으로
보내고 있다.〉 이 날 사설의 제목은 「정신 나간 75%」였다. 내용은
한번 들여다 볼 만하다. 〈큰 부자들에게 75%의 세금을 물리는
것은 대대적인 조세 망명의 신호를 줄 위험이 있다. (……) 그들은
셈을 해볼 것이고 일반 사회복지 기여금CSG, 세큐리테 소시알 부채
상환 기여금CRDS, 부자세ISF에 이 75%의 세금까지 더하면 세율이
거의 100%에 근접하게 되리라는 것을 깨닫게 될 것이다. 그런데
프랑스에 일자리를 만들고 사회복지 제도의 재원을 감당하는
것이 바로 그들, 대기업이나 부호들이다. (……) 부자들은 어떻게
생각할까? 세율이 문제될 때는 국가가 고삐 풀린 상상력을
발휘하면서 씀씀이를 줄여야 할 때는 전혀 그러지 못한다고
생각하지 않을까?〉

이 호에 실린 한 기사는 조세 망명의 구체적인 예들을 제시한다.
하지만 자세히 들여다보면 독자가 확인할 수 있는 이름과 건(件)이
거의 없다는 것을 깨닫게 된다. 기자와 인터뷰를 한 사람들은

133 대개가 익명이다. 〈파리에 데리고 있던 미국인 간부 셋이 떠나
버렸습니다. CAC 40에 상장된 한 그룹의 회장이 털어놓는다.
기자가 이름을 밝히지 않은 한 외교관에 따르면, 런던에 있는 샤를
드골 고등학교 입학 대기자 수가 2012년 5월 6일 이후로 700명이나
증가했다. BNP파리바의 트레이딩 룸 책임자 몇 명이 런던으로
인사이동을 시켜 달라고 요청했는데, 회사는 일단 거절했지만
그들을 붙들 수 있을지는 확신하지 못하고 있다. 《확실한 것은
나라에 모든 걸 그냥 갖다 바치지는 않을 거라는 점입니다.》프랑스
주요 그룹 집행부의 한 임원은 이렇게 털어놓는다.〉이것은 조세
회피지에 설립해 놓은 자회사의 이용이 대폭 늘어날 것이라는 것을
명백하게 의미한다. 이 호에 실린 또 다른 기사에서 한 사장은 그
75% 세율의 추가 구간에 대해 〈국가가 부의 창출을 죽이고 있어요.
이건 국가적 재앙, 집단적 자살입니다〉라고 선언한다.
「르 피가로」지는 국세청이 결코 부자들의 수입 전체를 파악하지
못한다는 사실을 모르는 척 한다. 부자 동네에 사무실을 두고
있는 숱한 세무 컨설턴트들은 합법의 테두리 속에서 돈이 넘쳐
나는 사람들의 수입 일부를 어떻게 감춰야 하는지 항상 알고 있다.
프랑스 은행들도 조세 회피지에 상당수의 자회사를 가지고 있다.
그것은 물론 모나코나 룩셈부르크, 혹은 앵글로노르만 제도의
산업화를 돕기 위한 것이 아니다. 케이맨 제도의 어업 발전을
거들기 위한 것도 아니고.
독자는 공격의 폭력성에 충격을 받게 된다. 은행가인 필리프
빌랭은 같은 호의 「르 피가로」지에 실린 인터뷰에서 국가가 돈 많은

사람들의 〈씨를 말리려 든다〉고 말한다. 「저는 프랑스를 떠났을
뿐만 아니라 국적까지 바꾸려 하는 한 기업주를 알고 있습니다.」
우리가 보기에 그것은 바람직한 행위다. 왜냐하면 우리가
『부자들의 대통령』에서 했던 변화의 제안들 가운데, 세금 내기를
거부하는 사람들에 대한 프랑스 국적 말소는 건전하고 상식적인
조치로 보였기 때문이다. 곧 이어 필리프 빌랭은 〈국가와 지역
집단을 관리하고 프랑스인에게 일자리를 마련해 주는 일이 여의치
않을 때, 우리 좌우 정치지도자들은 성공을 미워하고《사장들을
잡아먹으려》드는 심리적 경향이 강하다〉고 강조한다. 필리프
빌랭은 그 이유를 찾아냈다. 「기업 경영자들이 받는 보수가 국제
규범에 접근해 그들의 급여 수준을 한참 능가하자 정치인들이 참을
수 없게 된 겁니다. 이건 몰수에 가까운 세율입니다. 우린 더 이상
자본주의 체제 속에 있지 않아요. 나이 서른에 부자가 되고 싶어
하는 젊은 기업가들의 기를 꺾어서는 안 됩니다.」[84]
『르 누벨 옵세르바퇴르』와 『샬랑주』의 소유주인 클로드
페르드리엘은 이렇게 판단한다. 하지만 2012년 12월 29일
헌법재판소가 그 유명한 75%세를 위헌으로 판결해 준 덕분에
그는 즐거운 연말을 보냈을 것이다. 그 세의 근거는 개인이었어야
했다. 그 세는 세금이 과세 대상 세대별로 부과되기 때문에 헌법과
일치하지 않는다는 판결이 내려졌다. 어떻게 그런 실수가 가능할
수 있었을까? 로랑 모뒤이에 따르면, 〈국회의 예산 보고 책임자인
사회당원 크리스티앙 에케르는 자신의 블로그에 자신이 예산장관
제롬 카위자크에게 위헌의 위험이 있다는 것을 아주 일찌감치

84.　『샬랑주』, 2012년 7월 12일자.

135 알렸는데 장관이 의도적으로 무시했다고 폭로하고 있다.)[85] 아마도
제롬 카위자크가 자신이 전혀 관여하지 않았던 그 조치에 전혀
우호적이지 않았기 때문이었을 것이다.

마치 75% 세율을 예고함으로써 프랑수아 올랑드가 당선될 수
있었고, 거부들에 대한 가짜 십자군 전쟁이 시작될 수 있었으며,
그로 인해 거부들의 조세 망명이 정당화되는 것처럼 모든 일이
일어나고 있다. 위헌 판결은 아주 적절한 시기에 내려져 선거기간
동안 공약한 개혁의 포기를 정당화시켜 주었다. 설사 프랑수아
올랑드가 경영진에 터무니없는 보수를 제공하는 기업들에 대해
고율의 세금을 매기려 고집을 부렸다 하더라도, 그들은 조세
회피지에 있는 자회사를 이용해 그들 수입의 상당 부분을 빼돌렸을
것이다.

거의 오르지 않은 상속세

2005년 재정경제부 장관이었던 니콜라 사르코지는 직계 자녀 1인당
5만 유로에 한해 상속세를 공제해 줬다. 대통령이 된 그는 과세의
선을 15만 유로로 올렸다. 2012년 7월, 장마르크 에로 정부는
의원들에게 이 상속세 공제를 다시 손질하자고 제안했다. 사회당
정부는 과세의 선을 10만 유로로 낮췄다. 유복한 상속자들에 대한
세금이 강화되긴 했지만, 이 공제액 변경은 상속 액수가 10만 유로
이하인 중산층이나 서민층과는 관계가 없다.

이러한 사실은 프랑스인들의 재산 실태를 봐도 알 수 있다. 국립
통계경제연구소에 따르면, 2010년 가구당 평균 재산은 15만 2백

---

85.   로랑 모뷔이, 앞의 책, 139면.

유로다. 하지만 상위 10%가 평균 55만 2천 3백 유로의 재산을 갖고
있고, 프랑스 총 자산의 절반을 차지하고 있다. 반면에 하위 10%의
평균 재산은 겨우 2천 7백 유로로, 프랑스 가구 전체 자산의 0.1%에
지나지 않는다. 따라서 소폭이긴 하지만 이러한 세금 면제의 혜택을
보는 건 유복한 집안들이라 할 수 있다. 니콜라 사르코지에 의해
폐지되었던 부부간의 상속세는 아직 복원되지 않았다.

증여에 대한 공제는 각 자녀, 그리고 각 부모에 대해 15만 유로에서
10만 유로로 줄었다. 세금이 면제되는 두 증여 사이의 기간은
10년에서 15년으로 5년이 늘었다. 빈틈이 없고 먼 앞날을 내다보는
부자 집안의 경우, 상속자는 부모의 사망 전에도 가족 재산의
일부를 지속적으로 빼내갈 수 있을 것이다. 대대로 이름을 남기기
위해 후세의 안녕을 걱정하는 부모는 생전에 세금이 면제되는 한
번 혹은 여러 번의 증여를 통해 합법적으로 재산을 물려줄 수 있을
것이다. 국회에서 벌어진 우파와 사회주의 좌파 사이의 논쟁은
무디기 짝이 없어서 하나 마나 한 것이었다. 「우리는 유산보다는
공로를 우선하고자 합니다.」 사회당 의원 피에르알랭 뮈에는 전직
장관 에리크 뵈르트가 말했듯 〈자본의 순환〉을 원활하게 하기 위해
세금을 면제받는 두 증여 사이의 기간을 늘이지 말라고 요구한
야당 의원들에 대한 답변으로 이렇게 말했다. 사회당 정부의
조치들은 여러모로 한정되어 있었다. 그럼에도 대중운동연합 소속
의원 마르크 르 퓌르는 〈가족과 중산층에 대한 범죄〉라며 길길이
날뛰었다. 부자들을 공공연히 옹호할 수 없는 우파에게 이념적
조작은 중간계급을 보란 듯이 옹호하는 데에 있다.

모든 전선에 결집하는 조세 저항 세력

어떤 법이 재산을 위협할 때 지배자들이 보이는 반응은 그들이
가진 권력의 지표, 계급 이익을 지키기 위해 그들이 얼마나
집요하게 결집하는지를 보여 주는 지표다. 2012년 8월 1일에
표결에 부쳐진 금융거래세는 토빈세단기성 외환 거래세가 계획한 것과는
거리가 먼 최소한의 조치였지만 자본가들, 그리고 그들의 이익을
대변하는 로비회사들의 준동을 촉발시켰다. 그 조치는 LVMH처럼
주가 총액이 10억 유로 이상 되는 프랑스 회사 109개의 주식을
매입할 경우 0.2%를 과세하는 것이었다. 게다가 금융위기를
불러온 특별히 유해한 두 범주의 금융상품, 즉 기업이나 국가의
신용 위험을 사고파는 보험상품인 CDS신용부도스와프의 공매도,
그리고 컴퓨터 프로그램에서 출발해 순식간에 홀로 결정을
내릴 수 있는 알고리즘을 사용하는 증권 중개인들이 실현하는
초단타매매는 최초의 텍스트에서 제외시켰다. 주식 투자자들의
협박은 즉각적이었다. 파리 주식시장의 압력단체 유로플라스의
대표인 아르노 드 브레송은 2012년 8월 2일자 「르 몽드」에 이렇게
한탄한다. 「기업들이 새로운 은행 규제Bâle III 때문에 은행들의
융자가 점점 줄어드는 것에 대비해야 하는 시기에 이 세금은 주식
투자에 부담을 줄 것입니다.」 프랑수아 올랑드는 금융권을 확연히
구별되는 두 개의 분야로 나눠 철저히 바꾸겠다고 약속했다. 하나는
기업과 개인에게 돈을 빌려주고, 임금노동자와 회사들로부터
흘러드는 돈을 모아 관리해 주는 은행의 전통적인 활동을 할
것이다. 다른 하나는 투기적 파이낸스, 특히 파생상품시장을

〈맡아서〉 관리할 것이다.

금융권이 로비를 아주 효율적으로 했다. 그 결과, 개혁의 대상이 된 건 은행권 수입의 1%에 지나지 않는다. 로스차일드 은행 출신의 에마뉘엘 마크롱이 엘리제 궁에서 이 건을 담당했다. 그 때문일까? 고도로 투기적인 활동들은 관련되지 않았다. 이제 금융시장의 일탈을 통제하기 위한 공약이 아름다운 추억에 지나지 않는 건 사실이다. 1984년 1월 24일, 경쟁의 자유라는 이름으로 투자은행과 소액대출이나 저축은행을 구별한 1945년 12월 2일의 은행법을 폐지해 일반은행의 길을 열어준 사람이 당시 재무부 장관이었던 자크 들로르라는 사실을 상기하자.

공약(公約)이 공약(空約)에 머문 경우를 하나씩 열거하자면 얘기가 아주 길어질 것이다. 예를 들어, 해외투자에 대해 막대한 감세를 해줌으로써 공공 재정에 매년 10억 유로의 부담을 주는 세금 특례는 왜 여전히 상한선이 있는 특례에 들어가지 않는 것일까? 리오넬 조스팽 역시 그것은 건드리지 않았다. 재무부 장관이었던 피에르 베레고부아도 그랬고. 〈푸앵타피트르[86]에서 호화 요트를 매입하고 감세를 받은 광고업자 자크 세귀엘라는 배 이름을 《메르시베레고마워요, 베레고부아》라고 짓기로 마음먹는다〉고 로랑 모뒤이는 이야기한다.[87]

소위 사회주의를 지향한다는 정권이 개인이나 법인들이 자회사를 양도해 얻은 차익에 대한 세금을 면제해 주는 코페[Copé] 특례를 유지하는 건 어찌된 일일까? 이 특례는 매년 20억 유로의 세출을 발생시킨다. 올랑드 후보의 60가지 공약 중에는 〈성장 추이를

86.　서인도제도 동부 과들루프 섬 중부에 있는 도시 — 옮긴이주.
87.　로랑 모뒤이, 앞의 책, 143면.

139 고려해 인플레이션에 상회하는 이자율로 국민저축통장 리브레Livret
A에 든 서민 저축을 보장하는〉 공약도 있었다. 그런데 2013년
8월 1일 관련 이자율이 1.75%에서 인플레이션 수준과 일치하는
1.25%로 인하된다. 하지만 무대 뒤에서는 다른 흥정들이 벌어진다.
이자율이 그처럼 낮은 저축에 손을 대기 위해 은행권의 로비가
발 빠르게 진행된다. 니콜라 사르코지의 치하였던 2009년부터
은행들은 서민들이 차곡차곡 모은 예금인, 국민저축통합기금의
35%, 다시 말해 1,200억 유로를 마음대로 사용한다. 2013년 7월
19일, 국가예탁원 감독위원회는 〈국가예탁원 저축기금 집행부가
은행들에 총 300억 유로를 이월하는〉[88] 법령안에 동의했다. 따라서
공공 주택, 지역 집단 그리고 중소기업을 재정적으로 지원하기 위해
이 공공 기관이 관리하는 기금에서 총 1,500억 유로가 빠져나갔다.
이 덕분에 은행들은 이자율이 낮은 수억 유로를 가져와 적정 이자를
붙여 돈을 굴릴 수 있게 됐다. 이처럼 서민의 저축도 부자들을 더
부자로 만드는 데 공헌할 수 있다.

사악한 법이 노동권을 파괴한다
반어적으로 소위 〈일자리 안정 협약〉이라 불리는 2013년 1월
11일의 합의는 경제인연합회와 전국적으로 임금노동자의 38%밖에
대표하지 못하는 민주노동동맹CFDT, 간부직총연맹CFECGC, 그리고
기독교노동자동맹CFTC이 서명했다. 노동총연맹CGT과 노동자의
힘FO은 일자리를 더욱 〈유연하게〉, 다시 말해 불안하게 만들어
노동권을 해체시키는 이 텍스트의 비준을 거부했다. 이 합의로 인해

88. www.caissedesdepots.fr/actualites.

경제적 해고의 절차들이 더욱 간소하고 빨라졌다.

사회당 정권은 한 걸음 더 나아가 이 소수의 합의를 법으로 만들기로 작정했다. 정부는 이를 위해 모든 법안의 표결에 선행되는 토론들을 줄일 수 있게 해주는 긴급 절차를 이용했다. 따라서 전국 업종 간 합의ANI는 몇 차례의 수정을 거친 후에 법이 되었다. 투표자 554명 가운데, 사회당 의원 250명은 정부의 제안을 지지했고, 민주공화좌파 그룹 의원 13명그중 10명은 좌파전선 소속 의원은 반대, 대중운동연합 의원 278명은 기권했다. 물론 대중운동연합 소속 의원들은 노동권을 약화시키려는 그들의 의지와 일치하는 일자리의 유연성 강화에 반대할 수 없었다. 하지만 그들은 동일 그룹 내 지리적 이동을 거부하는 모든 임금노동자에 대해 경제적 해고를 인정하는 것과 같은, 좌파 의원들이 토론 중에 빼앗다시피 얻어 낸 몇몇 양보 때문에 사회당 의원들과 보조를 맞출 수는 없었다. 법안이 채택되리라는 것을 뻔히 알고 있었던 대중운동연합 소속 의원들은 기권을 선택함으로써 노동권의 몇몇 중요한 조항을 폐지한 역사적 책임을 사회당 의원들에게 돌릴 수 있었다.

그렇지만 사회당 의원 35명은 기권했고, 6명은 반대를 하는 용기를 보였다. 파스칼 부아타르, 케이라 부지안라루시, 마리안 샤프들렌, 르네 도지에르, 크리스토프 레오나르, 그리고 스테판 트라베르는 그룹과 정부의 지침을 따르지 않았다. 2013년 4월 20일 토요일, 상원에서 정부는 각 수정안의 표결을 막는 지루한 토론 공방을 짧게 끝내게 해주는, 다시 말해 입을 봉하게 해주는 헌법 44-3조를 이용했다. 따라서 토론 말미에 각 수정안에 대한 일괄 투표가

141 실시되었다. 공산주의자, 공화주의자, 시민 그룹 동료들과 함께
문을 박차고 나가 버린 상원의원 엘리안 아사시는 〈동원을 피하기
위한 결정〉이라고 평가한다. 그들의 반대표공산당 의원 20명, 사회당 의원
2명, 대중운동연합 의원 2명에도 불구하고, 법안은 찬성 172표로 상원에서
채택되었다. 이번에도 대중운동연합의 기권은 주주들에게 유리하게
법률을 제정한 이 선택을 사회당 홀로 책임지도록 내버려 뒀다.
채택된 법은 일자리의 불안정성을 더욱 증대시킬 것이다.
1981년에는 새로 만들어진 일자리 10개 중 9개는 불특정기간
계약이었다. 2012년에 새로 만들어진 일자리 10개 중 9개는
불안정한 일자리다. 임시직, 파트타임, 수습직……. 2010년,
불안정한 일자리의 수는 3백만 개를 돌파했는데, 이는 전체
일자리의 12%를 차지한다.[89]
이 법에 대해 〈일자리 안정시키기〉 운운하는 것은 새로운 언어
사기다. 대표성을 띠고 있다고 인정된 다섯 개의 노조연합 중 고작
셋이 경영자 단체와 맺은 협약을 법으로 승격시키는 것은, 기업
협약이 임금노동자의 권리를 최소한으로 보장하는 부문 협약보다
노동자들에게 더 유리해야 한다는 원칙을 깨는 나쁜 전례를 만들어
낸다. 〈일자리와 임금노동자의 직업 경력 안정시키기〉에는 보완성
건강보험AMC이나 실업보험의 재충전 권리처럼 많은 제약과 예외가
있다. 반면에 일자리에 대한 협박의 법제화와 경영자들에게 주어진
새로운 권리들은 법이 공포되는 즉시 적용될 것이다. 실제로 그
법은 2013년 6월 14일에 공포되었다. 헌법재판소는 그 법의 1조를
수정해 보완성 건강보험을 담당할 보험업체를 사용자가 선택할

---

89. 옵세르바투아르 데 지네갈리테(프랑스 불평등 관측소), 「프랑스 일자리의 불안정 상태」, 2012년
11월 27일자, www.inegalites.fr/spip-php?article957.

수 있게 했다. 상호공제조합들과 경쟁을 벌이고 있는 말라코프 메데리크의 대표 기욤 사르코지는 새로운 시장의 개방에 기쁨을 감추지 못한다. 2013년 6월 28일 「레 제코」지와 가진 인터뷰에서 그는 이렇게 말한다. 「저희의 전략은 기업들을 임금노동자들의 사회복지 자금 출자자로 인정하는 전국 업종 간 협약에 의해 강화될 것입니다.」 그에 따르면, 기업들은 〈임금노동자의 건강, 기업의 생산성, 예상 지출의 통제를 결합시킴으로써 건강보험의 진정한 영역이 될 수 있다.〉

이러한 사회적 퇴보에는 우리가 이 책에서 다룬 여러 요소들이 모두 집약되어 있다. 폭력은 움직임과 불확실한 미래를 동시에 내포하는 용어로 노동조건의 악화를 가리기 위해 거창하게도 〈유연한 안정〉이라고 명명한 이 불안정의 조직화에 있다. 이제 일자리에 대한 위협은 합법적인 무기가 되었다. 2006년 푸아티에 공장이 문을 닫는 바람에 주에레투르로 이사를 했던 미슐랭의 노동자들은 얼마 전에 이곳의 공장 역시 문을 닫을 예정이라는 사실을 알게 됐다. 그곳에서 일하는 노동자 700명은 조기 은퇴, 고용 서비스 공단 등록, 또 한 번의 이사 중에 선택을 해야 할 것이다. 그럼에도 미슐랭은 2012년 전년에 비해 7%나 증가한 16억 유로의 이익을 내며 잘나가고 있다. 유연한 안정이란 누구나 쉽게 알아들을 수 있는 말로 하자면 합법적으로 강요된 불안정이다. 이러한 항시적인 위협은 미래를 철석같이 보장해 주는 재산을 가진 지배자들에게는 낯선 것이다.

하지만 이 협약에는 노동자의 힘과 노동총연맹의 동의를 얻지

못했다는 중대한 결함이 있다. 〈사회적 파트너들〉과 〈대립의
연대〉의 아름다운 만장일치는 작동하지 않는다. 계급 협력은
체념하거나 겁에 질려 계속 싸우기를 포기한 소수의 것일 뿐이다.
기업 경영자들과 몇몇 정치인의 이념적 조작은 일부 노동자들로
하여금 자신의 목을 맬 동아줄을 스스로 엮게 만들었다. 이 폭력은
자신이 누리는 부의 원천이 되는 사람들에게 가할 수 있는 가장
교활하고 잔인한 폭력 중 하나다.

사회당이 이를 진보라 칭하며 자축하는 것은 심원한 이념적 패주를
나타낸다. 억만장자 워런 버핏이 말한 것처럼, 〈계급 전쟁〉은
거부들의 승리로 끝나 가고 있다. 사회민주주의 대열의 변절이
이 거대 자본의 잠정적인 승리를 도왔다고 봐야 한다.

프랑수아 올랑드, 정상적인 대통령?

프랑수아 올랑드는 〈정상적인〉 대통령이 되겠다고 약속함으로써
당선되었다. 거의 일상적으로 미디어에 모습을 드러내고 호사스런
생활로 말도 많고 탈도 많았던 사르코지 대통령을 겪은 프랑스는
프랑수아 올랑드가 내세운 〈정상〉 덕분에 약간의 안정과 평온을
되찾을 수 있었다. 하지만 그 결과, 후보자의 공약들이 제대로
지켜지는지 감시하는 눈길이 해이해졌다. 실제로 정상적인
대통령은 얼마 못 가 필요 이상 정상적인 것으로 드러났다.
그 정상성이 그를 사회자유주의의 투사로 만들어 놓기까지
했으니까. 예산 관련 황금률은 프랑스 국민이 그런 중차대한
문제에 대해 의견을 내놓을 기회도 갖지 못한 상태로 2012년

가을에 황급하게, 그리고 혼란 속에서 표결에 부쳐졌다. 〈정상성〉을
둘러싸고 세워진 홍보 전략과 비정상적인 폭력이 행사되는 지배의
사회적 관계 사이에는 엄청난 괴리가 있다. 그 전략의 목표는
받아들일 수 없는 것을 도저히 받아들이지 못하는 사람들의
반체제적인 의사를 제거하는, 나아가 그 가치를 실추시키고
비판하는 얼렁뚱땅 합의를 통해 올랑드 대통령과 정부의 정책에
대한 국민적 지지를 얻어 내는 것이다. 마구 설쳐 대는 사르코지의
혈기에 이어 찾아온 이 대통령의 외적 평온은 마침내 진정을
되찾은 공화국에서 부드러운 방식으로 행해지는 상징적 폭력의
또 다른 형태다.

사르코지가 정신을 못 차리게 만드는 반면, 올랑드는 안심시키고
다독인다. 그래서 다들 잠이 드셨는가?

제 **4** 부

생각의 지배

우리는 아침에 조깅을 하다가 카샹 고등사범학교로 청소
일을 하러 가는 남녀 한 쌍과 마주친다. 언성을 높이는 남자는
흑인이고, 생활과 노동의 열악한 조건으로 인해 몸이 이미 굽어
있는 여자는 백인이다. 때는 2012년 9월 10일, 그 전날 프랑수아
올랑드가 TF1에 출연해 중대 발표를 했다. 남자가 여자에게
말한다. 「이해가 돼? 그 사람, 또 TV에 나와서 부자들에게 75%의
세금을 매기겠다고 하더라니까! 부자들이 다 도망가 버리면 우린
어떡하라고!」 우리가 끼어들어 백만장자들이 프랑스를 떠나는 게
어떤 점에서 그들에게 해가 될 수 있는지 물어본다. 남자가 대뜸
되묻는다. 「그럼 세금은 누가 냅니까? 득실대는 외국인들 임금은
누가 지불하고요? 부자들이 다 도망가 버리면, 우리가 그 많은
세금을 내야 할 거고, 그래서 점점 더 가난해질 겁니다.」 남자도
여자도 10여 년 전부터 부자들이 세금을 점점 덜 내고 있다는

사실을 모르고 있는 게 분명하다. 대화는 시간이 없어서 금방 중단되고, 그들은 너무 많은 외국인을 애꿎은 희생양으로 삼으며 일터로 발길을 돌린다. 뻔히 보이기 때문에 쉬운 이해의 실마리들을 내세우며, 세계화된 투기 자본의 세계, 뭐가 뭔지 도통 알 수 없는 그 불투명한 세계는 외면해 버린다.

제1장/ 사람들은 차라리 모르고 싶어 한다

사회에 대해 아는 것은, 특히 계급 전쟁이 격화되는 시기에는, 우리를 두렵게 한다. 그 두려움은 우리가 우주를 대할 때 느끼는 것과 비슷하다. 한여름 밤, 별이 총총한 무한한 밤하늘의 깊이와 마주한 우리는 우리 삶과 우리 행성의 왜소함에서 오는 불안을 시원한 음료 한 잔, 농담 한마디로 재빨리 씻어 내려고 한다. 무력감과 일용할 양식을 놓고 안달복달하는 삶의 가소로운 면모들을 잊고자 한다. 우리는 차라리 모르고 싶어 한다……. 지배계급에 대한 우리의 작업을 접한 학계의 반응은 미지근했다. 생활 방식, 부, 불평등의 규모를 들여다보는 것은 전혀 급할 것이 없는 쓸데없는 일로 보였다. 또한 우리는 친구나 가족에게서 그 권력을 부정하거나 그것에 대항해 싸우기를 포기하는 것이 아니라, 그것에 대해 더 이상 알고 싶어 하지 않는 것 같은 낌새를 느꼈다. 그건 알아서 뭐하게? 투표율이 계속 하락하고, 노동조합과 혁명적 정당에 가입하는 사람의 수가 점점 줄어드는 것도 전쟁터의

어마어마한 규모 앞에서 느끼는 이 엄청난 무력감의 표현이다. 그
권력에 삶을 빼앗긴 사람에게 지금 사회는 지독하게 복잡한 것이
되어 버렸다. 거부들은 법과 예술을 통해 개인의 이득을 만인의
이득으로 둔갑시키는 능력을 갖춘 채, 민주주의와 인권의 탈을 쓰고
나아가면서 한계가 없는 권력을 행사할 수 있다.

인생은 짧고, 해야 할 일은 많다. 삶에서 즐거움과 기쁨을 누릴
수 있는 순간은 아주 짧다. 그런데 끝도 보지 못할, 질 것이 빤한
싸움에는 무엇하러 뛰어들겠는가? 사람들은 이렇게 생각한다.
그것은 비겁이나 무지가 아니라 양식(良識)이다. 강자들에게
맞섰다가는 별것 아니지만 그마저도 잃을 수 있으니 우리가 가진
것에 만족하자. 우리는 그들의 요트, 대궐 같은 집, 제트기, 컬렉션,
그들의 사치를 안다. 잡지들은 그런 것들로 가득하고, 텔레비전은
그들을 모신다. 행복감을 주는 그 광경을 푼돈으로 즐기자. 그
파렴치한 부에 대해 도대체 왜? 어떻게? 따위의 질문을 던지는
것은 부질없다. 늘 그래 왔고, 앞으로도 그럴 테니까. 지배의 실상을
알게 되는 불안으로부터 우리를 보호해 줄 수 있는 이 짧은 생각
속에서는 숙명론이 승리를 거둘 수도 있다.

르뱅의 작은 회사에서 경영진이 저지른 작은 실수가 자발적이고
결연한 사회적 운동을 촉발시켰다. 2009년 12월 18일자
「뤼니옹라르데네」에 따르면, 16일 수요일 아침 7시, 출근을 하던
아르덴엘렉트로룩스 노동자들은 〈조립 라인들 위에 새 세탁기
열다섯 개 정도가 쌓여 있는〉 것을 발견한다. 〈각 세탁기의 배달
수취인 칸에는 회사 임원들의 이름이 적혀 있다. 물론 테스트용

모델들이지만, 대부분은 수취인들의 집에 남을 것이다.〉염치를
모르는 회사의 행태에 분노한 노동자들은 작업을 거부한다.
노동조합의 한 투사는 이렇게 말한다. 「간부들은 매년 그런 종류의
선물을 받습니다. 하지만 보통 그런 일은 은밀하게 이루어지죠.」
2009년 들어 노동자들의 임금은 동결된 반면, 간부들에게는 점점
더 고급스러운 업무용 차량이 제공되어 불만이 많았는데 그야말로
불에 기름을 부은 격이었다. 이러한 몰염치, 상징적 폭력은 계급 간
힘의 균형추가 지배자들 쪽으로 기울지 않았다면 가능하지 않았을
것이다. 부정과 특혜를 자기 눈으로 직접 확인한 아르덴 노동자들의
분노는 들불처럼 타올랐다. 그들은 아르덴 지방 한가운데 있었기
때문에 그런 일이 빙산의 일각에 지나지 않는다는 사실을 누구보다
잘 알 수 있었다.

권력자들의 파렴치한 행태가 폭로되면, 내면화되어 거의 본능이 된
위계에 대한 존중심이 무너질 수 있다. 특권의 폭로는 태도 변화를
불러오는데, 그것은 때때로 반항에 이르기도 한다. 반항은 위의
경우처럼 제한적일 수도 있지만, 폭로된 특권의 정도가 감내할 수
있는 한계를 넘어설 경우 사회 전반으로 확산될 수도 있다. 우리의 책
『부자들의 대통령』이 사르코지 정권의 가면을 벗기는 데 일조했기를
바란다. 베탕쿠르 사건[90], 사르코지의 아들 장 사르코지의 라데팡스
개발위원회 총재 출마로 대표되는 족벌 정치, TEPA법노동, 일자리
및 구매력에 관한 법으로 부자들에게 온갖 특혜가 돌아갔다는 분석은
사르코지의 재선 실패에 상당한 역할을 했다. 지배자들의 파렴치는
권력의 전횡을 드러내 강력한 반발을 불러올 수 있다.

90.　　화장품회사 로레알의 최대 주주이며 억만장자인 릴리안 베탕쿠르와 딸과의 소송 사건. 수사
과정에서 베탕쿠르의 재산관리인과 당시 니콜라 사르코지의 측근이 정기적으로 만난 사실이 드러났다.
이후 딸의 고소는 기각되었고, 불법 정치자금을 받은 혐의로 함께 기소된 사르코지는 증거 부족을
이유로 무죄를 선고받았다 — 옮긴이주.

참고18 **명료하지 않은 사회적 관계: 미슐랭의 경우**

미슐랭가는 부를 드러내지 않는 것으로 유명하다. 이 가문의
검소함은 가히 전설적이다. 2012년 3월 29일 클레르몽페랑에서
우리 부부가 경제학자 피에르 이보라와 대담을 할 때도 방청석
여기저기서 항의가 터져 나왔다. 미슐랭가의 부와 관련된 우리의
발언에 몇몇 방청객이 충격을 받았던 것이다. 하지만 그 가문이
소유한 어마어마한 부는 의심할 여지가 없다. 미슐랭 가문의
재산은 2011년 현재 5억 5천 2백만 유로로『샬랑주』지가 매긴
순위에서 세계 85위를 차지했다. 2006년 에두아르 미슐랭이 사고로
사망하자 가족의 일원이자 그룹의 공동경영자였던 미셸 롤리에가
2012년까지 회사를 이끌었다. 2010년에 그가 받은 보수는 4백
5십만 유로였다.

주주들에게 지급된 배당금 총액은 2008년부터 2012년까지 2억
3천만 유로에서 3억 7천 8백만 유로로 39.15%가 증가했다. 같은
시기에 〈인건비 총액〉은 46억 6백만 유로에서 53억 7천 7백만
유로로 배당금 증가율의 절반도 안 되는 19.25%가 증가했다.[91]
경영진은 임금 인상 요구가 있을 때마다 경쟁력이 떨어진다는
논리를 내세운다.

노동자를 존중하지 않는 미슐랭의 행태는 더 멀리까지 나아가기도
한다. 피에르 이보라에 따르면, 미슐랭은 노동자가 작업 중에
사고를 당해도 세큐리테 소시알 〈노동재해〉 분과에 신고를 하지
못하게 압력을 가했다고 한다. 세큐리테 소시알의 재정적 부담을
지는 것이 주로 사용자들인 만큼, 사용자들이 〈재해〉의 빈도에

91.   미슐랭, 『참고 문건』, 2012년, 78면.

연동되는 부담금을 낮추기 위해 그들의 사업장에서 발생하는
부상자의 수를 줄이려 들 수 있다. 검찰은 미슐랭이 저질렀을 수도
있는 불법행위에 대해 예비 조사를 시작했다.

미슐랭가는 그들이 고용한 일부 직원들을 통해 좋은 평판을
쌓았다. 현실을 일깨우는 것은 그들에게는 신성모독이나 다름없다.
미슐랭이 근로자들에게 몇몇 편의를 제공한 것은 사실이다.
1889년에 설립된 이 회사는 근로자들의 주거, 직업교육, 양육, 보건
위생에 드는 비용 일부를 회사가 부담하는 가족주의적인 시기를
거쳤다. 전혀 거만하지 않은 〈소박한〉 경영자들에 대한 감사의
마음은 축적된 부의 근원인 착취를 잊게 만들고, 착취당하는 자를
착취하는 자와 연대하게 만들 수도 있다. 한 기업의 직원들을 그
기업의 이름으로 지칭하는 경우도 드물지 않다. 미슐랭의 직원들도
회사를 상징하는 배불뚝이 캐릭터 비벤덤Bibendum 때문에 〈빕스〉라고
불린다. 2009년 조슬린 르메르다르노는 자신의 영화 「빕스의
발언」에 용기를 내서 입을 연, 몇 안 되는 모두 노조에 가입한 노동자들의
증언을 담았다. 그 기록영화는 미슐랭의 책임자들로부터 거센
공격을 받았다.

타이어 생산 세계 1위인 회사의 소유주 가문과 노동자들 사이의
관계 역시 이러한 앎과 무지로 점철되어 있다. 생산된 부의 공정한
분배를 요구하기 위해서는 근로자들이 두려움, 존경심, 환상 들로
이루어진 사회적 소심함을 극복해야만 한다.

제2장/ 전파를 타고 번지는 자유주의 이념

세르주 알리미가 〈새로운 충견들〉이라 부르는 사람들은 대중이
지배자들의 이익에 민감하도록 감시한다.[92]
부를 차지하기 위한 만인의 만인에 대한 투쟁이 이제 자명한
사실이므로, 세계를 표상하는 방식과 도덕적 가치들이 새로운
경제 규범과 상응하도록 사회 구성원들을 철저히 〈세뇌〉시켜야
한다. 기자 대다수와 신자유주의 바람을 팔아먹는 사람들 모두가
철석같이 믿는 이러한 논리에 따라 사람들의 생각을 주무르기 위해
각종 미디어와 홍보대행사들이 일선에서 맹활약을 한다. 이러한
신화를 자연스러운 것으로 만드는 일이 자유주의의 새로운 게임
규칙들을 피할 수 없는 새로운 현실로 제시하여 객관적인 폭력을
그것에 대한 복종으로 둔갑시키는 작업의 핵심이다.

부자들은 부의 창조자? 근로자들은 줄여야 할 비용?

경제적 담론이 타락했다. 부자들이 노동자의 탐욕에 위협을
받고 있단다. 〈비용〉, 다시 말해 봉급과 사회복지를 위한 지출이
감내할 수 없는 지경에 이르렀다는 것이다. 이렇게 해서 평범한
임금노동자는 하나의 기정사실과 맞닥뜨리게 된다. 그는 별것이
아니다. 그리고 이 세상을 이끄는 사람들은 그들의 자질과 그에
따르는 보상이 휘황찬란한 빛을 발하는 다른 우주에 있다.
노동자가 바치는 노력의 대가는 터무니없는 것처럼 보인다.
사회보장제도 덕에 놀고먹는 그는 기생충일 뿐만 아니라 전반적인

92. 세르주 알리미, 『새로운 충견들』, 김영모 옮김(서울: 동문선, 2005).

경쟁력을 약화시키는 유해한 요소다. 그가 바다 너머에 존재하는
값싼 노동력으로 대체되는 것은 전혀 놀랍지 않다. 오히려
논리적이고 합리적이다. 중국에서는 최저임금이 155유로와
185유로 사이를 오락가락하는데[93], 프랑스에 거주한다는
이유만으로 2013년 1월 1일부로 1,121유로로 정해진 최저임금을
받는 건 지나치다는 사실을 인정해야만 한다.

그럼에도 그들이 추구하는 목표가 적나라하게 드러나서는 안 된다.
생산 시설의 해외 이전과 사회적 권리에 대한 공격을 이윤 추구로
정당화하는 것은 화약고에 불을 지를 위험이 있으니까. 따라서
부르주아 계급은 우회 수단을 쓸 수밖에 없다. 폴 니장은 이렇게
썼다. 〈부르주아 계급이 자신의 진정한 목적, 자신의 진정한 본질을
털어놓는 것은 불가능하다. (……) 그들은 자신이 노리는 목표와
지향하는 미래의 공개를 받아들일 수 없다. 그들의 재력, 지배력,
안전성을 성토하는 주변의 목소리에 영향을 받지 않을 수 없다.〉[94]
노동자라는 낱말은 계급 투쟁을 상기시킬 수 있는 모든 것을
지우며 공식적인 언어에서 사라져 버렸다. 이제 기능노동자는 〈생산
오퍼레이터〉, 인부는 〈현장 기술자〉, 심부름꾼은 〈연락 요원〉이다.
부르주아 계급은 금융자본의 세계화 덕에 자신의 세력을 전 세계로
넓히고 전 세계 민중을 짓밟을 수 있게 됐다고 말할 수 없기 때문에
거짓말을 하고, 얼버무리고, 모순된 말을 하고, 답을 피하고,
미꾸라지처럼 요리조리 빠져나가야 한다. 논란의 대상이 되는
결정들, 도저히 받아들일 수 없는 결정들을 받아들이게 하기 위해,
기업의 책임자들은 반박할 수 없는 것처럼 보이는 논거 뒤로 몸을

93.   아장스 프랑스 프레스, 2012년 1월 5일.
94.   폴 니장, 『경비견』, 〈요소〉 총서(마르세유: 아곤, 2012), 71면.

153 숨긴다. 산업과 상업의 재앙은 지진이나 쓰나미 같은 자연재해처럼
그것을 막으려는 인간의 의지를 헛되게 만들 만큼 불가해하고
강력한 시장의 자연적인 힘들이 결정하는 단 하나의 운명에 속하기
때문에 절대 피할 수 없다는 것이다.

〈몇 달 전부터 부자들이 세인의 입길에 오르고 있다〉

2012년 8월 중순, 유명한 재력가 소유인 한 민영 라디오 방송은
이런 말로 한 시간짜리 토론 프로를 시작한다. 청취자들은 실망하지
않을 것이다. 부자들에 대한 시대 분위기가 그들에게 한껏 제공될
테니까. 청취자들의 발언과 네 〈전문가〉의 발언 사이에 다른 점이
거의 없을 정도로. 방송국 기자는 이러한 논평으로 토론의 개시를
알린다. 「요즘 프랑스는 부자들과 문제가 있습니다. 사람들은
그들이 다른 나라로 가버릴까 봐 두려워하고 있어요. 사람들은
부자를 좋아하진 않지만 부자가 되고 싶어 하죠!」 혹시 〈부자
신경증〉이라도 걸린 건 아닐까? 토론의 방향을 미리 설정하는
이러한 방식은 그 방송의 취지에도 맞지 않을 뿐더러, 대번에
부자를 그가 불러일으키는 질투의 희생자로 만들어 놓는다. 부자가
자아내는 적의는 이 세상에서 좋은 자리를 차지하지 못한 사람들의
부러움에서 온 것으로 부당하다.

사회자는 곧 부자의 기준에 관한 질문을 던진다. 과연 얼마를 벌어야
부자일까요? 월수입 4천 유로, 8천 유로, 각자가 정의를 내린다.
하지만 재산도 셈에 넣어야 한다. 한 사람이 강한 어조로 말한다.
「제가 보기에, 부자란 일하지 않고도 살아갈 수 있는 사람입니다.」

발언자 중 하나가 투기 자본가들의 수입이 수백만 유로에 달한다고
고발했지만 신자유주의 체제 자체를 문제 삼지는 않았다. 이
간단한 지적을 접한 사회자는 감히 그런 망발을 한 자에게 그가
〈이념적인〉 태도를 보이고 있다고 비난했다. 현재 중앙 봉급의
60%에 해당하는, 가구당 964유로로 되어 있는 가난의 기준을
정의하기 위해 수많은 토론, 연구 혹은 조사가 이루어진 반면에, 그
자리에 초대된 전문가 중에 부의 기준이 없는 것에 대해 생각을 해본
이는 아무도 없었다.[95] 프랑스인 9백만 명 가량이 이 기준 이하의
수입으로 살아가고 있고, 그 절반은 월 781유로도 안 되는 돈으로
생활하고 있다.

부의 기준을 정의하려는 시도는 구성과 분산이라는 이중의 장애에
부딪히고 만다. 부를 구성하는 요소는 다양하고, 또한 극도로
분산되어 있다. 부는 다각적이다. 돈이 부자 클럽에 들어가기
위한 필수 조건이기는 하지만 그것만으로는 충분하지 않다. 돈이
정당성을 부여받기 위해서는 문화적 부, 사회적 부, 상징적 부와
결합되어야 한다. 이러한 결합을 통해 얻은 위신이 〈상류사회〉
진입을 완성한다. 직업적인 부를 고려하든, 향유하는 유산을
고려하든, 아니면 둘 모두를 고려하든, 우리는 부의 분산이라는
문제와 마주치게 된다. 프랑스 부호 랭킹 1위인 베르나르 아르노의
재산은 243억 유로로 2012년 『샬랑주』지 순위에서 500위를
차지한 알랭 카르팡티에의 재산 5천 9백만 유로의 380배나 된다.
중산층이나 서민층에 있어서 그러한 격차는 생각조차 할 수 없는
것이다. 5천 9백만 유로 아래로도 최저임금 생활자들이 부자로

---

95.   요즘은 규모가 크거나 구성이 다른 가정의 생활수준을 비교하기 위해 등가 등급표를 이용해
소비 단위(UC)로 환산한 수입 기준을 사용한다. 현재 가장 많이 사용되는 등급표(일명 OCDE)는
다음과 같이 계산한다. 가정의 첫 번째 성인은 1UC, 14세 이상의 구성원은 0.5UC, 14세 이하의
구성원은 0.3UC(www.insee.fr). 중앙 봉급은 임금노동자의 50%는 위에 있고, 나머지 50%는 아래에
있는 봉급이다.

155 분류할 사람들이 무수히 많은 만큼 더더욱 그렇다.

이 라디오 방송 중에 돈을 제외한 다른 형태의 부에 대한 언급이 전혀 없는 것은 우연이 아니다. 이 완전한 침묵이 거부들에게 중요한 것은 그들의 부와 유산을 자식들에게 세습해 라 가르데르가, 부이그가, 아르노가 같은 새로운 왕조를 세우고, 벤델가나 테텡제가 같은 아주 오래된 혈통과 결합하는 일, 달리 말해 대대로 세습된 부와 권력을 사회의 최상층 부에 집중시키는 자기 계급의 복제라는 사실을 청취자들로 하여금 깨닫지 못하게 하는 것이다. 부자들이 누리는 부와 권력을 정당화하기 위해 유산과 출생의 특권 대신 능력과 자격이 전면에 내세워진다.

한 자유주의 경제학자가 부자들을 경제 위기의 책임자로, 나아가 〈도둑놈〉으로 모는 것은 〈잘못〉이라며 목청을 돋운다. 특권을 누리는 자들이 처벌을 외치는 대중에게서 위협을 느끼면 어떻게 행동할까? 스위스로 떠날 채비를 하는 한 프랑스 기업가가 생중계로 증언한다. 「프랑스를 위해 일했는데 죄인 취급받는 것은 받아들일 수 없습니다. 우리의 시위 방식은 떠나는 거예요. 남들처럼 파업을 할 수는 없는 노릇이니까요. 제가 세금으로 내는 돈이 아무렇게나 쓰이고 있기 때문에 저는 떠납니다.」 생중계로 발언을 할 기회를 얻은 청취자들의 의견도 방송의 프레임을 벗어나지 않는다. 장사를 하는 첫 번째 여성 청취자는 부자들이 돈을 써야 세상이 돌아가기 때문에 그들을 지지한다. 「돈은 곧 자유예요. 저는 사람들이 부자들을 시기해서 아래로 끌어내리려는 것이 안타까워요. 요즘은 경기가 안 좋아서 그런지 부자다

싶으면 손가락질부터 해요.」 방송에 출연한 유명 에세이스트가
곧바로 맞장구를 친다. 「사람들이 칭송하는 유일한 부자는 로또
당첨자예요. 반면에 열심히 일해서 돈을 번 사람에게는 손가락질을
하죠.」 마지막으로, 월급이 1,400유로라고 밝힌 젊은 은행 직원은
그로서는 무릅쓰고 싶지 않은 위험을 무릅쓰는 투자가들을
우러러보긴 하지만, 그렇다고 자기 같은 말단 직원들을 〈질투에
사로잡혀 있다〉고 매도하는 건 받아들일 수 없다고 말한다.

유명 에세이스트는 신자유주의를 찬양하고, 보다 사회적인 접근을
차단하면서 이렇게 결론짓는다. 「위기를 극복하기 위해서는 모두가
노력을 해야 합니다. 경쟁력과 생산성이 필요한데, 프랑스인들은
보호주의를 지지하며 노력을 하지 않으려 합니다.」 민중이 다시
한 번 비난의 대상을 된다. 그룹 총수들의 보수와 조세 회피자들을
고발하는 것은 잘못이다. 몇 백만 유로에 달하는 보수를 놓고
파렴치하다고 비난하는 건 정당하지 못하다.

거부들을 다룬 방송들의 특징을 완벽하게 재현하는 이러한 종류의
방송은 농담이나 해대는 기자의 가벼운 어조와 전문가의 진지한
어조를 교묘하게 섞어 가며 계급 관계의 폭력이라는 논점을 흐려
놓고, 부자들이 강요하는 질서, 자명한 질서, 자연스럽기 때문에
손에 잡히지 않는 질서, 몇몇 사람이 다른 사람들을 희생시켜 부를
축적하는 질서와는 다른 경제적, 사회적 질서를 요구하는 목소리의
출현을 막는 데 일조한다. 결국 이 방송은 거부들이 행하는 계급
전쟁의 현실이 가려지도록 〈부자들이 손가락질을 받는 세태〉를
질타한다.

〈초인〉이라는 허구

지배자들은 예외적인 존재로 인식될 필요가 있다. 부르주아 계급은 자신이 정당한 권리를 행사한다고 믿게 하고 또 스스로 그렇게 믿어야 한다. 〈오로지 자기 자신을 위해 일하고, 자기 자신을 위해 착취하고, 자기 자신을 위해 살육을 저지르면서, 부르주아 계급은 자신이 인류의 최종적인 선을 위해 일하고, 착취하고, 살육을 저지른다고 믿게 만들어야 한다. 자신이 정당하다고 믿게 만들어야 한다. 그리고 그 자신도 그렇게 믿어야 한다. 미슐랭 씨는 오로지 그가 없었다면 굶어 죽을 수도 있을 노동자들에게 일거리를 주기 위해 타이어를 만든다고 믿게 만들어야 한다.〉[96]

명문 대학을 나온 것이 증명하듯 예외적인 능력에 근거해 권위를 행사하는 지도자로서의 이미지를 건설함으로써, 산업과 금융 그룹의 경영자들은 일반인들이 버는 돈에 비해 터무니없을 정도로 많은 보수를 요구할 수 있는 초인을 자처한다. 그 부자들은 다른 세계로 이탈했다. 그들은 자신을 공동의 운명 바깥에 위치시킨다.[97] 2012년 6월 29일, 공영방송 프랑스3 저녁 뉴스. 부자들이 수백만 유로의 보수를 받아도 되는지, 그 정당성을 놓고 토론이 벌어진다. 헤드헌터로 일하는 여자가 말한다. 「어쩌겠어요, 그건 수요와 공급의 법칙에 따른 겁니다. 국제적 차원에서요.」 사회학적인 질문에 계속 기술적인 답변만 주어진다. 부와 권력을 독차지하기 위해 서로 연대하고 동원하는 대 부르주아 계급의 〈그들끼리〉만이 이 〈외설적인 보수〉[98]를 설명해 줄 수 있다. 장마리 메시에는 자신이 비벤디의 사장으로서 1999년에 2천만 유로를 받을 수 있었던 것은

96. 폴 니장, 앞의 책, 72면.
97. 티에리 페크, 『부자들의 시대』(파리: 쇠이유, 2011).
98. 필립 스테너, 『외설적인 보수』(파리: 존, 2011).

세 명의 이사로 구성된 〈보수위원회〉의 결정 덕분이었다고 말한다.
그 세 명의 이사는 2013년 3월까지 생고뱅의 사장을 지낸 장루이
베파, BNP파리바의 전직 회장이었던 르네 토마, 그리고 LVMH
그룹의 보스인 베르나르 아르노였다.[99]

GDF 수에즈 사장인 제라르 메스트랄레에게 지불된 보수는
2012년에 3,088,977유로에 달했다. 다시 말해 매달 평균
257,414유로를 받았다는 말이다. 2012년에 임명과 보수위원회를
구성한 사람들의 면면이 이러한 보수를 설명해 준다. 위원장인
장루이 베파는 브뤼셀 랑베르 그룹과 생고뱅 코퍼레이션[미국] 이사,
「르 몽드」지 감사다. 올리비에 부르주는 국가를 대표한다. 그는
국가 출자 에이전시[APE]의 현 부사장이다. 폴 데마레 주니어는
파워 코퍼레이션[캐나다]의 이사회 의장, 브뤼셀 랑베르 그룹 이사회
부의장을 맡고 있다. 프랑수아즈 말리외는 우정국과 파리공항
그룹 이사, 바야르 프레스 SA 감사로 일하고 있다. 끝으로, 로드
사이먼 오브 하이버리는 영국 수상의 고문, 프로디 유럽의회 의장의
유럽연합 개혁 담당 고문 외에도 여러 직책을 맡고 있다.[100]

국가가 보유한 GDF 수에즈 지분이 36%나 되지만, 보수위원회에서
국가를 대표하는 인물은 단 한 명, 올리비에 부르주밖에 없다.
게다가 임금노동자를 대표하는 이사들은 그 위원회에는 법적으로
아예 들어갈 수가 없게 되어 있다. 르노 그룹의 경우에는 국가가
15%의 지분을 갖고 있지만, 보수위원회에는 사외 이사들, 부통[Bouton]
보고서에 따르면 〈회사, 그룹, 혹은 경영진과는 그들의 자유로운
판단에 영향을 미칠 수 있는 어떠한 성격의 관계도 가지지 않는〉부통

---

99.   장마리 메시에, 『새로운 경제를 두려워해야만 할까?』(파리: 아셰트, 2000).
100.   2012년에 발간된 GDF 수에즈의 『참고 문건』 참조. 위에서 언급된 직책들은 이 자료에
나와 있는 것의 견본에 불과하다.

보고서 이사들밖에 없다. 그러니까 르노 그룹의 보수위원회에는 국가나 임금노동자를 대표하는 이사가 단 한 명도 없다는 얘기다. 친구들 사이의 크고 작은 타협을 깨기 위해 노동총연맹은 이러한 〈나눠 먹기〉의 근절을 요구하고 있다. 르노의 카를로스 곤 회장이 2012년 스톡옵션을 포함해 3백만 유로 이상의 보수를 받은 것은 순전히 토탈의 명예 회장인 티에리 데스마레, 피말락의 회장이자 신용평가회사 피치 레이팅스의 대주주인 마르크 라드레 드 라샤리에르, 워버그 핀커스의 경영책임자인 미국인 알랭 JP 벨다, 그리고 생명공학 분야의 국제적 기업 세레니스와 악텔리온의 회장인 장피에르 가르니에 덕이다.

CAC 40에 상장된 회사들, 주식의 시가총액이 가장 큰 회사들의 경영진은 실제로 동일한 사회적 그룹에 속한다. CAC 40에 상장된 회사들의 이사회를 구성하는 이사 445명 가운데 98명, 다시 말해 22%가 투표권의 43%를 갖고 있다. 다수의 인물이 여러 이사회에서 의결권을 행사하고 있다는 얘기다. 과두지배는 이러한 인물들의 끝없는 교차 속에서 이루어진다. 그 결과, 단 한 회사만 제외하고 부동산 투자신탁 유니베일 로담코 〈CAC 40에 상장된 모든 기업이 그 경영진을 매개로 서로 관계를 맺고 있다. 이것은 CAC 40이 단순한 주식시장이 아니라 하나의 사회적 공간, 직업적 관계를 맺고 유지하는 것 자체가 행위자들의 주요 활동이 되는 전통적인 의미에서의 재정적 공간이라는 것을 보여 준다.〉[101]

2012년 CAC 40에 상장된 회사들의 경영자가 받은 보수는 평균 230만 유로였다. 모리스 레비는 480만 유로를 챙겼다. 게다가

---

101.   프랑수아자비에 뒤두에, 에릭 그레몽, 『프랑스 재계의 거물들, 국가자본주의에서 금융자본화로』 (파리: 리뉴 드 르페르, 2010), 133~134면.

경영진에게 지급된 보수에 대해 주주들이 의견을 개진할 수 있는
세이 온 페이Say on Pay를 시작한 곳이 바로 그가 사장으로 있었던
퓌블리시스 그룹이었다. 하지만 GDF 수에즈의 경우에서 봤듯이,
주주들은 주가가 떨어져도 배당금은 그대로 유지된다는 보장을
받기 때문에 〈외설적인 보수〉의 앞날은 밝기만 하다.

따라서 최고경영자들이 몇 백만 유로씩 보수를 받는 것은 그들의
초인간적인 능력 때문이 아니라, 노동자들의 등 위에서 그들끼리
거액을 챙기고, 챙겨 주기로 결정을 하기 때문이다. 사회주의
정권은 최고경영자들의 과도한 보수를 막기 위한 법 제정을 염두에
두었다가 포기했다. 「우리는 엄격한 자기 규제에 맡겨 보기로
했습니다.」 2013년 5월 24일 피에르 모스코비치는 베르나르
아르노 소유인 「레 제코」지와 가진 인터뷰에서 심각한 표정으로
이렇게 설명했다. 〈끊임없이 변하는 국제사회의 환경에 발맞춰
가려면 불필요한 규제를 풀어야 한다〉는 것이다. 하지만 공기업
최고경영자들의 보수는 2012년 7월부터 실시된 상한제로 연봉
45만 유로를 넘을 수 없게 되어 있다.

이러한 지나친 보수는 GDF 수에즈의 제라르 메스트랄레나 르노의
카를로스 곤 같은 최고경영자들이 그들 기업 전체를 상징한다는
사실에 의해서도 정당화된다. 〈수만 명의 직원, 그들의 노동,
그들의 활동, 그들의 혁신이 없으면 기업이 존재할 수 없는데도,
최고경영자들이 그들을 대신해 《나》라고 말할 수 있게 해주는
픽션, 이것이 산업계와 금융계에 있어서 외설적인 보수의 형태로
이루어지는 수익 가로채기의 핵심이다.〉[102]

102. 필립 스테너, 앞의 책, 49면.

161 이를 위해 임금노동자들은 이제는 비용에 지나지 않는, 부의
창조자, 인류의 구원자 자리에 등극한 경영자들에게 너무 무거운
짐이 되어 버린 자신의 처지를 끊임없이 되새겨야 한다.
새 사회주의 정권도 2012년 7월 1일 최저임금을 2% 인상함으로써
이러한 논리에 포섭되었다. 지난번 인상 이후로 물가 상승률이
1.4%였으니, 실제적인 〈후원〉은…… 0.6%, 다시 말해 하루당
20상팀에 지나지 않았다. 2013년 1월 1일에는 선심을 썼으니
고삐를 죄어야 한다는 듯 그 인상률은 물가 상승률과 같은 0.3%에
불과했다.

노동의 정당한 대가를 받지 못하는 사람들이 이처럼 인색하고
모욕적인 시혜 앞에서 느끼는 모멸감은 자기 자신과의 관계에
중대한 영향을 미친다. 너무나 변변찮은 보수를 받으며 느낄 수
있는 부끄러움은 다른 사람들이 엄청난 돈을 벌 때 더욱 강화된다.
그 감정은 다른 이들의 시선, 사회에서 자신이 차지하는 자리,
지배당하고 심지어 오늘날에는 비난의 대상이 되기까지 하는
자리를 끊임없이 일깨우는 생활 방식에 의해 더욱 증폭된다.
장피에르 뒤피는 이렇게 쓴다. 〈경제는 결국 속고 속이는 게임,
각자가 속는 자인 동시에 속임수의 공모자인 극장이다. 그것은 자기
자신에게 하는 거대한 집단적 거짓말이다.〉[103]
우리는 매일 라디오나 신문을 통해 시장이 망설이고 있다거나,
시장이 자신감을 상실했다는 논평을 접하게 된다. 이 경제학자는
이렇게 자문한다. 〈이러한 언어의 타락을 접하면서도 전혀
분노하지 않는 사람들 앞에서 어떻게 분노하지 않을 수 있겠는가?

103. 장피에르 뒤피, 『경제의 미래』(파리: 플라마리옹, 2012), 25면.

한 야비한 수사학이 가장 원초적인 신성의 용어들을 다시 취하고, 현대 민주주의의 가장 기본적인 가치들과 관련해 믿을 수 없는 퇴행을 저지른다는 사실을 보지 못하는 사람이 누가 있겠는가?〉[104] 말하자면, 2012년 12월 25일 크리스마스에 프랑스2 저녁 8시 뉴스의 앵커 쥘리앙 뷔지에는 의기양양하다. 그는 산타 할아버지 놀이를 하듯 어려움에 빠진 기업의 노동자들에게 멋진 선물을 예고한다. 마음씨 좋은 기업가가 임금동결과 노동시간 단축의 폐지를 강요한 후에 직원들에게 다시 한 번 기회를 주겠다고 제안을 한 것이다……. 자본주의는 일자리를 미끼로, 사용자를 은인으로 만드는 유치한 담론을 통해 우리의 삶을 파고든다.

2008년 위기에 전적인 책임이 있는 금융자본가들은 이런 식으로 정치인과 기자들의 도움을 받아 깨진 항아리 값을 물어내야 하는 게 바로 자신이라는 것을 프랑스 민중이 받아들이도록 만드는 데 성공했다.

참고19 경제인연합회에 다시 매혹된 세상

2005년 8월 30일 화요일, 우리는 두 번이나 초대해 달라고 요청한 끝에 참관인 신분으로 경제인연합회 여름 대학이 열리는 이블린 주이앙조자스의 공립 경영대학원 HEC 자르댕에 도착했다. 승리의 날을 축하하는 태양이 공원과 사람들을 환하게 밝힌다. 분위기는 〈뤼마니테 축제〉[105]를 연상시킨다. 라 쿠르뇌브와 마찬가지로, 한 사회계급이 승리의 밝은 분위기 속에서 모임을 가진다. 사람들은 양복과 넥타이 대신 폴로 티셔츠를 어깨에 두르고 있다.

104.   위의 책, 11~12면.
105.   프랑스 공산당 기관지인 「뤼마니테」 주최로 열리는 좌파 축제. 1930년에 시작됐으며, 1972년부터는 라 쿠르뇌브에서 열리고 있다 ─ 옮긴이주.

163 여기저기 내걸린 종이 태양 위에 적힌, 진짜 태양이 눈부신 햇살로
확인해 주는 것처럼 보이는 〈세상을 다시 매혹시키자!〉가 예정된
오늘의 의제다. 사장님들은 5월 29일 국민투표에서 예상과 달리
유럽헌법조약이 부결된 이후로, 프랑스 국민 다수가 자유주의를
표방하는 유럽에 반대표를 던진 이후로 불안감을 감추지 못한다.
그래서 이러한 모임을 통해 희망을 주고, 다시 매혹된 세계의
새로운 유토피아가 되어 버린 신자유주의의 전도사가 될 방법에
대해 생각해 볼 것이다.

발언들이 험악하고, 노동계에 대해 아주 적대적이다. 온갖
보수주의에 대한 투쟁을 내세우고, 경영자의 이득을 공고히
하기 위해 변화라는 낡은 보따리를 풀어놓는다. 〈엘뵈프 공작이
말했듯, 그들은 낡은 것으로 새것을 만든다〉라고 가수 쟈크 브렐은
노래했다. 오늘날 전장은 전 세계로 확산되고, 생산 시설의 해외
이전은 두 자릿수 수익률을 계속 올리고 싶을 때 사용할 수 있는
무기 중 하나가 되었다. 세상을 다시 매혹시키기 위해서는 모험에
나서야 하는 것처럼 보인다. 〈프랑스는 가방을 내려놓았는가?〉
이것이 드니 케슬레가 진행한 회의의 제목이다. 그는 오랫동안
에르네스트앙투안 세이예르의 오른팔이었고, 2013년부터는
〈투쟁의 경제인연합회〉를 부르짖은 로랑스 파리조의 계승자,
피에르 가타즈의 심복 노릇을 하고 있다. 가끔 아주 현실적인
문제들이 다뤄지기도 한다. 공공 부문 적자를 계속 세금으로 메워
주다가는 일을 덜 하려는 프랑스인들의 욕망만 부풀려 놓는다는
것이다. 〈오로지 성장 의지만이 경쟁력을 갖추게 해줄 것이다.〉,

〈우리 기업들이 다시 활기차게 돌아갈 수 있도록 노동법을
조정해야 한다.〉 그러기 위해서는 모든 〈안일한 지대〉를 제거해야
한다. 하지만 경제학자 니콜라 바브레즈가 말한 것처럼, 프랑스가
〈늙고, 절망하고, 의기소침해 있다〉면, 기업가들이 다시 삶과 이득에
의미를 줘야 한다. 사회주의 진영 대표로는 피에르 모스코비치가
참석했다. 그는 드니 케슬레와 반말로 친근하게 대화를 나눈다.
세계화의 도약에 힘입어, 많은 발언들이 유동성, 관례와 과거의
향수에서 벗어나야 할 필요성 같은 주제들을 다시 거론한다.
가방을 들고 다시 길을 나서자는 것이다. 그들은 노동법의 경직성을
비판하고, 임금노동자와 기업 사이의 계약으로 그 법을 대체하자고
주장한다. 사회복지제도까지 포함해, 개별화된 해결책을 찾는 게
낫다는 발언들이 넘쳐난다. 집단적인 것에 대한 개인적인 것의
승리, 이중적인 언어를 즐겨 사용하는 이 계급이 집단적인 것에
대해 얼마나 예민한지 잘 아는 우리는 아연실색한다. 이 〈다시
매혹시키기〉는 우리로 하여금 터무니없는 것을 믿게 만들 목적으로
준비된 마술 쇼처럼 보인다. 이 경제인연합회 여름 대학은 이미
노동자들을 현혹시키는 방식으로 언어를 유통시켜야 하는 필요성,
그 한가운데에 있다. 〈유연한 안정〉 같은 신조어, 〈대립의 연대〉
같은 형용모순은 이 비옥한 땅에서 활짝 피어날 수 있을 것이다.
경영진의 담론은 눈 가리고 아웅이어야만 한다. 왜냐하면 중요한 건
속이는 거니까.

165 **제3장 / 광고가 세뇌를 마무리한다**

프랑스에서 광고에 쓰인 비용은 1997년과 2011년 사이에 80억
유로에서 320억 유로로 증가했다. 그 기간 동안 광고의 역할은
엄청나게 중요해졌다. 마리 베닐드에 따르면, 광고가 중요한 것은
〈경제적 요구에 따라 개인들의 욕구와 기대를 빚어내기 때문이다.
(……) 광고는 경제가 지배하는 현대사회의 단순한 반영 이상으로,
불평등주의, 사회적 폭력, 남성의 지배, 공동체의 고정관념 등
그 사회를 구성하는 모든 것을 받아들이게 만든다.〉[106]
게다가 광고회사 퓌블리시스를 이끄는 모리스 레비 같은
최고경영자들은 CAC 40 상장회사들의 최고경영자들과
마찬가지로 지배계급 출신이다. 〈채용을 통해 특권층에게 다시
특혜가 주어짐으로써 광고 메시지는 지배계급의 이익에 더욱
적극적으로 부응하게 된다. (……) 대부분의 경우, 《열려라 참깨》는
삶의 유사성이나 스타일에 따라 현 회원이 신입 회원을 지명하는
방식으로 이뤄지고, 그럼으로써 동종 교배를 하는 한 계층을
영속화시키게 된다.〉[107]
시앙스 포에 새로운 저널리즘 학교가 신설되었다. 이 학교는
《광고를 따올 수 있는 능력》을 학과과정에 넣었다. 언론은
광고주들에게서 광고를 따오기 위해 또 뭘 만들어야 할지 모르고
있다.〉[108]
광고를 따는 일은 쉽지 않다. 파트리크 르 레이가 TF1 사장이었던
2004년에 아주 잘 표현했듯이, 시청자의 두뇌가 광고 메시지를

---

106. 마리 베닐드, 『그들은 두뇌를 산다. 광고와 미디어』(파리: 레종 다지르, 2007), 11~12면.
107. 위의 책, 42~43면.
108. 위의 책, 67면.

받아들일 준비가 되어 있다고, 다시 말해 텅 비어 있다고 가정한
상태에서, 시청자가 지금 목이 마르고, 그래서 코카콜라를 마시고
싶다고 확신시키는 일이기 때문이다.

정치 커뮤니케이션의 제국

정치에도 광고의 힘이 적극 활용된다. 2011년 8월 니콜라
사르코지가 각종 여론조사에서 열세를 면치 못하고 있었을 때,
모리스 레비는 조금도 망설이지 않고 달려가 부자들에게 특별세를
물리라고 제안했다. 이 광고업자의 친구 중에는 로랑 파비우스와
도미니크 스트로스칸도 손에 꼽힌다. 이해를 함께하는 지배계급이
보수적 우파에서 자유주의 좌파에 이르기까지 정치적 공간을
관통하기 때문에, 자크 세귀엘라 같은 광고업자들이 프랑수아
미테랑, 자크 시라크, 혹은 리오넬 조스팽을 위해 일했다고 해서
놀랄 일은 아니다.

광고가 정치의 장을 포위했다. 후보자도 다른 것과 마찬가지로
시장에 나온 하나의 상품이다. 다른 점이 있다면 구매에 사용되는
돈이 투표용지라는 것뿐이다. 선거운동 포스터에서 활짝 웃는
인물은 삶을 변화시킬 수 있을 각종 혁신으로 유권자의 이런저런
욕구를 만족시켜 주겠다고 약속한다. 더 나은 삶의 상징인
세탁기가 처음 나왔을 때처럼. 극좌파를 제외하고, 이러한
포스터들은 동원과 투쟁의 부르짖음이 아니다. 그것은 오히려
정치적 의식을 약화시킨다. 해결책들은 존재하고, 선출된 후보자가
그것들을 실행에 옮길 테니까. 적어도 유권자들은 그렇게 믿는다.

167 선택된 상품은 실망시켜서는 안 된다. 하지만 판매 후에는 품질 관리도 없고, 내놓을 품질 보증서도 없다. 선택된 자에게 자기 자신을 양도하는 행위에는 자기 의지의 포기가 내포되어 있다. 바로 여기에, 후보자들의 미디어 게임을 통해, 선거운동이 취하는 광고의 형태를 통해 민주주의를 그것의 가장 단순한 표현, 다시 말해 가장 확실한 기술적 보증을 해주는, 가장 매력적으로 제시된 정치적 상품을 선택하는 일로 귀결시키는 아주 기만적인 상징적 폭력의 한 형태가 있는 건 아닐까?

이 이상한 민주주의에서는 상품이 제대로 기능하지 않거나 감춰진 하자가 있어도 도로 물릴 수가 없다. 소비자로서 이 생각의 시장에 녹아들기를 거부하는 것은 이념들이 자유롭게 경쟁하는 정치 형태, 즉 민주주의를 받아들이지 않는 것이 된다. 광고에 있어서는 더 이상 시민도, 임금노동자도, 임원도, 심지어 최고경영자도 없다. 더 이상 사회계급이 존재하지 않는다. 오로지 소비자만 존재한다. 소비 욕망은 계속 유지된다. 욕망의 대상을 끝없이 추구하도록, 사회의 정점에 있는 사람들이 더 많은 요트, 더 많은 성, 더 많은 개인 제트기, 더 많은 돈을 욕망하는 것을 당연하게 여기도록. 심리학, 사회학, 신경과학 같은 학문들을 신기술과 결합해 사용할 수 있게 됨으로써, 광고는 점점 더 정교하고 효과적으로 발전해 간다. 심지어 지배계급의 요구에 더 잘 부응하도록 포맷된 후보자들에게 투표할 〈시민들〉을 맞춤형으로 선택할 수 있게 됨으로써 전체주의적으로 변해 간다. 광고는 신자유주의를 받아들이게 하고 변화의 욕망을 철저히 파괴하면서도 각자에게 자기 스스로 자기

삶과 운명을 결정한다는 인상을 주고, 그 선택이 자신의 정체성을
확인하는 실존적 가치를 지닌 것처럼 보이게 한다.

참고20 우파와 좌파가 서로 통한다

모리스 레비는 프랑스에서 가장 많은 보수를 받는 최고경영자 중
하나다. 2012년에 그가 받은 보수의 총액은 다양한 특별수당까지
포함해 20,531,969유로였다.[109]

당시 예산장관이었던 제롬 카위자크는 의회방송인 퓌블리크 세나
채널에 출연해 이렇게 선언했다. 「생산된 부의 분배가 이 정도로
불균등하면 무질서나 다름없습니다. 이러한 무질서는 끝장을
내야만 합니다.」오늘날 퓌블리시스는 아이러니하게도 장마르크
에로 내각의 홍보를 담당하고 있다. 퓌블리시스에서 일했던 제롬
바투와 카미유 피투아는 마티뇽[110] 미디어 전략팀을 이끌고 있다.
올해 33세인 제롬 바투는 시앙스 포와 런던 정경대학에서 공부를
한 후에 2003년 스위스 크레디의 M&A 애널리스트로 데뷔했다.
프랑수아 올랑드 대통령의 측근 중 하나인 폴 베르나르는 모리스
레비의 비서실장으로 일한 경력이 있다. 이처럼, 퓌블리시스의
컨설턴트들은 이전 정부, 니콜라 사르코지 재임 5년 동안 그의
수상이었던 프랑수아 필롱 정부를 위해 일한 후에 좌파의 가치를
주장하는 정치인들을 옹호하거나 조언을 해줄 수 있다. 우파의
과두지배 조직망과 좌파의 과두지배 조직망은 서로 얽혀 있다.
자본주의 체제의 주된 이익을 지켜야 할 때는 정치적 대립 따위는
부차적인 것이 되고 만다. 정치인들도 비누처럼 팔려 나간다.

109.   퓌블리시스 그룹 SA. 『참고 문건』, 2011년, 78면.
110.   프랑스 총리 관저 — 옮긴이주.

169 그들의 〈이미지〉가 정치적 노선을 대신한다. 사상 따윈 더 이상
필요치 않다. 신자유주의 이데올로기가 거의 전 지구촌을 지배하고
있으니까.

국회의원으로 선출된 정치인들은 대부분 일반 국민과 단절되어
있다. 민중은 더 이상 자신이 배출한 상, 하원의원들에 의해
대표되지 못한다. 정권 교체도 자본가와 사업가들의 이익이 계속
관리되는 것을 금지하지 못한다. 따라서 모리스 레비는 1백만
유로를 넘어서는 소득에 대해 75%의 세금을 물리겠다는 프랑스
올랑드의 약속에서 실질적인 내용을 빼버리기에 아주 좋은 위치에
있었다.

이것이 프랑스뿐 아니라 유럽이 처한 상황, 우파와 제도적 좌파에서
금융자본주의에 유리한 조치들을 취하기 위해 고위직에 오를 수
있는 인물들을 골라 뽑아 쓴 상황이 불러올 수 있는 가장 큰 위험
중 하나다. 유로RSCG 에이전시를 차려 도미니크 스트로스칸에게
여러 조언을 해 유명해진 스테판 푸크는 제롬 카위자크가
예산장관이었을 때 그의 홍보를 맡았다. 이 에이전시는 〈하바스
월드와이드〉로 이름을 바꿨고, 스테판 푸크는 지금…… 뱅상
볼로레[111]와 함께 그 회사를 이끌고 있다. 스테판 푸크는 마뉘엘
발스의 오랜 친구이기도 하다. 두 사람은 1980년 톨비악 대학에서
함께 공부했다. 알랭 바우어도 마찬가지다. 니콜라 사르코지의
안전을 담당했던 알랭 바우어도 옛 친구들을 위해 자신의 재능을
펼치기를 주저하지 않는다. 이해의 대립이라는 개념은 사회의
정점에 있는 이 과두지배 계급과 떼어놓을 수 없다. 그 구성원들은

---

111. 프랑스 재벌이자 무료 신문 「디렉트 마탱」의 소유주 — 옮긴이주.

지배자들을 위해, 지배자들에 의해 만들어진 법에 기대어,
커뮤니케이션을 조작하는 그들의 능숙한 솜씨에 기대어 그들
자신을 지켜 나간다. 변화의 의지를 모조리 마비시키기 위해 고안된
이념적 애매모호함이 이미 자리를 잡았다. 광고와 마케팅 전략이
지배의 모든 분야를 점령하고, 소위 〈민주적〉이라 일컬어지는
나라들을 자신의 이름을 밝히지 않는 전체주의로 이끌고 있다.

^{참고21} 반동적인 쌍두 정치: 품위와 기벽

신자유주의 우파는 사회복지제도, 공공 서비스, 노동법을 계속
파괴해 나가기 위해 종종 머리가 둘인 히드라를 내놓는다. 프랑스
국민은 5년 동안 도무지 어울릴 것 같지 않은, 따라서 오래가지 못할
것 같은 커플, 사생활을 거리낌 없이 드러내고 조깅을 하며 땀을
흘리는 대통령 니콜라 사르코지와, 많은 경우 몸에 딱 맞는 짙은
색 양복에 흰 셔츠와 감색 넥타이, 실루엣을 더 우아하게 보이게
하는 검은색 구두, 다시 말해 자기 계급의 제복 차림으로 등장하는
수상 프랑수아 필롱이 권력의 우여곡절을 꿋꿋하게 버텨 내는 것을
지켜볼 수 있었다.

영국은 데이비드 캐머런과 보리스 존슨으로 이뤄진 또 다른 극보수
우파 커플을 내놓는다. 상류 부르주아계급 출신인 이 둘은 모두
권력에 목말라 있다. 데이비드 캐머런은 2010년부터 차지하고
있는 수상 자리를 지키기 위해, 보리스 존슨은 2008년 유럽에서
가장 큰 도시인 런던의 시장에 당선된 것을 이용해 2015년에는
수상의 자리에 오르기 위해. 그들 둘은 상류사회 출신이고, 명문

171 이튼 고등학교와 옥스퍼드 대학을 나왔다. 13~18세 남자아이들이
다니는 이튼은 런던에서 서쪽으로 40킬로미터 떨어진 곳에 위치한
학비가 비싸기로 유명한 고등학교로 15세기부터 대영제국의
엘리트들을 배출하고 있다. 윌리엄과 해리 왕자도 이 학교를 나왔다.
2013년 3월 15일 마리옹 반 렌테르헴 기자가 주간지 『므슈 르
마가진』에서 너무나 잘 묘사한 것처럼, 보리스 존슨이 자전거를 타고
〈머리를 앞으로 내밀고 팔꿈치를 양쪽으로 벌린 채 불룩 튀어나온
뺨으로 숨을 훅훅 내쉬면서 런던의 거리들을〉 내달릴 수 있는 것은
아마 이 〈퍼블릭 스쿨〉의 교육에서 연극이 중요한 자리를 차지하기
때문일 것이다. 〈그는 챙 없는 줄무늬 모자를 눈까지 푹 눌러쓰고
있는데, 그 아래로 금발 몇 가닥이 삐져나와 있다. 그가 지나가는
곳마다 행복감과 설명할 수 없는 흥분이 인다.〉

전 세계 금융시장에서 이루어지는 무절제한 교환은 일체의 구속을
거부하는 개인들과 조화를 이룬다. 신자유주의적인 개인은 필요할
때는 포기를 하거나 잠정적으로 연기를 하는 성숙함을 갖추지 못한
변덕스러운 경제와 일치한다. 그는 근시안적인 비전에 매몰된다.
하지만 반동적인 권력들은 이러한 자본주의 체제의 광기 어린
단계를 어떻게든 유지하기 위해 니콜라 사르코지와 프랑수아 필롱,
보리스 존슨과 데이비드 캐머런처럼 확연히 대조되는 개인들을
데리고 눈속임 정권 교체를 도모해야만 한다. 권력과 돈에 대해
도발적이고 스스럼없는 태도를 취하든, 아니면 정반대로 경직되고
결연한 자세를 취하든, 지배자들이 유럽 민중과 전쟁을 치르면서
내보이는 뻔뻔함은 매한가지다. 그것은 폭력적이며 파괴적이다.

언어의 타락

『1984』에서 언어의 타락이 생각의 타락을 불러온다고 말한
조지 오웰이 옳았다. 오늘날 우리는 어휘의 체계적인 조작을
통해 그 타락을 경험하고 있다. 언어의 파괴와 생각의 마비가
권력을 잡는 데 도움이 된다는 것을 깨달은 우파와 자유주의
좌파의 정치인들은 단어들의 의미를 왜곡하고, 도덕적 가치들을
전도시킨다. 정치적으로 올바른 것은 언어학적으로는 언제나
올바르지 않다. 그것은 정확한 용어를 쫓아내고 대신 받아들일 수
없는 것을 받아들이게 해주는 달달한 단어를 갖다 놓는다. 실업자는
〈일자리가 없는 사람〉, 실업수당은 〈다시 일자리를 찾는 데
도움을 주는 수당〉이 되고, 해고 계획은 〈일자리를 보전하기 위한
계획〉이라고 불린다! 경쟁력 제고를 위한 구조 개혁들은 프랑스
선반공의 봉급을 인도 선반공의 봉급에 맞추려는 계획을 감추고
있다. 사회주의자들의 입을 거치면, 민영화는 〈공공 자산의 매각〉이
된다. 1950년 목숨을 앗아간 결핵과 한창 씨름을 할 때, 오웰은
당시 커뮤니케이션 수단들^{라디오와 신문}을 통해 인간이라는 종족을 더
이상 자유를 갈망하지 않은 남녀들로 변화시키는 것이 가능하다고
생각했다. 오웰의 철학적, 사회학적 성찰은 〈인간적인 것〉과
〈인간성〉이 내재적 소여가 아니라 인위적으로 구축된 것이라는
사실을 주목케 한다.

제임스 코넌트는 이렇게 쓰고 있다. 〈이 소설은 아마도
신어^{Novlangue[112]}라는 주제를 통해 어휘의 대체라는 잠재적, 지적
응용에 대해 쓴 것 중에 가장 심오한 성찰이라 할 수 있다. (……)

112.   『1984』의 무대가 되는 가상의 국가 〈오세아니아〉의 공식 언어 — 옮긴이주.

하지만 신어의 가장 중요한 목표는 개념들의 파괴다.〉[113]

이렇게 해서 어떤 사고의 방식들이 불가능해졌다. 비평적 사고는 더이상 자신을 그러한 것으로 표현할 단어를 찾지 못하게 될 것이다. 인류의 폭력적 역사, 그 지배 관계, 전쟁과 투쟁들은 더 이상 접근이 불가능하게 될 것이다. 어떤 금지 때문이 아니라, 세뇌된 남녀들이 그것을 더는 이해하지 못한다는 단순한 사실 때문에.

오웰의 소설은 미래를 정확하게 예견했다는 점에서 놀랍기 그지없다. 우연인지는 몰라도 어쨌거나 이미 1983년에 프랑수아 미테랑 대통령의 사회당은 좌파가 신봉하는 가치의 이름으로 신자유주의를 도입했다. 그 후로 이념적, 언어적 조작은 지속적으로 확대되고 정교해졌다.

지배자들이 전파한 기만적인 담론에 세뇌된 사람들은 더 이상 객관적인 진실의 존재를 믿지 않게 될 것이다. 오웰에 따르면, 전체주의적인 사고방식들은 〈당신이 자유롭게 당신 자신의 생각을 할 수 있는, 특히 잔인함, 혹은 그렇지 않은 것에 대해 당신의 의견을 가질 수 있는 삶을 영위할 가능성을 파괴한다.〉[114]

지배자들은 아무 망설임 없이 과거를 조작하고, 그들의 거짓을 진실이 되게 만든다. 하지만 그러기 위해서는 지배자 자신이 그 조작된 사실을 진실이라고 믿어야만 한다.

오웰이 상상한 신어의 언어적 조작은 논리적 모순의 한 형태, 붕괴되지 않고는 세상과 자신에 대한 담론을 구성할 수 없는 상태, 논리가 없거나, 이성의 논리와는 다른 논리를 작동시키는 상태에 이르게 된다. 지배자들에게 진실은 조금도 중요치 않다. 중요한 것은 얼마나 효율적으로 그들이 추구하는 목표, 그들의 특권을 보장해 주는 질서를 받아들이고 따르게 만드느냐는 것뿐이다.

제4장/ 조작자들, 그리고 그것을 자랑스러워하는 사람들 : 경영의 지옥

월간『매니지먼트』의 편집장은 2012년 9월호 사설에서 이렇게 묻는다. 〈조작? 우리는 낱말을 두려워하지 않는다. 그 말에는 가증스럽거나 부정직한 것이라곤 아무것도 감춰져 있지 않다. 자기 목표에 도달하기 위해 뭔가를 하게끔 자극을 주기 위해 누군가에게 적당히 아부할 줄 아는 것, 그에게 선택권을 주는 척하는 것도 당신의 병기 중 하나여야 한다.〉 개인의 정신세계를 조작하는 것은 권위적인 질서를 강요하는 것보다 지배자들의 목표를 실현하는 데 더 큰 효율성을 발휘한다.

지배자들은 객관적인 폭력과 가시적인 구속들을 주관적인 폭력과 비가시적인 구속들로 대체하기 위해 로베르뱅상 줄과 장레옹 보부아[115] 같은 사회 심리학자들이나 교육과 학교 분야 전문 사회학자들의 작업을 이용할 줄 알았다. 앵글로색슨 세계에서 수입된 새로운 경영 시스템은 〈어떠한 권위적인 체제도 실현하지 못한 곡예, 겉으로 드러나는 폭력 없이, 개인들에게서 규율에 대한 《자발적인 동의》를 끌어내기 위해 펼치는 단순하지만 무시무시한 능력에 의해 유지되는 힘든 곡예를 성공시켰다.〉[116]

115.   로베르뱅상 줄과 장레옹 보부아,『정직한 사람들을 위한 인간 조종법』(서울: 궁리, 2008).
116.   뱅상 드 골자크와 앙투안 메르시에,『불편한 노동 현장에서 벗어나기 위한 선언』(파리: 데클레 드 브루베르, 2012), 13면.

175 그것은, 노동자든 직원이든 간부든 임금노동자의 협조를 통해
축소된 인력만으로 어떤 직책들을 구성하게 해주는 모든 것을
찾아내는 것이다. 경영은 경제인연합회에서 말하는 것처럼 〈안일한
지대〉, 다시 말해 노동자들에게 긴장의 끈을 놓게 해주는, 숨을 쉴
수 있게 해주는 시간적, 공간적 여유를 제거하는 것이다. 슈퍼마켓
계산원들이 화장실에 갈 수 있는 시간은 대개 정해져 있다. 은퇴한
근로 감독관 장폴 베르나르는 이렇게 말한다. 「쓸데없이 버리는
시간은 더 이상 존재하지 않습니다. 시간은 늘 생산적이어야 하죠.
그 결과, 동료들과 얘기를 나눌 수도 없어요. 이러한 고립감은
무력한 노조와 언제나 최고의 실적을 내라는 경영진의 요구 때문에
더욱 강화되죠.」 고객-왕의 만족을 슬로건으로 내건 카글라스_{자동차}
_{앞 유리창을 생산, 설치하는 회사}의 주주들은 몇몇 간부와 〈매니저〉를 내세워
만성적인 인원 부족을 받아들이게 하고, 직원들의 마음에서 우러난
협조 없이는 불가능한 기록적인 생산성을 달성하는 데 성공한다.
장로베르 비알레의 다큐멘터리 「죽임을 당하는 노동」은 어떻게
고객 만족이 회사의 상징, 기준, 홍보가 되는지 보여 준다.[117]
임금노동자 본인도 승용차를 갖고 있고 가끔 앞 유리창을 급히
교체해야 하는 상황에 직면하는 만큼 더 쉽게 그 목표에 동화된다.
카글라스는 고객 만족을 위해 필요하다면 퇴근 시간을 넘겨 가며
일하라고 임금노동자들에게 요구하지 않는다. 이 기업의 책임자
중 하나가 아주 흐뭇하게 얘기하는 것처럼, 〈그들은 그렇게 하고
싶어서 하는 것이다.〉

임금노동자가 느끼는 상징적 폭력은 자신을 기업과 전적으로

117. 장로베르 비알레, 「죽임을 당하는 노동」, 크리스토프 니크와 야미사(社) 제작, 2009년 2월.

전체주의적으로라는 용어 대신 동일시하면서도 홀로 고립되어 개인 실적을
쌓아야 하는 놀라운 모순 속에서 살아가야 하기 때문에 더욱
파괴적이다. 직원 간의 소통도 앵글로색슨 경영 기법에서 온
립 덥Lip-dub[118]과 게이밍Gaming 같은 이벤트의 형태로 통제된다.
게다가 점점 복잡해지는 노동법의 변화가, 장폴 베르나르의
용어를 빌리자면, 〈법적인 불확실성〉을 조성해, 방향을 잃게
하고 복종시키기 위해 만들어진, 또 그것을 위해서라면 서슴없이
근로자들에게 죄책감을 심는 경영 기법의 비논리를 더욱
강화시킨다. 다른 예도 많지만, 이탈리아에 있는 초콜릿회사의
소유주인 네슬레사는 무기계약직 직원이자 한 가정의 부모인
50세 이상의 임금노동자들에게 노동시간을 주당 40시간에서
30시간으로 줄이고 임금을 25~30% 낮추면, 그들 자녀 중
한 명에게 같은 회사, 같은 조건의 일자리에 지원할 수 있게
해주겠다고 제안했다. 자녀는 실업자인데 자신은 일자리를
가졌다는 부끄러움과 연관된 죄책감의 덫에 걸린 이 부모들이
느꼈을 당혹감은 능히 짐작할 수 있다. 네슬레사의 인사 담당
책임자는 2012년 7월 25일자 「라 레퓌블리카」에 이렇게 선언했다.
「은퇴를 하고 싶지만 새 법 때문에 은퇴를 할 수 없는 노동자들이
있습니다. 그럼으로써 그들은 새로운 인력의 취업을 막습니다.
그들에게 봉급을 덜 받고 나머지를 자녀에게 주라고 요구하지 못할
이유가 어디 있습니까? 그렇게 되면 가족당 한 명이 아니라 한 명
반이 봉급을 받게 될 것입니다!」 이 모든 조작이 최근 들어 직장에서
자살이 급증하는 이유를 설명해 준다.

118. 립싱크(Lyp-sync)와 더빙(Dubbing)을 합쳐 만든 신조어. 다수 참가자가 특정 음악에 맞춰
노래를 립싱크로 부르며 퍼포먼스를 벌이는 영상을 촬영한 후 오디오 부분을 원곡으로 덮어 완성하는
동영상을 말한다. 단결력을 이끌어 내는 단체 놀이이면서 개개인의 개성도 함께 뽐낼 수 있어 주로 젊은
층에서 인기가 많다 — 옮긴이주.

177 〈매니지먼트〉는 중요한 게 오로지 수익률뿐인 신자유주의에
의해 결정된다. 무조건 벌어들여야 한다. 훌륭한 노동자는 더
이상 로베르 린하르트가 묘사했던[119] 작업대에서 찌그러진 자동차
흙받기와 문짝을 감쪽같이 펴서 용광로로 직행하지 않게 해주는
시트로엥 공장의 늙은 노동자, 금속판의 예술가가 아니다. 돈의
논리는 사회학과 인문학의 지식을 가로챈 경영 기법들을 통해
기업의 중심으로, 경영자, 간부, 그리고 노동자들의 머릿속으로
파고든다.

임금노동자에게 지극히 해로운 이런 종류의 경영 개념은
기업에게도 이로울 것이 없다. 장폴 베르나르는 이렇게 결론짓는다.
〈기능과 노하우를 갖춘 인력은 어떠한 회계장부에도 올라 있지
않은 자산이다.〉

---

119. 로베르 린하르트, 『작업대』(파리: 미뉘, 1978).

제5부

지배의
메커니즘

이처럼 불공정하고 불평등한 경제사회 시스템을 프랑스인 대부분이 받아들인 것은 어떻게 설명해야 할까? 〈민중은 스스로 노예가 되고 있다. 왜냐하면 자신을 지배하는 자들에게 복종할 뿐만 아니라 봉사까지 하고 있기 때문〉[120] 이라고 쓴 엔티엔 드 라 보에시처럼 자발적인 복종에 대해 얘기해야 할까? 물론 비자발적인 복종이라고 해야 더 정확할 것이다. 왜냐하면 지배자들이 선택의 자유라는 환상을 심어 주면서 민중을 종속시키기 위해 필요한 모든 것을 하기 때문이다. 왜냐하면 종속은 부자들이 전체의 이익이라는 이름으로 그들의 이익을 주장하기 위해 내세우는 훌륭한 이유들을 내면화시키는 과정을 거치기 때문이다.

---

120. 엔티엔 드 라 보에시, 『자발적 복종』, 심영길, 목수정 옮김(서울: 생각정원, 2015).

제1장/ 개별적인 것에서 그들의 이익이 포함된 보편적인 것으로

지배자들은 법, 예술, 문화를 매개로 그들의 가치, 그들의 생활 방식, 그들의 경제적, 재정적 이득을 일반화하고 보편화하는 데 성공한다. 그렇게 해서 그들의 권리는 〈만인의 권리〉, 그들의 법은 〈만인의 법〉, 그들의 위기는 〈만인의 위기〉가 된다. 그들의 유산은 〈국가의 유산〉으로 인정된다. 법은 부와 권력을 쌓는 사람들에 의해, 그리고 그들을 위해 고안된다. 하지만 이러한 전횡은 피에르 부르디외가 쓴 것처럼 그 〈상징적 효율성〉을 발휘하기 위해, 지배당하는 자들의 인정, 나아가 암묵적인 동조를 얻기 위해 감춰지고 잘못 알려져야 한다.[121]

무엇보다 법을 통해 군주들의 의지가 반영될 뿐인데도 마치 민중의 의지가 발현되는 것처럼 소개한 최초의 기만이 폭로된다면, 법 정신의 존중과 시민의 복종이라는 원칙 자체가 무너질 수도 있을 것이다. 전문 대학교를 제외하고, 프랑스의 교육 시스템 내에서 법을 가르치는 곳이 없는 것은 우연이 아니다.

세골렌 루아얄이나 클로드 게앙에 비해 노동자가 변호사가 되는 것은 훨씬 어렵다. 1993년 총선에서 사회당의 패배를 예감한 에디트 크레송 수상은 1991년 11월 27일부터 A급 공무원이나 그 자격으로 최소한 8년 동안 법률 활동을 한 개인들에게 변호사가 되기 위한 이론적이고 실천적인 양성 과정과 취업 자격증을 면제해 주기 위해 변호사직을 구성하는 법령에 조항을 하나 추가할 것을 제안했다.

121. 피에르 부르디외, 「법의 힘. 정치적 장의 사회학을 위한 요소들」, 『사회과학 연구 논문집』 64호, 1986년 9월, 10면.

전국 변호사평의회가 그 요구를 지지하고, 그 후로 해당 후보자는
변호사직을 수행하기 위해 〈각자 변호사직의 중요한 원칙들을
존중할 것을 엄숙하게 다짐하는 의식에 참석해 맹세를 하기만 하면
된다. 2012년 4월의 법령은 면제 대상을 〈공적으로 책임 있는 일을
했던〉 개인들에게로 넓혀 놓았다.

이렇게 해서 각료와 의원들은 검은 법복을 걸침으로써, 고용 서비스
공단에 코를 내미는 것을 피함으로써 일종의 〈선민 신분〉 같은
것을 얻을 수 있었다. 이 새로운 활동에 활용하는 동시에 더 보충할
수 있는 두툼한 주소록을 가진 그들은 그들의 경험, 특히 상법과
관련된 경험을 십분 활용해 사회적 게임에서 뒤처지지 않고 법적인
변화를 좇아갈 수 있었다. 1994년부터 파리 변호사협회 소속
변호사로 활동하고 있는 세골렌 루아얄, 혹은 2008년부터 활동하고
있는 노엘 마메르가 그런 경우다. 2001년부터 2010년까지 법정
변호사로 일한 프랑수아 바루앵, 법대 학사 학위를 이용해 2012년
12월에 파리 법원에서 엄숙히 선서를 한 클로드 게앙도 마찬가지다.
그는 샹젤리제 근처에 있는 조르주 V가에 변호사 사무실을 열었다.
최소한 8년 동안 노동조합 단체에서 법률 활동에 매달린
활동가들도 유사한 조건에서 변호사 자격을 요청할 순 있다.
2013년 6월 12일자 「카냐르 앙셰네」는 노동조합 상근자가
변호사가 되겠다고 나섰다가 직면한 어려움들을 전한다. 독학자인
그는 프랑스 국영철도에서 〈화장실 청소를 하면서〉 경력을
시작했기 때문에 변호사협회가 기대하는 사회적 프로필이 전혀
없었다. 그의 앞길을 가로막는 행정적 난관들이 공부와 시험을

181 거치지 않고 변호사가 될 수 있는 이 가능성이라는 게, 의원과
활동가들에게 퇴각 진지를 보장해 주기 위해서라기보다는
거미줄처럼 얽힌 정치경제적 과두지배체제의 인맥 쌓기를 위해
고안되었다는 것을 확인시켜 준다.

변호사들은 어떻게 보면 돈의 세계가 정치체제 내부에 침투시킨
트로이의 목마라 할 수 있다. 로펌들이 전직 의원이나 고위
공무원을 영입하려고 애쓰는 것은 고객들에게 효율적인 로비의
가능성을 보장해 줄 수 있기 때문이다. 노조연합 혹은 비영리단체
출신의 활동가를 〈모집해〉 이 수입 좋은 기회를 망치는 것은 늑대를
양 우리로 들여보내는 위험을 무릅쓰는 것이다. 국회의원들의
재산 투명성 제고라는 틀 안에서 국가수반은 의원직과 변호사직의
겸직을 금지하는 규정을 확대하길 원했다. 하지만 관련 의원들이
작업을 벌이는 바람에 최종 텍스트는 도무지 무슨 말인지 알
수 없는 누더기가 되고 말았다. 과두지배자들은 법을 놓고
다투는 게임의 주인으로 남아 있어야 한다. 그들이 법조인, 특히
변호사들이 부자 동네에 사는 소수의 품에 남아 있도록 꼼꼼히
챙기는 것은 바로 그 때문이다. 법과 권리의 전횡은 사회질서의
유지에 아주 중요하다.

법률에 부여된 보편성은 사람들의 의식에 강제로 심어져야 하고,
모든 비판적 성찰과 변화의 의도를 무효화해야 한다. 선발된
자들이 또 선발되는, 다시 말해 선발되기 위해 적절하게 무장이
되어 있는, 따라서 자신의 지배적 입장을 당연하게 여기고 살아갈
수 있는 사람들이 성공을 거두고 권력을 유지하는 이 사회적

다원주의는 사회적 관계의 자의성을 느끼지 못하게 막는다. 개인 간 능력 차이는 분명히 있지만 그것은 사회구조, 교육, 인맥 등에 의해 만들어진 것이다. 따라서 개인 간 능력 차의 산물로 보고 생각하도록 주어지는 것, 그 뒤에는 모든 영역에서 이루어지는 세습, 사회 지배적 지위의 재생산을 보장하는 병기창이 감춰져 있다. 따라서 지배계급은 다른 계급들의 눈에, 그리고 자신의 눈에도 천재적 재능, 우월한 지적 능력을 갖춘 자들, 고위직에 오를 운명을 타고난 자들의 클럽으로 비칠 수밖에 없다. 이러한 사회적인 것의 내면화는 특수한 정신적 구조들을 지배하거나 지배받는 입장과 일치하게 만든다. 이익을 추구하는 자본과 투기꾼들의 세계화와 더불어, 신자유주의의 객관적 구조들은 지배자들의 정신적 구조와 조화를 이룬다. 과두지배자들의 폭력은 가면을 쓴 채 나아가는, 하지만 피지배자들이 받아들이는그들은 텔레비전에 출연한 전문가들이 실제로 불안한 일자리와 실업에서 벗어날 해결책을 찾고 있다고 믿는다 사회적, 경제적 전쟁 기계를 통해 행사될 수 있다.

프랑스 최고 갑부 베르나르 아르노가 LVMH 그룹을 통해 자신의 현대미술관을 짓는 데 어려움을 겪자, 사회주의자들은 그를 돕기 위해 팔을 걷어 부치고 나섰다. 파리 16구의 몇몇 주민이 창조를 위한 루이 비통 재단에 반대하는 진정서를 행정법원에 제출하자, 2011년 1월 20일 건설 허가가 보류되었다. 건설 계획에 반대한 센 강변의 주민들도 권력이 없지 않았지만 그 재단에는 상대가 되지 않았던 것처럼 보인다. 로비가 이루어졌고, 그 결과는 디지털 책에 넣을 법안의 텍스트에 수정안을 슬쩍 덧붙인 〈끼워 넣기〉로 나타났다. 2011년 2월 15일 화요일 밤 10시 30분, 대중운동연합과 사회당 의원 30명이 여섯 줄의 문장을 표결 처리함으로써 공사는 다시 시작될 수 있었다. 베르트랑 들라노에의 문화 담당 보좌관인 사회주의자 크리스토프 지라르는 사실 LVMH의 전략팀 책임자이기도 하다. 2012년 2월 24일, 헌법재판소는 〈일반의 이익이라는 목표에 부합되기〉 때문에 이 〈끼워 넣기〉를 합헌으로 판결했다. 설계를 맡은 건축가 프랭크 게리가 〈숲에 떠 있는 거대한 배〉라고 표현한 이 새로운 미술관은 2014년에 문을 열고 방문객들에게 루이 비통 재단의 현대미술 컬렉션들을 선보일 것이다.[122]

국가는 2003년부터 너그러운 기부자들을 지원하고 있다. 기부자들은 〈매출의 0.5% 한도 내에서 회계연도에 낸 기부금 총액의 60%를 세금에서 면제받을 수 있다. 그리고 0.5%를 초과하는 액수는 향후 5년에 걸쳐 이월된다.〉 계속 늘어날 가능성이 큰 루이 비통 재단의 예산은 1억 유로에 달한다. 파리 시가 LVMH에 관리를 맡긴 아클리마타시옹 공원 부지에 지어진 이 미술관은 정치인들이 거부들에게 어디에 투자를 할지 스스로 선택할 가능성을 남겨 주기 위해 세금의 징수를 포기하는 신자유주의의 단계를 상징한다. 최대한의 이익을 추구하는 어떤 종류의 사업을 유지하기 위해서는 공공의 이익에 부합되는 또 다른 사업을 병행할 필요가 있다. 중간 계층과 서민 계층의 구성원들은 부자들에게 문화, 유산 보호, 자선사업, 인도주의적 사업에 투자해 줘서 고맙다고 말할 수밖에 없을 것이다. 집단의 통제를 벗어나는

---

122. 이 책이 나온 이후에 〈루이 비통 재단 미술관〉이라는 이름으로 2014년 10월 27일에 일반에 공개되었다 ─ 옮긴이주.

공적 자금을 빼돌리는 것인데도 말이다. 이처럼 문화적 투자와 사회적 도움의 일부는 오로지 그들의 부 덕분에 그 분야에서 권력을 누리는 사적 개인들의 권위 아래에 있다. 몇몇 경우 일반의 이익을 충족시킬 수 있다는 것을 부인할 수는 없지만, 이러한 투자는 지배계급이 사적인 이익을 챙기는 데 큰 도움이 되는 이념적이고 정치적인 효과를 발휘한다. 기부는 부를 정당화함으로써 이렇게 칭송의 대상이 되는 특권들을 유지시키는 데 일조한다. 사회적 투쟁을 더욱 어렵게 만들면서. 국민이 선거 과정을 통해 실제로는 이미 돈을 지불하게 되어 있는 신자본주의는 예술 시장뿐만 아니라 그 분야에 대한 지속적인 개입을 통해 돈을 내야만 문화를 향유할 수 있는 세계를 건설한다. 문화 예술 후원은 언제나 이런 기능을 했다. 하지만 오늘날에는 자본의 축적된 만큼 그 규모가 어마어마하게 커졌다. 〈언제나 우리의 행복을 원한다고 말하고 언제나 합법을 가장해 움직이는 이 듣지도 보지도 못한 형태의 권력에 대해 어떻게 반항해야 할까?〉 심리 역사학자 베르트랑 메외는 이렇게 자문한다.[123]

참고22 법에 반영되는 계급 간 권력관계

법은 많은 경우 자본주의만큼이나 〈자연적인〉 것으로 인식된다. 둘 모두 사회적으로 구축된 것인데도 그렇다. 니콜라 사르코지는 특히 자신이 관련되었을 때는 법적인 문제에 아주 민감했다. 「나도 가만히 있지 않을 거요.」 보르도 예심판사 장미셸 장티가 대통령 선거 당시 있었을지도 모르는 재정적 기부와 관련해 베탕쿠르

---

123. 베르트랑 메외, 『점령기에 대한 향수』, 앞의 책, 16면.

부인의 〈정신미약 상태를 악용〉한 혐의로 그를 심문하게 될 거라고
통고하자, 니콜라 사르코지는 판사에게 이렇게 을러댔다. 신분상
행정부로부터 독립되어 있는 예심판사들은 니콜라 사르코지에게는
늘 눈엣가시였다. 그래서 그가 대통령이었던 2009년 예심판사
제도를 폐지해 버리려는 계획을 세웠다. 정권이 사회주의 좌파로
넘어간 것에 긍정적인 측면이 있을 수도 있다. 왜냐하면 법무장관인
크리스티안 토비라가 〈사법 당국의 독립은 헌법에 보장되어
있다〉고 상기시켰으니까.

니콜라 사르코지의 보좌관이었던 앙리 귀에노는 유럽1에 출연해
당시 예심판사가 일한 방식에 대해 할 말이 많다고 했다. 「공화국
대통령이었던 사람에게 프랑스와 공화국 자체를 쓰레기 더미
속으로 끌고 들어갔다고 말하는 것이 명예훼손이 아니라면
어떤 것이 명예훼손입니까!」 장티 판사에게 살해 위협 편지가
날아든 다음에야 적어도 공개적으로는 사르코지 지지자들의
욕설을 진정시킬 수 있었다. 하지만 그 협박 편지도 백 여 명의
대중운동연합 의원들이 앙리 귀에노에게 지지를 표명하는 것을
막지는 못했다. 2013년 6월 28일, 보르도 검찰은 〈증거 없음〉으로
그 건을 기각시켜 달라고 요청했다고 발표했다.

베탕쿠르 사건에 대해 좀 더 얘기하자면, 니콜라 사르코지는
대통령에 당선되기 직전인 2007년 3월 8일 예심판사 필리프
쿠루아가 오드센의 도청 소재지인 낭테르의 검사장으로 임명되도록
자크 시라크와 함께 작업을 벌였다. 오드센은 그곳에서 정치적
경력을 쌓고 강력한 조직을 건설한 니콜라 사르코지의 아성이다.

당시 자크 시리크는 파리 시청에 만든 가상의 일자리들 때문에
어려움을 겪고 있었고, 그 건은 낭테르 법원 관할이었다. 장차
대통령이 될 사람의 측근을 검사장으로 임명하는 일은 사법관 최고
회의의 반대 의견에 불구하고 착착 진행되었다. 반대의 주된 이유는
필리프 쿠루아가 검찰에서 일한 경험이 부족하다는 것이었다.
그런데 낭테르 검찰은 프랑스에서 네 번째로 규모가 큰 곳이다.
법과 법 실행은 경제에서 그들이 하는 역할과 그들이 가진 엄청난
개인 재산 때문에 판사, 법정, 변호사들과 익숙한 대 부르주아
전용의 영역이다. 법이 사람들의 삶에 끼치는 영향을 고려할 때,
그 분야에 대한 대다수 시민의 〈무능력이 무능력은 법이 교과과정에 들어가지
않음으로써 사회적으로 유지된다〉은 서민 계층이 배제되고 주변화되는 한
요인이다. 서민 계층은 노동조합이 제출한 명부에서 7,000명이
선출되는 노동쟁의 조정위원들의 충고를 통해 법에 접근한다.
그렇지 않을 경우 재정적 어려움에 시달리게 됨으로써 법에 대한
그들의 경험은 오히려 부정적이다.

참고23 대부호, 문예 후원자, 그리고 예술품 수집가

마르크 라드레 드 라샤리에르는 예술계에 많은 투자를 했다. 그는
국립 미술관 예술위원회 위원으로 있으면서 라자르 은행의 출자자
겸 관리인인 미셸 다비드베일, 억만장자이자 세계적인 미술품
컬렉터 프랑수아 피노의 부인인 마리본 피노와 친분을 다진다.
이 위원회는 미술관들의 컬렉션을 풍부하게 하기 위해 매입할
작품들을 심사한다. 커다란 회색 광고판에 적혀 있는 것처럼,

187   루브르 드농관 2층에 있는 마네주 공간은 〈피말락의 후원 덕분에〉
재정비되었다. 보르게세 컬렉션의 기념비적인 조각들이 그들에게
생명력을 불어넣어 주는 것 같은 공간 속에 편하게 자리 잡고 있다.
이처럼 예술계에 뛰어든 대부호들은 금융 이득을 불멸하는
상징으로 변모시킨다. 힘 있는 자들은 이러한 방식으로 그들의
육체적 삶을 넘어 사람들의 정신 속에 남아 있게 된다. 마르크
라드레 드 라샤리에르는 프랑스 학사원에 있는 보자르 아카데미
회원이기도 하다.

대부호들의 이러한 특별한 세계는 수집가, 예술 애호가, 〈오페라의
친구들〉의 세계다. 루브르 쉴리관 3층에 가보면 세 차례의 기증을
통해 모인 개인 컬렉션들의 규모를 알 수 있다. 1942년 카를로스 드
베스테기가 루브르에 기증한 19세기의 작품들, 특히 고야, 다비드,
혹은 앵그르의 작품들. 데생과 그림 3,800점에 달하는 루이즈 드
크로이 공주의 개인 컬렉션. 카날레토, 클로드 모네, 에드가 드가,
폴 세잔, 오귀스트 르누아르의 작품들로 구성된 엘렌과 빅토르
리옹의 개인 컬렉션. 도스토옙스키가 『백치』에 쓴 것처럼, 〈돈이
하는 일 중에 가장 비열하고 가증스러운 것은 재능조차 부여한다는
점이다.〉 국립 미술관에 소장될 가치가 있는 작품들을 수집하는
것과 같은 재능 말이다.

예술은 다양한 정치 진영에 포진하고 있는 과두지배자들에 의해
개인적인 이득을 보편적인 이득으로 변모시키기 위해 활용된다.
기업들이 설립하는 재단도 그들이 사용할 수 있는 도구 중 하나다.
착취로 모은 더러운 돈을 문화적 후원으로 미화시키는 이 연금술은

계급 지배에서 상징적 권력으로 건너가게 해준다. 불평등은 사심 없는 그 많은 선행을 보고 대다수의 사람들이 그것을 암묵적으로 받아들일 때에만 지속된다. 이렇게 다수는 자기도 모르는 사이에 소수가 온갖 종류의 부를 축적하는 일에 공모하게 된다.

예술 작품이 부에 대한 연대 성격의 과세 대상에 포함되지 않은 것은 우연이 아니다. 예술 시장은 엄청난 시세 차익을 노릴 수 있지만 과세는 되지 않는 좋은 기회를 제공한다. 예술 작품에 세금을 매기는 것은 예술적 유산을 범속한 시장가치로 수치화하는 일이 될 것이다. 값을 매길 수 없는 예술품에 값을 매겨야 한다면, 그것은 마술을 푸는 일이 될 테고, 그 경우 예술품은 가장 투기적인 것이라 할지라도 경제적 부를 정당화하는 데 공헌할 수 있는 마술적 미덕을 상실할 위험이 있다.

참고24 CAC 40 상장사들도 미술관을 관리한다

GDF 수에즈 이사회는 임기가 끝나는 이사의 이임식과 같은 특별한 행사가 있을 때 라데팡스에 있는 건물의 37층에서 나와, 파리 8구에 있는 자크마르 앙드레 미술관으로 갈 수 있다.

GDF 수에즈는 1995년부터 에드몽 앙드레와 그의 아내 넬리 자크마르의 소유였던 그 개인 저택의 관리를 맡고 있다. 에드몽 앙드레는 프로테스탄트 은행가들의 후계자였는데, 그의 부는 어마어마했다. 자식이 없었던 그의 조카딸은 1912년 1월 19일의 유언에 따라 프랑스 학사원에 그의 재산과 예술 컬렉션 전체를 유증했다. 부를 축적한 대가문들은 후계자가 없을 경우에도 유산의

189 영속성을 보장할 수 있는 해결책을 갖고 있다. 대대로 전해진 고가의 그림과 가구들로 장식된 집들은 〈집-미술관〉의 지위를 얻기 위해 예술 작품을 역사적 맥락에서 끄집어내는 미술관 효과로부터 벗어나는 것처럼 보인다. 그래서 GDF 수에즈가 관리하는 자크마르앙드레 미술관, 생장카프페라에 있는 로스차일드의 에프뤼시 빌라, 또는 보리외쉬르메르에 있는 케리로스 빌라 같은 많은 거처들이 예술과 안락을 향유하며 살았던 부유한 대가문의 생활 터전을 영원히 남기기 위해 국가에 유증되었다. 프랑스 학사원에는 다섯 개의 아카데미가 있는데, 회원 상당수가 부유한 가족 왕조의 후예들이다. 학사원은 〈기념물과 미술관 관리〉 서비스를 통해 자손이 모두 사라졌을 때 이러한 가문들의 재산을 관리할 수 있는 가능성을 제공한다. 이처럼 지배자들의 실용적인 집산주의, 개별적인 삶의 우여곡절을 넘어서는 계급 연대는 〈아름다운 것들〉을 그들 계급 내부에 보존할 수 있게 해준다. 재정적인 어려움을 겪은 학사원은 이 재산 중 다수의 관리를 여러 재단에 양도했다. 그중에 자크마르앙드레 미술관의 관리를 넘겨받은 것이 GDF 수에즈의 자회사, 기념물과 미술관 관리를 목적으로 1991년에 설립된 익명의 회사 컬처스페이스였다. 이처럼 사업계는 예술과 돈이 사이좋게 지내며 결합을 통해 경제적 세계화를 정당화하는 영역에 발을 들여놓는다. 그들은 부유한 가문을 위해 짓고 꾸민 예외적인 거처들을 대중에게 개방함으로써 훌륭한 취향과 고상한 성향을 부와 연결시키는, 그리고 그것들을 향유하는 사람들을 사회적 성공의 모델, 나아가 민중의 은인으로

만드는 상징적 폭력을 영속화한다.

GDF 수에즈 경영진은 특별 이사회가 열리거나 저축한 돈을 그룹의 자본에 보탠 주주들의 회합이 있을 경우 대중에게 개방되는 시간 이외에도 자크마르앙드레 미술관을 사용할 수 있다. 점심이나 저녁 식사 메뉴에는 자크마르앙드레 저택을 개인적으로 둘러보고 그들의 컬렉션 작품들을 감상하는 것도 포함되어 있다. 경우에 따라서는 프라 안젤리코나 카날레토에 대한 강연이 열리기도 한다. 일시적인 전시회를 후원하는 이 그룹은 감세 혜택으로 기업의 문예 후원을 지원해 주는 국가 덕분에, 신자유주의의 시대에 사회적 질서와 사회관계를 더 쉽게 재생산하게 해주는 정당성의 몫을 은밀하게 챙긴다.

제2장/ 사회적 폭력은 몸에 흔적을 남긴다

민중은 결국 〈지배를 할 자격이 있는 사람들이 지배를 하며, 사회적 상황이 아니라 육체적 본성, 자연적 본성의 열등함 때문에 자신에겐 금지된 가치들을 소유한 자들의 지배는 당연하다〉[124]는 믿음을 내면화하게 되었다고 폴 니장은 썼다. 지배의 사회적 관계는 몸, 태도, 몸짓에 새겨진다. 몸은 사회에서 차지하는 자리 때문인데도 자연적인 것으로 체험되는 차이와 불평등을 드러낸다. 이 차이는 몸을 제시하는 복장의 방식에 의해 배가된다.

이러한 사회적 자질의 자연화는 푸른 피를 가진 귀족, 오늘날에는

---

124. 폴 니장, 『경비견』, 105면.

191 돈의 귀족, 다시 말해 별개의 인류가 따로 존재한다는 이데올로기에
이를 수 있다. 그 인류의 우아함은 〈그 사람들은 품격이 있다〉고
말하게 만드는데, 이는 사회에서 차지하는 자리가 몸에 미치는
영향에 대한 직관적인 인식을 드러낸다. 실상 교육과 환경의 산물인
이 자연스러움은 지적인 중간계급에게도 요구된다. 어색해하거나
주눅이 들지 말고 거리낌이 없어야 한다. 아무것에도 구속되지 않는
쾌락주의자의 몸을 내보여야 한다. 넥타이는 참을 수 없는 족쇄로
여겨진다. 서민 계층은 작업복, 일상과 관련된 편한 옷, 그리고
불편한 외출복을 번갈아 착용한다.

몸이 꼿꼿하고 균형 잡혀 있든, 긴장이 풀려 있든, 아니면 열악한
환경과 고된 노동을 나타내든, 각자는 그러한 자신의 외모를 자기
본질의 실현으로 여길 것이다. 가장 독단적이고 구속적인 주입은
그것이 효율적으로 이루어질 경우 결국에는 심원한 개성에 속하는
것으로 느껴지게 된다.

몸은 태생과 생활환경의 부정적, 혹은 긍정적인 흔적을 지닌다.
노동자의 손은 노동의 흔적을 드러낸다. 공주의 손 역시 노동의
흔적을 드러내지만, 그것은 손톱 화장의 노동이다. 얼굴은
안락하거나 열악한 생활환경을 드러낸다. 어떤 얼굴들은 피곤에
절은 데다 일찌감치 주름이 파인 반면, 다른 얼굴들은 피부가 늘
가볍게 그을린 데다 아주 매끄럽다.

회사 간부, 고위공무원, 기자 들과 함께 TV 방송에 출연했던,
아르덴 라 뫼즈 계곡에 있는 셀라텍스 공장의 한 여공이 털어놓은
당혹감을 프랑수아 봉은 그의 이야기 『대우-*Daewoo*』[125]에서 인용한다.

---

125. 프랑수아 봉, 『대우』(파리: 파야르, 2004), 55~56면, 87면.

「절 화나게 만드는 건 우리의 얼굴이에요. 얼굴을 통해서 우리가 누구인지, 무엇을 하는 사람인지 다 드러나요.」 파메크 공장의 또 다른 여공은 이렇게 말한다. 「세일을 기다리거나 할인점을 찾아다니는 등, 우리도 노력을 할 수는 있어요. 그런데 그래 봤자 말짱 헛일이에요. 걸을 때 어깨를 흔들거나 손으로 가방을 쥐는 방식에서 표시가 나거든요.」

예전에 풍자 화가들은 자본가들을 픽수 아저씨[126]의 달러 가방처럼 배가 불룩 나온 뚱보로 그렸다. 19세기에 사장들은 배불리 먹고 살이 찐 반면, 노동자들은 굶주려 비쩍 말랐었다. 그런데 그 전통이 사라지고 있다. 오늘날 부자를 배불뚝이로 그렸다가는 뭘 모른다고 놀림을 당할 것이다. 생활수준이 향상되면 가난했던 집들은 점점 더 잘 먹게 되지만, 이미 잘 먹고 지내던 유복한 계층은 섭생을 조절할 필요성을 더 절실하게 느끼게 된다. 다이어트가 요구되는 것이다. 오늘날에는 체격이 뒤바뀌어 선진국에서 국민 건강의 가장 큰 문제로 떠오르는 비만증은 주로 가난한 사람들, 굶주림은 면했지만 금전적으로나 문화적으로 이 현대병을 피하는 방식으로 음식 섭취를 할 수 없는 사람들을 위협한다.

비만증은 사회계층에 따라 아주 불균등하게 분포되어 있다. 프랑스에서 비만증에 걸린 사람은 650만 명에 달한다. 비만 환자의 비율은 월수입 5,301유로가 넘는 계층에서 가장 낮고[6%], 월수입 900유로 미만인 계층에서 가장 높다[22%].[127] 과체중인 사람들은 노르, 파드칼레, 센생드니 같은 가난한 지역에 많이 몰려 있다. 이제 가난과 신분 하락은 머리뿐만 아니라 몸에도 각인된다.

---

126. 디즈니의 TV 만화 「도날드 덕」에 등장하는 캐릭터 〈마크 덕〉을 말한다. 마크 덕은 마을에서 제일 부자이지만 고약한 성격의 구두쇠이다. 프랑스에서는 〈픽수〉 아저씨로 소개되었다 ― 옮긴이주.
127. ObÉpi-Roche, 「전국 과체중과 비만증 역학조사」, 2009년.

육체적인 동시에 사회적인 이러한 낙인은 일상생활을 힘들게 만드는 만큼 더욱 가시적이고 부정적이다. 1999년 8월 12일 한 비만 남성은 좌석 두 개를 차지한다며 비행기 표 두 장 값을 지불하게 한 에어프랑스를 고소했다. 고속버스, 개인 승용차, 공연장 좌석의 표준규격은 정상규격을 훌쩍 넘어 버린 몸이 필요로 하는 것을 전혀 충족시켜 주지 못한다. 이 모든 드라마는 정신적 고통을 불러오는 자기 멸시의 가능성을 안고 있다. 가난한 사람은 19세기에는 비쩍 말랐고, 21세기에는 뚱뚱하게 살이 찐, 전혀 부럽지 않은 부정적 흔적을 몸에 지닌다.

이러한 몸의 일탈은 여가 시간과 그것을 보내는 방식과도 연관이 있다. 소파에 드러누워 샌드위치나 과자를 먹으며 시리즈물이나 인기 방송, 혹은 축구 경기를 시청하는 것은 특히 서민들이 여가를 보내는 방식이다. TV 시청 시간의 통계도 비만증의 분포 통계와 아주 유사한 결과를 내놓는다. 몸을 채우면서 머리를 비우는 것, 이것은 불안스런 탐욕에 휩싸인 채 적어도 누가 앗아 가지 않을 즐거움을 아직은 지불할 만한 가격으로 제공하는 싸구려 스펙터클, 달달한 음식과 음료를 즐기면서 근심과 굴욕감을 잊는 상호 보완적인 두 가지 방식이다. 다양한 축구 클럽과 럭비 클럽을 응원하는 사람들은 이러한 행복과 낙인 찍기의 동일한 과정 속에 있다. 그것은 부자연스러운 것으로 여겨지는 태도들, 병약한 것으로 평가되는 몸들에 대한 복수로 체험되는 일종의 난파다.

비만증은 사회 하층민을 〈열등한 인간〉으로 만드는 데 일조한다. 그것은 마치 지배 관계 속에 새로운 폭력을 정착시키기 위해

하층민을 비인간화해 품위를 실추시키는 기술과 같다. 또한 과체중은 사회가 그것을 해결하기 위해 짊어지는 비용 때문에도 비난을 받는다. 전문가들은 비만증이 불러올 수 있는 암, 당뇨, 심장 질환 때문에 세큐리테 소시알이 감당해야 하는 추가부담을 상기시킨다.

압력단체들은 그들의 이익을 옹호한다. 크리스토프 들루아르와 크리스토프 뒤부아는 식료품의 설탕, 소금, 지방 함량을 한눈에 파악할 수 있는 〈색깔 코드〉 표시제를 식품회사에 강제하기 위해 법안을 제출하려는²⁰¹⁰년 6월 15일 투표에 부쳐졌다 몇몇 유럽의회 의원들의 시도를 실감나게 묘사한다. 하지만 농산물 가공업체들의 로비가 워낙 막강하고 효율적이어서 이 법안은 결국 부결되었다.[128]

사회주의자들의 발의로 의원들이 해외에 있는 프랑스령 도들에서도 본토와 동일한 식료품 설탕 함량 비율을 정하기 위해서는 2013년 3월까지 기다려야만 했다. 몇몇 식품, 특히 유제품은 프랑스령 해외 지역들에서는 훨씬 높은 비율의 설탕 함량이 허용되었다.

가난한 사람은 순간을 살아간다. 그에게는 미래에 대비할 물질적 수단이 없다. 부자는 긴 시간, 자신이 속하는 혈통의 시간을 산다. 또한 그 질과 만족도가 미래의 통제를 용이하게 하는 다이어트의 속박을 얼마나 잘 지키느냐에 달려 있는 자기 삶의 시간을 산다. 혼자 자동차에서 내릴 수 없는 비만 남녀가 느끼는 것은 운동선수의 몸매를 지닌 은행가의 날렵함과는 반대되는 것이다. 비만인 사람들은 타인의 눈에 보이지 않기를 꿈꾸지만, 피할 수 없고 고통스럽고 거추장스러운 그 몸은 사람들의 눈에 더 잘 띈다. 그것은

---

128. 크리스토프 들루아르와 크리스토프 뒤부아, 『시르쿠스 폴리티쿠스』(파리: 알뱅 미셸, 2012), 304~305면.

누리기보다는 겪어 내야 하는 몸, 사회적으로 낙인 찍히고 낙인을 찍는 몸이다. 인간의 이상적인 이미지는 인류의 본질을 구현하는 것 같은 날씬하고 우아한 대 부르주아의 것일 수밖에 없다.

제3장/ 사회적 타자와의 대면

상징적 폭력은 사회 공간 속에서 서열이 정해진 다양한 자리를 차지하는 사회적 주체들의 대면에서 초래된다. 이 서열은 명시적으로 정해져 있진 않지만 몸으로 느껴진다. 포슈 대로의 고급 아파트에 수도꼭지를 고치러 온 배관공은 물어보지 않아도 집주인이 자기보다 훨씬 높은 사회적 지위를 갖고 있다는 사실을 안다. 호화로운 가구, 예술적인 오브제, 명화, 사람들의 우아함과 쌀쌀맞지만 예의 바른 태도, 이 모든 것이 각자의 자리를 일깨워 준다. 상징적 폭력이 행해지는 상황은 아주 흔하고, 다소 차이는 있어도 강렬하다. 사회적 주체들이 대부분 서민 계층에 속하는 공간에 지배자들이 있게 될 경우에는 상황이 뒤바뀔 수도 있다. 이런 상황은 그리 흔치 않지만 그렇다고 예외적이라고 할 수도 없다. 매년 1월 21일 루이 16세의 추도식에 참석하러 온 공작과 후작들이 간혹 들러서 커피를 마시는 생드니 대성당 인근의 바에서 이런 상황이 연출된다. 이 경우에는 장소 자체가 〈좋은 집안에서 태어난〉 사람들에게는 생소한 곳인지라 오히려 그들이 사회적 소심함을 드러낼 수 있다.

사회적 관계는 언제나 지배의 관계다. 시회적 타지외의 대면은
각자가 사회에서 차지하는 자리가 얼마나 깊이 내면화되어
있는지를 나타낸다. 서민 동네의 젊은이들은 이런 경험을 할 기회가
거의 없다. 우리는 오랫동안 망설인 끝에 가난한 교외 지역에 사는
청소년들에게 부자 동네들을 견학시켜 주는 프로그램을 마련했다.
우리로서는 이러한 아주 이례적인 만남을 통해 상징적 폭력의
실재를 확인하는 동시에, 눈으로 직접 불평등을 확인한 그들 내부에
비판적인 계급의식이 움트게 하는 것이 중요했다. 부자 동네에
간 사회학자와 임금노동자를 대표해 이사회에 참석한 이사들은
현저히 대비되는 계급 성향들이 대면하는 상황에 지배의 관계가
투영되는 방식을 분석하는 기회가 될 것이다.

몽테뉴 대로를 방문한 젠느빌리에의 고등학생들

2004년 3월, 우리는 오드센 주의 젠느빌리에 일반고 경제사회
과학반 1학년들을 데리고 파리의 부자 동네로 사회학적 산책을
나갔다. 이 과목의 선생은 준비 과정으로 제자들에게 우리가 쓴
책들을 읽게 했다. 우리는 그에게 그날은 농구화 같은 신발은 신지
말라고, 옷차림에 신경을 쓰라고 제자들에게 말해 달라고 부탁했다.
우리는 곧 후회했다. 왜냐하면 여학생들이 한 번도 신어본 적이
없는 하이힐을 신고 왔기 때문이다. 그것이 그들을 더 큰 어려움에
빠뜨렸다.
우리는 학생들을 두 그룹으로 나눠 〈황금의 삼각형〉을 이루는
대로들, 즉 샹젤리제 가, 몽테뉴 가, 조르주 V가를 돌아다니게

했다. 이렇게 해서 그들은 여러 명품 가게와 파리의 궁궐 중 하나인
아테네 플라자 호텔에 들어가게 됐다. 선생은 그들에게 보고
느낀 것을 써서 숙제로 내고 우리에게도 감사의 표시로 보내라고
시켰다. 한 아이가 보낸 보고서에는 이렇게 쓰여 있다. 〈명품 가게에
들어서면 부르주아가 아닌 사람은 불편함을 느낀다. 입구에서부터
문을 열어 주고, 안에서도 사람들이 너무 친절하게 대해 준다.
우리가 익숙하지 않은 건 바로 그 친절함이다. 그게 오히려 우리를
불편하게 한다. 게다가 손님들, 심지어 남녀 점원들도 우리를
깔보는 듯한 눈길을 하고 있다. 거기서는 우리가 할 게 아무것도
없다는 것을 그들은 알고 있다. 우리에겐 그곳의 물건을 살 돈이
없으니까.〉 디오르 부티크의 방문이 특히 강한 인상을 남겼다.
〈문화적, 사회적 차이는 예를 들어 《안녕하세요》라고 말하는
방식을 통해 드러난다. 디오르 부티크에 들어가고 나올 때 남녀
점원, 그리고 경비원 역시 우리에게 《안녕하세요》라고 말했다.
한편으로는 예의를 갖추기 위해, 하지만 다른 한편으로는 우리에게
그들의 우월성을 보여 주기 위해, 우리가 그들과 다른 계급에
속한다는 것을 보여 주기 위해.〉 이 여학생은 불편한 감정도
있었지만 동시에 평소 접해 보지 못했던 세상에 대한 동경심도
있었다고 덧붙인다. 〈아주 즐거웠어요. 남자 점원들이 하인처럼
우리 뒤를 졸졸 따라다녔거든요.〉

이 고등학생들은 언어 표현에도 충격을 받았다. 그들 중 하나는
이렇게 쓰고 있다. 〈부르주아들은 품위 있는 언어를 사용한다.
그것이 그들과 서민 계층 사이의 벽을 더욱 굳건하게 한다.〉 다른

학생은 한술 더 뜬다. 〈말하는 방식 또한 하나의 거리다. 왜냐하면 한 사람이 고상한 언어로 말하는데 다른 사람은 속어로 말하면 서로 이해할 수 없게 될 거고, 그것이 둘 사이의 고랑을 더 깊게 만들 테니까.〉

시간이 흐르면서 화장실에 들러야 했고, 우리는 그들을 아테네 플라자에 있는 바의 화장실로 데리고 갔다. 학생 중 하나는 보고서에서 로비에 들어서자마자 〈갑자기 우리를 덮친 그 고요〉에 깜짝 놀랐다고 지적한다. 그들에게 그것은 플라자의 바를 가로지르면서 상류계급의 존재를 가까이에서 경험해 볼 수 있는 기회이기도 했다. 한 학생은 이렇게 쓰고 있다. 〈부르주아들은 《마치 연기를 하는 것처럼》 행동한다. 전혀 자연스러워 보이지 않는다. 그들은 소파에 앉을 때도 허리를 세우고 꼿꼿하게 앉는다. 서민 계층인 우리와는, 연기를 하지 않고 자연스러운 우리와는 완전 딴판이다. 부르주아들에겐 지키지 않으면 그 계급에 속할 수 없는 어떤 코드가 있는 것 같다.〉 또 다른 학생은 이렇게 지적한다. 〈부르주아는 결코 맥도날드에 가지 않을 것이다. 왜냐하면 그곳은 서민들이 득실대는 장소니까. 그들은 고급 레스토랑 막심스에 가는 걸 더 좋아한다. 왜냐하면 더 세련된 장소이고 같은 계급의 사람들을 만날 수 있으니까.〉

두 명의 사회학자와 서른 명의 학생들은 어딜 가나 정중한 대접을 받았다. 우리가 환대를 받은 것은 그런 시설의 예절 규범이 누구나 극진히 환대하도록 요구하기 때문이다. 게다가 누가 알겠는가. 아주 허름한 차림을 하고 들어서는 젊은 미국인이 알고 보니 모두가 고객

199 명단에 넣고 싶어 하는 억만장자일지. 학생들이 보고서에서 지적한 것처럼, 이 예절은 역설적인 방식으로 그곳이 자신이 있을 자리가 아니라는 불편한 감정을 강화시킨다. 샹젤리제 근처에 있는 조르주 V 호텔 로비에서 우리는 안내인에게 그 어린 학생들에게 우리는 그들이 지방 고등학교의 학생들이라고 밝혔다 피아노와 소파가 놓여 있는 그랜드 살롱, 아주 평화로운 배경음악이 흐르는 가운데 부자 동네 부인들과 돈 많은 여자 여행객들이 맛있는 과자와 함께 차를 마시는 살롱 드 떼를 구경시켜 줄 수 있겠느냐고 물었다. 리셉션의 젊은 안내인은 흔쾌히 수락했다.

놀랍고 생소하고 이상한 장면 앞에서 학생들이 지킨 침묵은 그 순간 그들이 겪고 있는 상징적 충격에 대해 많은 것을 말해 주었다. 어떤 상황에 대한 평가를 술집 카운터에서 벌어지는 말싸움을 연상시키는 농담으로 바꿔 놓는 그 또래 특유의 능력, 즉 시끄러운 재잘거림이 사라지고 없었다. 그날, 그들은 마치 조르주 5세를 직접 배알한 것 같았다. 갑자기 너무나 낯선 상황에 직면하게 되면, 내면화된 성향과 마주 대하는 세상 사이의 격차가 평소의 반사 신경을 마비시킨다. 듣도 보도 못한 것에 대처하기에는 언어, 몸짓, 표정의 저장고에 자원이 부족하다. 접해 보지 못한 환경은 사람을 얼어붙게 만든다. 이 경악은 경험을 통해 알게 된 엄청난 불평등에 대한 의식화에 이르게 된다.

학생들이 작성한 보고서는 메시지를 전달하는 데 성공할지 확신할 수 없었던 우리에게 큰 기쁨을 주었다. 우리는 그들에게 상처를 줄까 봐 두려웠다. 그런데 정반대의 일이 벌어졌다. 그들은 그

사회학적 견학의 목표가 그들 자신의 사회적 입장에 대해 성찰해 볼
수 있도록 온갖 형태의 부를 축적하는 사람들과 접촉해 보게 하는
데 있다는 것을 깨달았다.

어린 학생들과 이런 경험을 하는 것에는 큰 위험이 따른다.
디오르를 방문했을 때, 학생들은 수를 놓은 예쁜 식탁보 위에
놓인, 〈식탁의 예술〉이라고 불러 마땅한 것에 속하는 식기들을
보고 사회학적, 심리학적 충격을 받았다. 그들은 그렇게 많은 칼,
포크, 수저 들을 한 번도 본 적이 없었다. 언젠가 능숙하게 식사를
하는 사람들 앞에서 사용법도 모른 채 그런 은 식기를 다뤄야
하는 상황에 처했다면 그들은 틀림없이 몹시 난감해했을 것이다.
그들은 그 짧은 경험을 통해 사교와 식도락의 의식에도 엄청난
부가 동원된다는 사실을 깨달았다. 자칫 그들 중 하나가 화가
난 몸짓을 하거나 점잖지 못한 비난의 욕설을 뱉을 수도 있었을
것이다. 하지만 그런 것은 전혀 없었다. 모두가 아무 말 없이 주의를
기울여 미지의 세계를 관찰하고, 거의 민속학자처럼 그 부자 세계의
관습을 기록했다. 그 관습은 학생들이 주고받은 여러 논평의 대상이
될 것이고, 그들이 일종의 먼 나라 여행기, 공간이 아니라 사회
여행기를 작성하는 데 영감을 줄 것이다. 그들은 힘 있는 자들에
대해, 그들이 사는 방식들에 대해 배웠다. 하지만 생전 처음 사회적
지배를 체험함으로써, 지배당하는 자들을, 그중 가장 허풍이 심한
자들도 주눅 들게 만드는 폭력을 겪음으로써 생생한, 나아가
격렬하기까지 한 감정을 느끼기도 했다. 그 감정은 몸으로 느낄
정도로, 말이 안 나오거나 거북하거나 볼이 발갛게 상기될 정도로

충격적인 것이었다.

사회적 소심함이 가장 빈곤한 계층의 전유물인 것은 아니다. 우리는 몽테뉴 대로에서 〈광고를 통해〉 알게 된 〈유명 디자이너 부티크들의 쇼윈도를 구경하기 위해〉 낭트에서 상경한 초등학교 교사 부부를 인터뷰할 기회를 가졌다. 부인은 디오르와 샤넬의 진열창을 보고 〈완전히 넋을 빼앗겼다〉고 말했다. 하지만 그들은 〈감히〉 부티크의 문턱을 넘어서지 못했다. 특히 부인의 경우에는 마음이 굴뚝같았지만.

드레스, 스카프, 핸드백, 넥타이, 그리고 보석들 사이를 돌아다닌다고 해서 반드시 사야만 하는 것은 아니다. 일본인 기업가나 중동의 왕자가 아니어도 얼마든지 아테네 플라자의 살롱들을 돌아다닐 수 있다. 피아노 선율이 흐르는 쾌적한 분위기 속에서 비싸기는 할 테지만 그렇다고 파산을 초래할 정도는 아닌 술을 한 잔 마실 수도 있다. 하지만 산책을 하는 프랑스인이나 외국인 대부분은, 그리고 거기서 몇 미터밖에 떨어지지 않은 샹젤리제 거리를 수천 명씩 떼를 지어 오르내리는 사람들도 몽테뉴 대로 쪽으로는 발을 들여놓지 않으려고 조심한다. 자유로이 돌아다닐 수 있는 곳인데도 그렇다. 주눅이 드는 것도 상징적 폭력에 속한다. 이 폭력이 효과적이려면, 다시 말해 이념적으로는 부인되는 사회적 위계가 실제적으로 지켜지려면, 피지배자들이 지배자들의 세계에 스스로 주눅이 들어야 한다. 사회적 소심함은 지배력을 유지하고 위계를 재생산하는 가장 확실한 무기 중 하나다. 낭트의 교사들은 이념적으로는 좌파지만 모든 형태의 자본이 집적되어 있는 그 부의 세계로 들어가는 것이 자기들에게는 허락되지 않는다고 느꼈다. 살 것이 없는데 디오르로 들어서는 것은 정교회의 성상 벽 너머로 건너가는 것과 같다. 그것은 속된 것과 신성한 것 사이의 경계를 넘는 것, 자신의 권리와 가능성을 넘어서는 것, 우리가 감당할 수 없는 힘에 도전하는 것이다.[129]

부자 동네에 간 두 명의 사회학자

우리는 둘 다 귀족 집안이나 부자 집안에서 태어나지 않았다. 우리가 부자 동네와 비즈니스 세계에서 벌인 조사는 지배의 사회적 관계 속에서 행해지는 폭력을 반복적으로 체험할 수 있는 기회였다. 우리가 인터뷰한 사람들, 다시 말해 우리의 녹음기에 대고 막대한 부와 어마어마한 행운을 묘사한 사람들은, 각각 아르덴 지방의 노동자 집안 출신과 지방 서민 출신인 남녀 사회학자가 객관적으로 지배받는 입장이 되는 묘한 상황을 연출했다. 사회학자가 인터뷰 대상과 이러한 관계를 맺는 경우는 흔치 않다. 상류사회라는 조사 영역에서 기인하는 이러한 어려움 때문에 지배받는 범주에 속하는 계층과 더 가깝거나 그들을 더 편안하게 여기는 많은 연구자들이 이런 조사를 회피하는 경향이 있다. 연구자가 지배하는 입장에 서게 되면 권력자들에게 크게 인정받지 못하는 사회학자의 신분이 불러일으킬 수 있는 열등감을 억누르면서 그가 지배적인 것으로 경험하길 바라는 자신의 입장에 대해 스스로 질문을 던지지 않아도 되니까.

지배 관계는 주체들의 의지와 상관없이 자리를 잡는다. 고급 저택,

129.   미셸 팽송과 모니크 팽송-샤를로, 『부르주아 동네, 비즈니스 동네』(파리: 파이요, 1992), 150~151면.

성, 클럽 들은 대번에 경제적인 부를 떠올리게 한다. 거실 벽을
장식하는 예술품, 그리고 절친한 친구로 기업인, 작가, 예술가, 유력
정치인을 들먹이는 인터뷰 상대의 말에서 드러나는 상징적 부가
상징적 폭력을 배가시킨다. 이러한 폭력을 부인했다면, 우리가
지배를 받아들이는 꼴이 되어 버렸을 것이고, 그것은 그 폭력에
대한 우리의 분석을 방해했을 것이다.

우리 자신의 사회적 소심함이 돈 많은 가족 왕조들에 대한 연구를
방해할 수도 있었을 것이다. 우리는 어떻게 그것을 떨쳐 버리려고
시도했을까? 그것을 위해서는 양면 전략을 펼쳐야만 했다. 실질적인
측면에서, 우리는 가능한 한 자주 뇌이쉬르센이나 파리의 부자
동네에서 여가 시간을 보냈다. 영화를 보러 가고, 장을 보고, 녹음이
우거진 아름다운 거리를 거닐면서 우리를 놀라게 한 것들, 말하자면
서비스 담당 직원들의 전용 입구가 의외로 많다거나 행인들의
거동이 너무나 우아하다는 것 등을 기록했다. 오줌보를 비우는 일이
우리와 너무나 멀지만 물리적으로는 너무나 가까운 사회적 타자의
발견에서 어김없이 우리를 사로잡은 그 불편함을 조금이나마
떨쳐 버릴 수 있는 기회를 제공했다. 화장실에 가기 위해 자신 있게
호화 건물을 드나드는 일은 우리에게 엄청난 일을 해낸 두 꼬마의
득의만만한 기쁨을 제공했다.

세계화된 자본시장 속을 활보하는 것은 돈 한 푼 안 들지만, 충격과
무력감에 이르게 하는, 지배자들의 힘 앞에서 느끼는 상징적 폭력인
이 사회적 소심함을 몰아내는 데 도움을 줄 수 있다. 세상의 새로운
지배자들은 피와 살뿐만 아니라, 건축용 석재, 녹지 공간, 고급

주택가 등 우리가 〈객관화된 사회적 부〉라고 부르는 것으로도 되어
있다. 이러한 사회적 부의 두 형태는 우리 가까이에 있다. 따라서
사회학자의 임무는 권력자들이 투기 자본의 양심 없는 독재에 대한
이상한 동의를 얻어 내기 위해 어떻게든 자기네들만 알고 비밀에
부치고자 하는 것에 이름, 주소, 분위기 등을 붙여 주는 데 있을지도
모른다.

부의 세계를 발견하는 것, 그 세계를 보고 방문하고 그 세계에
대해 읽는 것은 상대를 식별하고 알기 위해 필요하다. 왜 고급
주택가에서는 절대 시위를 벌이지 않는 걸까? 예를 들어, 2012년
1월 22일 일요일, 뇌이 시가 공공 주택 부문에서 기록한 어마어마한
적자와 관련된 벌금을 내도록 요구하기 위해 시민운동 〈주거에
대한 권리DAL〉가 주도했던 시위 같은 것 말이다. 그것은 프랑스에서
가장 근사한 도시에 살면서 공공 주택은 가능한 한 먼 곳에 두려고
하는 이기주의와 불평등을 현장에서 가늠해 볼 수 있는 좋은
기회였다.

우리는 이 새로운 연구를 위해 우리가 중간계급과 서민계급에 대해
했던 것과 마찬가지로 지배계급에 대해서도 피에르 부르디외의
이론 체계를 적용했다. 실제로 우리는 그의 저작을 읽으면서 우리의
불안, 선택, 행동을 설명해 주는 조건들 속에서 우리가 사회적으로
구축되었다는 사실을 깨달았다. 〈아비투스〉[130]의 개념은 이 이론적
장치에서 중심적인 역할을 한다. 그것은 사회적, 가족적 생활의
경험에서 출발해 내면화된 성향의 총체를 지칭한다. 우리가 느꼈던
불안이나 불편함은 젠느빌리에의 고등학생들이 기술했던 것과

---

130.   프랑스 사회학자 피에르 부르디외가 만든 용어 아비투스(Habitus)는 특정한 사회적 환경에 의해
획득되어진 성향, 사고, 인지, 판단과 행동의 체계를 의미한다. 아비투스는 계층과 집단마다 서로 다른
문화적 성향의 차이를 생산하고 사회적 행위에 일정한 코드를 만들어 상류계층은 자기들끼리만 서로
어울리도록 만든다 — 옮긴이주.

같은 성격의 것이었다. 연령과 사회적 이력 때문에 강도가 조금
약하기는 했지만.

자신을 구축시킨 조건들에 대한 통찰력은 연구자들이 지배계급에
대해 조사하는 것을, 활동가들이 그 계급이 어떻게 작동하는지
알고자 하는 것을 방해할 수도 있는 사회적 소심함을 떨쳐버리는 데
도움을 줄 수 있다.

참고25 파리의 국제 금융가 산책

파리 8구의 몽소 공원 주변에는 세계화된 금융계에 할당된
대저택과 오스만[131] 건물들이 밀집해 있다. 인터넷에 주소가 버젓이
올라 있지만, 로스차일드의 두 상업은행은 자신을 드러내고 싶어
하지 않는다. 에드몽 드 로스차일드 금융회사가 있는 메신 대로
23번지의 2, 다비드 드 로스차일드가 이끄는 상업은행이 있는
29번지에는 그 흔한 대리석 표지판조차 없다. 이 둘은 정치권력과
밀접한 관계를 유지했던 19세기부터 세계화된 은행이다. 조르주
퐁피두가 1950년부터 1962년까지 이 두 은행을 이끌었다. 또 다른
은행, 사회당의 현 재정경제부 장관이 자문을 구하는 라자르 은행은
쿠르셀 가 25번지와 오스만 대로 121번지에 위치해 있다.
무엇보다 국제 금융에, 그리고 그것을 견인하는 앵글로색슨
기관차에 헌신하는 유럽의 건설을 위해 모든 면에 개입하길
망설이지 않는 미국 은행들 역시 협력자와 방문자들, 몸에 잘
맞는 짙은 색 정장에 흰색 셔츠와 넥타이, 다시 말해 그들 계급의
제복을 입은 신사들을 맞이하기 위해 제2 제정 시대의 아름다운

131.　파리를 대대적으로 재정비했던 조르주 외젠 오스만(Goerges Eugène Haussmann, 1809~1891)이
지은 건물을 말한다 — 옮긴이주.

공원 근처를 택했다. 모건 스탠리가 자리 잡은 몽소 가 61번지의
대저택은 돈의 또 다른 신전인 월 스트리트를 떠올리게 하는 우람한
기둥들이 인상적이다. 파리 17구 탄 가 2번지, 르두 입시(入市)세관
건물 바로 맞은편에 자리한 골드만 삭스의 건물도 웅장하고
성스럽긴 마찬가지다. 현 유럽중앙은행 총재인 마리오 드라기는
2002년부터 2005년까지 이 미국 은행의 유럽 담당 부회장으로
일했다. 공들여 다듬은 건축용 석재로 지은 건물은 사람을
움츠러들게 한다. 수위는 입가에 웃음을 달고, 소심하게, 그곳이
골드만 삭스 은행이 맞다고 우리에게 확인해 줄 것이다.
하지만 자본의 세계화 시대에 신용평가회사가 빠진다면 몽소
공원도 2% 정도 부족하지 않을까? 프랑스인 마르크 라드레 드
라샤리에르 소유의 세계 3위 신용평가회사인 피치 레이팅스는 미국
은행 모건 스탠리 바로 맞은편, 몽소 가 60번지에 있다. 스탠더드
앤 푸어스는 개선문 바로 옆 발자크 가 23번지에 있는데, 일종의
사업 관련 쇼핑센터 속에 파묻혀 눈에 잘 띄지 않는다. 또 다른 미국
신용평가회사인 무디스는 투기꾼들의 행복을 위해 유럽 민중들이
허리띠를 매일 더 세게 졸라매게 하려고 오스만 대로 96번지를
택했다.

이사회에 참석한 임금노동자 대표

1983년 〈공공 분야 민주화 관련법〉이 제정된 이후로, 국가가
주주로 있는 기업의 이사회에는 임금노동자를 대표하는 이사들이
포함되어야 한다. 프랑스 산업의 경쟁력 제고를 위해 2012년

207 루이 갈루아가 내놓은 제안 중에는 국가가 주주로 있지 않은
기업까지 포함해, 〈임금노동자 5,000명 이상이 일하는 기업의
이사회나 감사회에 발언권을 가진 임금노동자 대표를 네 명 이상
두도록 하는〉 것도 있었다. 하지만 프랑스 민간 분야에서 그
정도 규모가 되는 회사가 200개도 채 안 되기 때문에 아마도 그
조치의 효과는 한정적이었을 것이다. 그런데 2013년 5월에 채택된
〈일자리 안정화에 관한 법〉이 그 범위를 임금노동자 1,000명
이상의 기업으로 확대시켜 놓는다.[132] 회사의 규모에 따라 한두 명에
불과한 임금노동자 대표 이사는 회사 경영진의 입장에서 보면 그리
위협적이지 않다. 왜냐하면 닳고 닳은 사업가들이 포진해 있는
이사회에서 그 직무를 수행하는 것이 설사 노조 활동가라 하더라도
그 세계의 거물들과 맞상대하는 데 익숙하지 않은 근로자에게는
만만치 않은 일이기 때문이다. 노동자 대표가 이사회에 참석한 지
오래된 GDF 수에즈의 경우만 봐도 그것을 명백히 알 수 있다.
이사회 모임에는 일반적으로 어느 정도의 의전이 있다. 우선
자리의 배치가 중요한데, 노동자를 대표하는 이사들은 주로 양쪽
끄트머리에 앉고, 주요 인사들은 중앙에 앉는다. 모두가 모두를
마주하고 있으니 얼핏 의견을 교환하는 것 같지만, 그곳에서는
무엇보다 주주들에게 돌아갈 배당금, 국가의 이익, 그리고 직원의
임금을 놓고 격렬한 투쟁이 벌어진다.

〈마치 다른 세상에 와 있는 것 같다〉

우리는 세 개의 노조에서 선출된 임금노동자 대표 이사들을

132. 「이사회에 참석한 임금노동자 대표」, www.juritravail.com, 2013년 5월 23일.

인터뷰할 수 있었는데, 그중 한 명은 이렇게 털어놓았다. 「회의실에 들어서면 마치 꿰다 놓은 보릿자루 같은 기분이 들죠. 그들은 서로 다 아는 사이라 악수를 나누며 안부를 묻거든요.」 또 한 명은 이렇게 말한다. 「우연히 이루어지는 건 아무것도 없어요. 이미 정해져 있는 우리 자리가 그것을 증명하죠.」 인터뷰의 목적은 노동자와 세계화의 과두지배자들이 대면하는 그 상황을 생생하게 재현하는 것이었다. 주주들의 세계와는 거리가 먼 노조 활동가들은 그러한 맞대면에서 가해지는 격렬한 사회적 폭력을 불가피하게 느끼게 된다.

기업 경영자들은 그 자리에 참석한 노조 활동가를 경계한다. 그만큼 그들은 기밀의 누설을 두려워한다. 「그들은 우리에게 기밀 유지 조항을 끊임없이 상기시키죠. 하지만 우리에게 뭔가에 서명을 하라고 요구한 적은 한 번도 없었어요. 물론 이 제약에는 긍정적인 측면이 있습니다. 우리를 위쪽으로 끌어올리죠. 우리는 보고서를 작성할 때 정보의 출처를 다양화하려고, 특히 회사의 선택과 관련해 앞으로 닥칠 변화에 대한 정보와 분석을 내놓으려고 신경을 많이 씁니다.」

다뤄진 주제가 무엇이든, 그들은 〈우리의 영역이 아닌 곳에 와 있다는 데서 비롯되는 소심함〉을 부인하지 않는다. 하지만 그 소심함에는 늘 자부심이 동반된다. 「그들은 별개의 세상에서 살죠. 우린 우리 회사를 잘 알아요. 하지만 그들에게는 우리의 일터가 가상적인 것에 불과해요.」 그날 논의될 여러 사안에 대해 설명을 해줄 테니 이사회가 열리기 전에 예비 모임을 가져 보면 어떻겠느냐는 제안을 받은 이들도 있었다. 우리가 인터뷰한 노조 간부 중 하나는 그 제안을 거절했다고 말했다. 「저는 2류 이사가 되기를 거부했습니다. 억지로 뭔가를 읽거나 이사회 내부의 소모임에 참석하고 싶지 않았어요.」 평화 협상을 위해 적국에 파견된 전권 사절의 임무처럼, 이 밀사들의 임무가 쉽지 않은 것은 사실이다. 「물론 별세계에 와 있는 것 같죠. 모든 게 촬영되거든요. 마이크와 대형화면도 익숙하지 않고요. 하지만 마음을 단단히 먹고 가죠. 예상 밖의 질문으로 그들의 허를 찌르려고 애씁니다.」 왜 그들은 더 논리적으로 보이는 예비 모임을 거절하고 이 전략을 채택하려 할까? 어떤 이사들은 이사회가 〈단순한 녹음실〉 같다고 말한다. 「모든 것이 미리 결정되어 있어요. 슬라이드들도 준비되어 있고요.」 그렇지만 그곳에는 늘 동료들과 노조에 전달해야 할 정보와 느낌들이 있다. 이 임금노동자들은 99%의 경우 그들이 힘의 관계에 있어서 유리한 입장에 있지 않다는 것을 알고 있다. 그래서 그들은 분노를 삼키는 법을 익혔다. 「그래도 회사가 거둔 이익의 95%가 경영진의 보수와 주주들의 배당금으로 사라지는 것을 볼 때는 견디기 힘들어요.」 환상을 품어서는 안 된다. 이사라는 자리는 아주 미약한 권력밖에 주지 않는다. 「우린 우리가 지는 쪽이란 걸 알아요. 이기려 들다가는 힘들어질 거라는 것도요. 우리에게 권력이 없다는 것도, 기껏해야 직원들에게 정보를 줄 수 있는 권력밖에 없다는 것도 알아요. 아무리 화가 나도 드러내지 않습니다. 그러면 그들이 너무 좋아할 테니까요. 동료들에게 정보를 제공함으로써 그 분노를 그들에게 전하는 게 우리의 역할이죠. 우리의 분노는 그들이 맡아줄 겁니다. 〈저들이 우리 걸 훔쳐 가고 있어. 이럴 순 없어. 저들이 수백만 유로의 보수와

배당금으로 우리를 망치고 있어〉라고 외치며 화풀이를 하는 건
직원들에게 아무 도움도 안 될 테니까요. 그들은 예를 들어 본사와
자회사 사이의 관계를 더 걱정해요. 회사가 주주들에게 더 많은
배당금을 주기 위해 몰래 공제를 해버리면 자기도 모르게 빚더미에
올라앉게 되는 사람들도 있거든요.」 임금노동자들은 무엇보다
그들의 일자리를 걱정한다. 「그들은 저에게 이사들이 회사에,
그러니까 그들의 일자리에 위험이 될 수 있는 선택을 했느냐고
묻습니다. 이젠 더 이상 그들에게 〈괜찮다〉고 말해 줄 수가 없어요.
그래서 마음이 아프죠.」 하지만 국제적인 연금펀드에 팔린 자회사를
되찾아 오는 등, 노조가 멋진 승리를 거두는 경우도 있다.

참고26 GDF 수에즈 이사회를 통해서 본 권력과 지식

GDF 수에즈의 지분 36%를 보유하고 있는 국가는 주주총회에서
지명된 이사 10명이 포함되는 이사회에 4명의 대표를 두고 있다.
임금노동자 대표가 3명이고, 주주 겸 임금노동자의 몫이 한 명 더
있다. 『참고 문건』은 그룹 인터넷 사이트에서 쉽게 검색할 수 있다.
〈기업 관리〉로 들어가면 이사들의 명부가 나와 있고, 그들의 학력과
경력, 다른 회사에서 맡았던 직책이 소개되어 있다.
자, 이제 GDF 수에즈 이사들의 면면을 살펴보자. 그룹 총수이자
이사장인 제라르 메스트랄레는 파리 이공대학 출신에다 국립
행정학교에서도 학위를 했다. 게다가 그는 〈투자 적소로서의
파리의 매력〉을 증진시키고, 그 〈명성을 유럽과 세계로 전파〉하는
데 일조하는 것을 목표로 하는 유로플라스의 회장으로 있다.

그룹 부회장이자 대표이사인 장프랑수아 시렐리는 시앙스 포와
국립 행정학교 출신으로 장피에르 라파랭 수상의 비서실장보를
역임했다. 또한 그는 GDF 수에즈 기업 재단 부회장, 발루렉 그룹의
감사이기도 하다.

이사회 부의장인 알베르 프레르는 고령인 86세에도 불구하고
LVMH 그룹 이사, 파르주사 홀딩 SA스위스 이사를 비롯해 무려
15개의 직책을 맡고 있다. 그의 그룹 브뤼셀 랑베르는 에너지와
미디어 분야에 관심을 가지고 있고, GDF 수에즈의 지분 5.2%를
소유하고 있다. 알베르 프레르는 변변찮은 집안에서 태어났지만
눈부신 성공으로 벨기에 왕으로부터 남작 작위도 받았다. 그는
파리 8구에 있는 자키 클럽의 회원이기도 하다.

장루이 베파는 생고뱅 회장, BNP파리바 이사회 부의장을 역임했다.
그룹 브뤼셀 랑베르의 이사이기도 한 그는 그곳에서 GDF 수에즈의
또 다른 이사인 폴 데마레 주니어를 만난다.

캠브리지 대학을 나오고 퐁텐블로 경영대학원 인시아드에서
MBA를 획득한 로드 사이먼 오브 하이버리는 영국 석유회사 BP의
회장, 모건 스탠리 인터내셔널 은행의 수석고문, 유니레버의 부회장,
피치 레이팅스의 국제고문단 위원, 폭스바겐 그룹의 감독위원회
위원이다.

독일인 여성 이사 안크리스티 아흐라이터너가 이 이사회의 국제적
면모를 완성시킨다. 법학과 경영학 박사 학위를 갖고 있는 그녀는
독일과 스위스에서 13개의 직책을 맡고 있다.

알도 카르도조는 니콜 노타가 설립한 비제오의 과학위원회

회장이다. 그는 트릴란틱 캐피털 파트너스 자문위원회 위원, 뷔로
베리타스, 코퍼레이트 파이낸스 뱅크 SAS의 이사 겸 감사역, AXA
인베스트먼트 매니저스의 감사, 오랑주, 아코르, 로디아의 이사,
알베르 프레르와 폴 데마레 소유의 다국적 채광 기업 이메리스의
이사회 회원을 역임했거나 역임하고 있다. 시앙스 포 학위에 경제학
교수 자격을 가지고 있는 에드몽 알팡데리는 경제부 장관1993~1995과
프랑스 전력공사EDF 사장1995~1998을 역임했다. 파리 경영대학원
출신의 프랑수아즈 말리외는 프랑스 정책은행인 SFEF의 총재다.
국가를 대표하는 네 명의 이사, 올리비에 부르주, 라몽 페르난데스,
스테판 팔레즈, 피에르 모쟁은 모두 파리 정치대학과 국립 행정학교
출신이다. 특히 피에르 모쟁은 프랑수아 올랑드와 같은 볼테르
기수다.

임금노동자를 대표하는 이사들은 현대의 영웅들인 이 거물들에
비하면 내세울 게 거의 없다. 세 명에 대해서는 자랑스럽지 못한
〈없음〉이라는 언급이 다른 곳에 맡았던 사회적 직책을 요약해 준다.
간부직총연맹CFE-CGC이 추천한 안마리 무레는 경제학 석사 학위와
마케팅학 학사 학위를 갖고 있다. 파트릭 프티장노동총연맹, CGT과 알랭
빌리에민주노동동맹, CFDT는 고등교육을 받지 않은 것으로 나와 있다.
가브리엘 프뤼네노동총연맹는 주주 임금노동자를 대표한다.
금융시장감독청AMF에 제출된 이『참고 문건』들은 임금노동자, 노조
활동가, 그리고 물론 사회학자들에게는 소중한 정보의 원천이다.
GDF 수에즈 이사들의 면면을 살펴보면 이사들 간 학력과 경력의
불평등이 명백하게 드러낸다. 이것은 임금노동자 대표들이

형식적으로는 다른 이사들과 같은 무게를 지닌 의결권을 갖고 있긴
해도 자신의 존재감을 드러내고 당당하게 발언을 하는 것에 큰
어려움이 있을 거라고 추측케 한다. 이사회 참석의 대가로 지불되는
보수는 주주총회에서 지명된 이사들의 경우는 아주 넉넉하다알도
카르도조의 경우에는 105,000유로까지 올라간다. 그리고 국가를 대표하는 이사들의
경우에는 국가에서 지불한다. 하지만 노조 활동가들에게는 보수가
지불되지 않는다. 그들에게도, 그들이 속한 노조에도. 이것은
이사회가 진정 노동자를 위한 곳이 아니라는 것을 말해 주는 하나의
방식이기도 하다.

책임의 무게와 긍지

임금노동자를 대표하는 이사들은 각 노조에서, 특히 노동법에 관해
교육을 받는다. 하지만 그것으로는 경제와 금융에 정통한 다른
이사들이 드러내는 것과 같은 자신감을 갖기에는 부족하다. 「어떤
문제를 다루든, 그들은 변호사와 전문가들의 도움을 받아요. 그들은
가벼운 마음으로 이사회에 올 수 있지만, 우리는 공부를 해야만
하는, 가끔은 영어로 된! 많은 자료를 건네받죠. 솔직히, 가끔 어떻게
해야 할지 몰라 때려치우고 싶을 때도 있어요.」하지만 직업의식이
부족해서 그런 것은 아니다. 그래도 가장 열심인 것은 임금노동자를
대표하는 이사들이니까. 소위 〈독립〉 이사들은 자리에 앉아
꾸벅꾸벅 졸기도 한다. 못 가진 사람들은 자신에게 예의의 경계를
넘을 권리가 없다고 느끼는 사람들이기 때문에 어떤 이들의 권력은
무례를 통해 드러나기도 한다. 어떤 사람들은 습관적으로 명령을

내리고, 다른 사람들은 습관적으로 명령을 받는다.

임금노동자를 대표하는 몇몇 이사들은 풀타임으로 그 직책을 수행한다. 거대한 그룹의 이사회이기 때문에 특히 금융과 〈경영〉을 속속들이 꿰뚫고 있지 못하는 이사들에게는 준비 부담이 상당히 크다. 하프타임으로 이사의 직책을 수행하는 사람들의 경우, 노동자로서의 본업과 노조 활동가로서의 임무를 병행하기가 무척 어렵다. 「사방에서 심한 압력을 받기 때문에 모든 것을 망친 것 같은 죄책감을 느낄 때가 많습니다. 이사회가 열리기 전에 노조 동지들과 함께 의사일정의 다양한 포인트들을 준비합니다. 말하자면 무장을 하는 거죠. 언제든 최악의 상황이 닥칠 수 있기 때문에 저 자신이 일종의 메모지가 되는 겁니다. 그래도 개인적으로 어려움에 처하거나 늘 그래프, 수치, 간략한 요약본의 형태로 제시되는 서류를 이해하지 못할까 불안하죠. 하지만 제 선택의 결과는 제가 책임져야 합니다. 이사회가 끝나면 전 제 의도와 결과를 놓고 저 자신과 결산을 하기 위해 집중을 합니다. 저 자신에게 만족할 때도 있고 그렇지 않을 때도 있죠. 솔직히 말하면, 만족하는 경우는 아주 드물어요. 수백만, 수십 억 유로를 논하다 나오면 정신이 멍해지죠. 게다가 비밀을 엄수하라는 말을 수시로 듣다 보니, 집에 돌아와도 대부분 신경이 날카로워져 있어요.」

임금노동자를 대표하는 이사들과 그들을 궁지로 몰아넣고 싶어 하는 회사 경영자들 사이에 날카로운 신경전이 벌어질 수도 있다. 상법 L 225-30에 따르면, 다수의 직책을 겸직할 수 있는 〈독립〉 이사들과 달리, 직원들에 의해 선출된 이사의 신분은 〈노조 대표,

기업위원회 위원, 직원 대표, 혹은 위생, 안전, 회사 노동조건위원회
위원의 모든 직책과 양립할 수 없다. 선출 시 하나 혹은 여러 개의
직책을 갖고 있는 이사는 8일 이내로 그 모든 직책에서 사직해야
한다. 그렇지 않을 경우, 그는 이사의 직책에서 사임한 것으로
간주된다.〉법에 의해 명백하게 금지되어 있지 않지만, 어떤
기업에서는 노조의 기업위원회 예비 모임 참석을 하기만 해도
경영진의 경고를 받을 수 있다. 〈임금을 받는〉 이사라는 특수한 신분
때문에 〈일체의 노조 활동을 자제해야 하는〉 경우도 있다. 여러 개의
직책을 겸직할 수 있는 〈독립〉 이사에 비하면 그야말로 까다롭기
짝이 없는 요구다.

이 비정형적인 이사들은 준비를 하긴 하지만 〈노조 모임에 나가면
그렇게 편한데 그곳 분위기에는 도무지 적응이 안 된다!〉고 털어놓을
것이다. 「모든 게 정신없이 지나가요. 잠시 집중을 하지 않으면
이미 다음 안건으로 넘어가 있죠. 가끔은 표결이 있었는지조차 알
수 없는 경우도 있어요.」 표결은 다수결로 이루어지기 때문에 한
표 한 표가 중요하다. 하지만 찬반 동수일 경우에는 의장의 표가
캐스팅보트 역할을 한다. 「우리는 투표를 증명해야 합니다. 기록이
되거든요. 기록이 되지 않으면 경고를 받게 되죠.」 다른 회사에서는
묵시적인 동의의 원칙이 우선된다. 「아무 말도 하지 않으면 찬성으로
처리됩니다. 하지만 모든 이사는 비밀투표를 요구할 수 있어요.」
제법 규모가 큰 회사들은 모두 국제적인 문제에 직면하게 된다.
「자회사가 매각되면 외국의 임금노동자들과 접촉을 시도합니다.
모두가 조정 변수가 되어 버렸으니까요. 회사들은 이렇게 손에서

손으로 건너가죠.」 독립 이사들은 습관처럼 이 대륙 저 대륙으로
여행을 하지만, 「우리로서는 중국이나 브라질로 가는 게 쉽질
않아요. 그래서 외국 노동자들이 프랑스를 방문하면 그들을 만나기
위해 모든 방법을 동원하죠.」

또 다른 이사가 말한다. 「경영진이 한 기업의 판촉 행사를 해주길
원해서 아시아에 간 적이 있었어요. 잘 짜인 여행이었지만 현지
직원들을 만날 순 없었죠.」 그리고 오래 공부를 할 기회가 없었던
사람들에게는 언제나 언어의 문제가 남는다. 자기소개와 옷
입는 방식은 미묘한 문제다. 「어디서나 통하는 중성적인 옷을
마련했어요. 그러니까 늘 같은 식으로 옷을 입은 겁니다.」 그것은
조예 깊은 다른 이사들의 눈에 띠지 않을 수 없었을 것이다. 「전
그들과 장단을 맞추기 위해 늘 넥타이를 맸어요.」 하지만 또 다른
이사는 우아함이라는 사업가들의 복장 규준에 억지로 자신을 끼워
맞추길 거부한다. 「전 늘 임금노동자 대표라고 박혀 있는 챙 모자를
씁니다.」 다른 여성 이사가 말한다. 「전 늘 정장 윗도리를 걸쳐요.
그래야 편하거든요.」 또 다른 이사가 결론짓는다. 「전 언제나 정장을
입어요. 이게 저의 세 번째 정장인데, 첫 두 벌은 결혼과 연관이
있어요. 제가 결혼을 두 번 했거든요.」 그러니까 어쨌거나 그들에게
이사회는 엄숙한 의식이다. 가끔 이 복종의 기호에 맞서기를 꿈꿀
때를 제외하고는. 「전 정장을 입습니다. 하지만 전 알아요, 언젠가는
푸른색 작업복을 입고 갈 거라는 걸!」

임금노동자를 대표하는 이사들에게는 노동 세미나나 기업에
중요한 사건이 있을 때 다른 이사들과 함께 점심 식사, 나아가 저녁

217 만찬을 함께 할 기회가 있다. 「항상 아주 잘 먹죠. 전 구경도 못
해본 진수성찬이 차려지거든요. 언젠가 레스토랑에서 점심 식사를
하는데, 문득 우리가 캐비아를 먹고 있다는 걸 깨달았어요. 사실 전
캐비아와 물미거지 알을 구별하지 못합니다. 전 그냥 나와 버렸어요.
캐비아를 먹고 있는 바로 그 사람들에 의해 직원들의 봉급이
삭감되었는데 거기서 배를 채우고 있을 순 없었거든요.」 이사들은
회사가 확보해 둔 칸막이 좌석에 앉아 롤랑 가로스 테니스 경기나
스타드 드 프랑스에서 열리는 축구 경기를 관람할 수 있게 초대를
받는다. 「전 심지어 런던 올림픽 게임에도 초대를 받았어요! 하지만
가지 않았어요. 약간 부담스러웠거든요. 게다가 전 초대에는 일절
응하지 않아요. 회장님하고 나란히 서서 프티 푸르[133]를 먹기에는
너무 간이 작거든요.」

서민 계층에 속하는 사람이 대 부르주아지의 모임에 참석하게 되면
내적으로 불평등과 차이를 경험하게 된다. 그것은 감당하기 쉽지
않은 일이다. 하지만 그것은 분명히 세습이 노력과 자격보다 훨씬 큰
효율성을 발휘하는 갈취 게임에 동반되는 그 모든 불의와 함께, 우리
사회의 구조들과 거기서 비롯되는 계층의 등급화를 이해하게 해주는
훌륭한 사회학 학교가 된다.

---

133. 한입에 먹을 수 있는 작은 과자 — 옮긴이주.

제6부

전장으로서의
도시

사회적 폭력은 경험되고 내면화될 뿐만 아니라, 우선교육지역ZEP
이나 공공 녹지 공간에 버젓이 자리를 잡고 있는 사유지나 불로뉴
숲 서클 같은 클럽들처럼 도시와 건축 형태들을 통해, 법과
제도들을 통해 객관화된다. 사회와 그 불평등들이 생활의 장소들과
그 기능의 행정적, 법적 원칙들을 빚어낸다.

제1장/ 잘 드러나지 않지만 효율적인 교육자, 공간

우리는 사회의 다양성과 우리가 거기서 점하는 자리를 도시 경험을
통해 배운다. 귀족과 대 부르주아지에게 어린 시절부터 고급
주택가에서 생활한 것은 특별한 도시 공간에서, 특수한 실천들을
통해, 자신이 속한 그룹에 고유한 성향과 생활 방식들을 내면화하는

동시에 지배계급에 속하는 특권을 경험했다는 것이다. 거주 구역은 사회적 존재와 그의 계급적 정체성을 표현하고 강화한다. 모든 사회적 주체가 그렇듯, 상류 계층 구성원들은 늘 어느 정도 그들이 살았던 장소들을 닮아 있다. 그래서 그들이 살아온 이야기를 모으는 것은 그들이 생활 공간에 빚지고 있는 것을 이해할 수단을 확보하는 것이기도 하다.

아동과 청소년들이 사회에서 삶을 경험하는 장소들의 역할은 아주 중요하다. 그들은 거기서 사회적 정체성, 유사점과 차이점들을 배운다. 그들 각자는 도시가 그들에게 제공하는 사회적 경험에 큰 영향을 받을 것이다. 인구가 과밀한 낡은 서민임대아파트^{HLM} 단지에 거주하면 위태롭고 지배당하는 그곳 주민들의 사회적 입지를 매 순간 접하면서 살게 된다. 쾌적하거나 그렇지 못한 주거 공간은 그 자체로 그곳에서 아동기와 청소년기를 보내는 사람들의 사회적 위치를 내면화하는 요인이 된다. 빈민, 구호 대상자, 범법자, 인종차별주의자…… 그 단지의 주민들을 특징짓기 위해 온갖 부정적 낙인들이 쌓여 간다. 그들의 생활공간은 〈열악〉하거나 〈취약〉하고, 그들의 도시는 낡았고 구식이며 파괴되어 있다. 그곳 아이들은 낙제를 밥 먹듯 하고, 너무 뚱뚱하며, 과자와 탄산음료를 입에 달고 산다. 간단히 말해, 낙인 찍기는 전반적이다. 그들이 느끼는 혼란은 은행가와 투기꾼들이 똬리를 틀고 있는 사회 상층부, 사회적 혼합의 깃발 아래 지적인 중간계급이 모여 있는 사회 중앙부, 그리고 사회적 지위의 실추와 문화적 상실을 뜻하는 이주 노동자들이 자리 잡은 사회 하층부로부터 오는 이러한 상징적 공격에 비례한다.

참고27 **부자 동네에서 즐기는 브런치 오페라**

2012년 12월, 오페라 뒤 주르는 파리 16구에 있는 라느라그
극장에서 모차르트의 「마술피리」를 오전 중에 여러 차례 공연했다.
10시부터 우아한 검은색 정장으로 날씬한 몸매를 강조한 젊은 여성
안내인들이 유료인 브런치를 제공했다. 차, 커피, 과자가 마련된
매점은 동네 부인들이 맡았다. 가족들이 몰려온다. 그곳에서 만난
아이, 부모, 조부모 들은 모두 환하게 웃지만 언성을 높이지는
않는다. 기쁨으로 가득한 그 정숙은 의심의 여지를 남기지
않는다. 모두 가정교육을 제대로 받은 사람들이다. 서로 아는
사이 같아 물어봤더니, 누가 환하게 웃으며 대답한다. 「그럼요,
모두 사촌들이에요!」 층계를 올라가니 살롱이 나오고, 르네상스
스타일의 멋진 벽난로 앞에 흩어져 있는 작은 테이블들이 브런치를
먹으며 사교 활동을 할 수 있게 해준다.

여전히 정숙한 가운데, 서서히 관객들은 공연실로 안내된다.
멋진 내장재와 채색된 격자천장 아래 줄지어 놓인 붉은색 벨벳
안락의자들이 아주 편안한 사치의 공간을 완성시킨다. 300석
규모의 이 극장은 18세기 정원을 포함해 넓이가 8헥타르에 달했던
불랭빌리에 성의 음악 살롱 부지에 있다. 플랑드르 르네상스에
영감을 받아 1900년도에 지어진 이 극장은 그 후로 거의 변하지
않았고, 그 구역에 벌어진 대대적인 도시화 계획도 기적적으로
모면했다. 한때 예술영화, 실험영화를 주로 상영하는 영화관으로
사용되다가, 지금은 가치를 인정받아 역사적 기념물로 추가
등록되어 보존되고 있다.

2012년 12월 일요일, 오페라 뒤 주르는 모차르트의 유명한 작품을
공연한다. 2006년에 창단된 이 오페라단은 〈친밀하고 흥겨운 축제
분위기 속에서 이뤄지는 남녀노소 음악 애호가와 시적 흥취를
찾는 모험가들의 아침 약속〉이고 싶어 한다. 극단 관계자들이 이제
곧 보게 될 작품을 어떻게 이해해야 하는지 도움말을 주기 위해
아이들을 작은 방으로 초대한다. 노래는 독일어로 되어 있지만,
시퀀스들은 프랑스어로 낭독될 것이다. 얌전한 아이들은 짧은
막간을 제외하고 두 시간 내내 이어지는 공연에 집중할 것이다.
오페라, 인간적인 규모의 극장, 관객의 동질성이 음악교육을 위한
최고의 조건을 보장해 준다. 구태여 말해 주지 않아도 아이들은
가족이 아는 사람들과 함께 거기 와 있다는 것을, 그들이 제르송,
생루이드공자그 또는 생장드파시의 급우들과 함께 있다는 것을
안다. 문화와 예술은 학과 과목이 아니다. 어쨌거나 그것을
학교에서만 배우지는 않는다. 그들처럼 좋은 환경에서 태어난
아이들의 사회생활, 가족생활, 공생은 예술 작품들을 통해 아주
자연스럽게 이뤄진다. 파리 16구 아이들은 공연에 푹 빠져서
모국어를 배우듯 문화를 배운다.

제2장/ 약화되는 노동의 기억

노동의 과거를 깨끗하게 지워 버리자
지배자들에게는 과거의 투쟁들을 사라지게 하는 것, 영원히 잊어

버리게 하는 것이 전략적 관건이다. 그것이 자유주의를 자명한
〈단 하나〉의 경제적 시스템, 능률적이고 불가피한 시스템으로
인정하게 만드는 데 한 몫을 하기 때문이다. 노동자의 기억은
푸대접받고 조롱당하고 무시된다. 역사는 오로지 권력자들의 역사로
귀결되어야만 한다.

니콜라 사르코지는 2012년 4월 22일 자신의 지지자들을 앞에
두고 연설을 하기 위해, 그리고 5월 6일 저녁에는 자신의 패배를
인정하기 위해 메종 드 라 뮈튀알리테를 택했다. 1970년대에 그곳에
열렸던 다른 성격의 미팅에 익숙한 우리에게는 그 선택이 엉뚱해
보였다. 그래서 우리는 구경을 하러 갔다. 체제 전복적인 연설이
행해지고 청중이 마오쩌둥의 『붉은 책』을 흔들어 대던 그 명소는
대선 승리에 목말라 있는 〈부자들의 대통령〉을 맞이하기 위해
마치 저고리를 뒤집어 입은 것처럼 푸케츠 바리에르 호텔만큼이나
근사하게 변신했다. 아마도 니콜라 사르코지는 그런 식으로 민중을
흉내 낼 심산이었을 것이다.

박공에 〈메종 드 라 뮈튀알리테〉라고 새겨진 이 거대한 건물은
연대의 투사들과 사회적 투쟁의 투사들을 맞아들이기 위해
1931년에 지어졌다. 단지 크기만 했던 이 건물은 위엄을 더하고
아르 데코 장식을 해준 건축가 장미셸 빌모트 덕분에 새로운 맵시와
젊음을 되찾았다. 혁명적이고 열의에 넘치는 파리를 상징하는 이
신화적 장소의 관리는 행사 전문 기업인 국제 GL 이벤트 그룹이
맡고 있다. 이 회사는 인도에서 미국, 네덜란드에서 아랍에미리트에
이르기까지, 세계 18개국에서 행사와 전시 장소를 관리한다.

프랑스 공제조합의 경쟁입찰에서 이 회사가 35년간 〈팔레 드 라 뮈튀알리테의 관리〉를 낙찰받았다. 메종집이 팔레궁로 바뀌었으니 푸케츠의 대통령이 최후의 전투에 나서기 전에 지지자들을 열광시키기 위해, 그리고 선거에 패한 후에는 그들을 위로하기 위해 그 장소가 적당하다고 생각했을 수도 있겠다.

1933년의 국제노동자동맹 프랑스 지부SFIO 전국 대회, 정신 나간 희망으로 부풀었던 1968년 이후, 대부분 뒤죽박죽이었지만 언제나 열의에 넘쳤던 대회들의 기억이 점점 멀어지며 가물거린다. 건물을 새로 단장한 이후로 그곳에서 조르주 마르셰나 알랭 크리빈에게 박수를 보내고 미 제국주의에 맞선 베트남 인민의 용기를 칭송했던 시절을 떠올리는 투사들의 기억은 퇴색해 버렸다. 물론 대리석 층계와 단련한 쇠로 만든 난간은 그 건물에 영주의 거처 같은 위용을 부여했다. 새로 설치된 크리스털 장인 랄리크의 조명들이 되찾은 젊음을 훤히 밝힌다. 그 젊음은 금력을 쥔 지배자들에 대항해 더 나은 세상을 만들려는 투쟁과 연대의 젊음이 아닐 가능성이 아주 크다. 중앙 강당의 의자가 1,789개에서 1,740개로 줄어든 것에서 메종 드 라 뮈튀알리테가 인민의 집이었던 시절과 결별하려는 의지를 보아야 할까? 새로운 〈팔레〉는 사회적 퇴보의 힘, 생각과 감정들을 타락시키는 조작의 힘이 날뛰는 궁궐이 될 위험이 아주 크다.

건물 안에 르 테루아르 파리지앵이라는 식당을 만들어 리볼리 가의 뫼리스 호텔 주방장에게 맡긴 것도 우리의 우려를 증폭시킨다. 플래카드를 들고 머리띠를 두른 채 거리 행진이나 미팅을 한 사람들이 그곳에서 한가롭게 식사를 하는 건 상상하기 어렵다. 승승장구하는 금융계의 호시절을 연장할 수 있는 최선의 방법에 대해 토론을 벌이기 위해 그곳에 찾은 트레이딩 룸이나 신자유주의의 〈새로운〉 동지들이라면 몰라도.

이렇게 상징적 중요성을 가졌던 산업적 활동의 유적이 사라지는 것 또한 노동자 계급에게는 하나의 폭력이다. 그것은 생산에 있어서 그 장소가 고무시켰던 긍지의 상실을 불러온다. 그 공간이 노동자였던 사람들을 배제하는 활동들에 쓰이는 만큼 더더욱 그렇다. 노동자의 노동은 어업이 계속 뒷걸음질 치는 해양 공간에서도 서서히 사라지고 있다. 오늘날에는 레저용 배들이 한때 다양한 형태의 어업이 행해졌던 항구들을 점령하고 있다. 물론 중학생과 고등학생을 위해 연안 지대 행정 당국들이 여는 항해 학교를 비롯해 대중적인 형태가 존재하긴 하지만, 항해는 부자들이 주로 즐기는 레저 스포츠가 되었다.

노동의 과거를 파괴하는 사회적 폭력은 랑스에 들어선 루브르 박물관 지부처럼 지배적 문화의 상징이 서민의 영역에 〈다시 활력을 불어넣기 위해〉 강제될 때 절정에 이른다. 이 선택은 적절한 교육을 받지 못한 사람들도 거리만 가까우면 예술에 쉽게 접근할 수 있을 거라는 원칙에 의해 정당화된다.

예전에 탄차(炭車)에서 일했던 노동자의 집들 사이로 긴 평지를 따라 설치된 산책로를 들어서자마자 상징적 폭력이 가해진다. 레일이 깔려 있었던 자리에 조성된 이 산책로는 도심에서 새로 지은 박물관까지 이어진다. 그 산책로는 쾌적하긴 해도 그곳을

거의 사용하지 않는 랑스 사람들을 고립시킨다. 그렇다고 그들이
정원은 물론이고 열린 창문을 통해 방 안까지 기웃거리는 박물관
방문객들의 눈에 띄지 않는 것은 아니다. 랑스 시의원^{좌파 소수당}이자
중학교에서 역사를 가르치는 카린 반 비넨다에러에 따르면,
그렇다고 「피해 주민들의 입에서 상징적 폭력이라는 말이 나오는
것은 아닙니다. 주민들은 무엇보다 공사 때문에 시끄러워서 못
살겠다고 불평을 늘어놨어요. 아마도 이러한 상징적 폭력은
나중에 가서 문제가 될 겁니다. 왜냐하면 2012년 12월에 박물관이
개장했을 때 주민들은 무료입장의 특혜를 누렸거든요. 〈나도 개장
때 갔었어.〉 그들은 몇 년 후에 이렇게 말하겠죠. 그들이 주기적으로
박물관에 갈지는 불확실해요. 음악 콘서트를 전후해 열린 행사나
강연은 교양 있는 관객을 위한 것이었으니까요.」 하지만 그녀에
따르면 주민들이 보이는 〈저건 우릴 위한 게 아냐〉라는 식의 반응은
거부보다는 무관심으로 드러난다. 그녀가 덧붙인다. 「주민들이
거부하지 않는 건 나라에서 그들에게 관심을 가지고 뭔가 긍정적인
것을 해줬다며 자랑스럽게 여기기 때문이에요. 하지만 제 제자 중
하나가 불안한 표정으로 이렇게 말한 게 기억나요. 〈우리 동네의
작은 가게가 문을 닫게 될 거예요. 왜냐하면 루브르를 찾는 사람들
눈에는 지저분해 보일 테니까요!〉 불평은 무엇보다 주차 문제에
집중됐어요. 그 전에는 주차가 도시 어디든 무료였거든요.」 박물관
개장을 앞두고 지하 주차장 건설을 위해 민간투자자를 끌어들일
목적으로 도심 주차가 유료로 변했다. 민간투자자는 주변의 지상
주차장도 유료로 바꾸지 않으면 투자를 할 수가 없다고 거절했다.

도심 상인들은 손님을 잃었고, 직장이 그 구역에 있는 노동자들은 릴에 가기 위해 기차를 타야 하지만 더는 역 근처에 자동차를 둘 수 없는 사람들과 마찬가지로 먼 곳에 주차를 해야만 한다. 계급 간의 관계는 사용가치가 높을수록 더욱 격렬해지는 공간을 위한 투쟁을 통해 표현된다.

참고28 철저히 제거된 빌랑쿠르

빌랑쿠르, 노동의 요새. 일반적으로 요새는 역사적 기념물로 분류되어 보존된다. 하지만 이 요새는 그렇지 않다. 지하철 퐁드세브르 역에서 나오면 왼쪽에 새로 생긴 보행자 전용 가교가 지금은 대중에게 개방된 세갱 섬으로 이어져 있다. 오른쪽, 강 하류 쪽으로 불쑥 나온 부분에 있는 공원과 식당은 곧 음악 시설의 건설을 위해 자리를 내어 주어야 할 것이다. 건설 예산은 1억 5천만 유로다. 그 돈은 민간과 공공 분야가 합작해 댈 것이다. 세갱 섬의 이 부지는 그 독특한 공간을 〈문화의 계곡〉 프로젝트에 포함시키는 임무와 함께 1유로라는 상징적인 가격으로 오드센 도의회에 양도되었다. 「세갱 섬은 21세기의 생루이 섬이 될 겁니다. 이 프로젝트와 라데팡스의 아레나 92 프로젝트 덕분에 오드센은 그랑파리의 문화생활을 떠받치는 주요한 한 축이 될 거예요.」 오드센 도의회 의장인 파트리크 드브지앙은 말한다.

노동자들은 1992년에 세갱 섬을 떠났다. 그곳에 르노 자동차 공장들이 지어진 것은 1920년대 초였다. 그 기량과 가치로 20세기 프랑스 역사에 큰 획을 그었던 노동자 문화는 사람들은 흔히 〈빌랑쿠르가

재치기를 하면 프랑스가 감기에 걸린다〉고 말했다 이제 지도에서 완전히 지워져야
한다. 강 하류 쪽은 음악, 상류 쪽은 현대 예술, 영화, 서커스, 소위
좀 더 박식한 문화를 위해. 물론 그 프로젝트는 모든 사람이 문화를
즐길 수 있게 하기 위한 것으로 소개되었다. 인터넷 사이트http://vallee-
culture.hauts-de-seine.net에 그렇게 나와 있으니까. 〈문화적 야심 뒤에는
교육적, 사회적 야심도 있다. 기회의 평등과 연대를 위해서는
누구나 어린 시절부터 문화를 향유할 수 있어야 한다.〉 하지만 이
프로젝트 탓에 다른 문화가 그 지표 중 하나를 잃고 만다. 이렇게
해서 노동의 정체성은 그 보루 중 하나가 역사의 쓰레기통 속으로
사라지는 것을 보게 된다. 라 데팡스 상업 지구는 노동자들의 작은
빌라, 공장, 작업장 들을 지워 버렸다. 많은 부르주아 지역들이
건축과 유산의 가치를 인정받아 각종 보존 조치의 혜택을 받는
반면, 민중 계층은 그들의 임대주택과 공장들이 흉물스럽다고
낙인 찍혀 사라지는 것을 보게 된다. 상징적 폭력과 파렴치가 마치
약속이라도 한 듯 세갱 섬에서 조우한다. 세계의 과두지배자들은
그곳에 지어질 고급 호텔에 묵으며 여가를 즐기고, 파리의 근사한
지역들과 새로 단장된 그 섬을 오가며 교양을 쌓을 것이다.
〈한 노동자가 스스로 던지는 질문〉이란 시에서 베르톨트
브레히트가 놀란 데에는 그럴만한 이유가 있다는 것이 이렇게
확인된다. 〈젊은 알렉산더 대왕이 인도를 정복했단다. 혼자서?
카이사르가 골족(族)을 정복했단다. 그 곁에는 최소한 요리사라도 한
명쯤은 있지 않았을까?〉[134] 대문자 H로 쓰여지는 역사는 이 세상을
지배하는 권력자들의 작품이다. 우리가 아는 세계를 건설한 다수의

134. 베르톨트 브레히트, 모리스 레뇨 역, 「한 노동자가 스스로 던지는 질문」, 『시집』(파리: 라르슈,
1966~1976).

노동을 보이지 않게 만들면 그 공은 과거나 현재나 다른 사람들의
노동을 착취하는 사람들의 것으로 돌아간다. 1931년에 섬 상류
쪽에 지어진 세베르 다리를 건너면 뫼동 쪽 센 강을 따라 이어지는
산책로가 나오고, 그 끝에서 세브르 다리를 건너면 다시 지하철역이
나온다.

^{참고29} 레저용 선박들이 어선을 밀어내고 있다

마르세유의 구 항구나, 두아르느네 인근에 있는 트레불의 작은
항구나 느낌은 마찬가지다. 레저용 선박들은 많은데, 어선은 점점
드물어지고 있다. 레저용 항해는 기존 항구들을 점령하고 시설
확장이나 새로운 항구의 건설을 부추길 정도로 발전했다. 이러한
발전은 어항(漁港)들과 경쟁하며 이루어졌는데, 연안어업이 퇴조의
길을 걷고 있는 만큼 어선들은 도크 안쪽으로 점점 밀려나고 있다.
프랑스 해양개발연구소Ifremer에 따르면, 2008년에는 〈본토 연안에
있는 어항 65곳에 약 5,000척의 어선이 있었다. 그 수는 1988년의
10,000척 이상에서 20년 만에 절반으로 줄어들었다.〉환경, 지속
가능한 발전, 수송, 주택 주무부처에 따르면, 2011년 8월 31일 현재
프랑스에 등록된 레저용 선박의 수는 955,565척이고, 그중에서
234,057척은 전장이 6미터를 넘는다고 한다. 2003년에는 총
809,286척이었으니, 146,279척 다시 말해 18%가 증가한 것이다.
항구들은 점점 더 수상 관광의 본거지로 변해 가는 것 같은 인상을
준다. 어쨌거나 우리는 바다의 탈산업화를 목격하고 있다.
도크들은 이제 값비싼 배들이 연출해 내는 장관을 보여 준다.

229 그들은 생트로페 도크의 판박이들로 변해 가는 걸까? 아직
그렇지는 않다. 왜냐하면 생트로페 항은 여름이면 억만장자들의
배가, 가족끼리 부두로 산책 나오는 캠핑족을 매혹시키는 레저용
항구로 완전히 탈바꿈한 몇 안 되는 사례 중 하나이기 때문이다.
그곳에서 가장 큰 구경거리는 헬리콥터 이착륙장까지 갖춘 전장
몇 십 미터에 이르는 호화 요트들이다. 8월이면 몰려드는 관광객들
때문에 연안의 도로들이 막히기 일쑤니 헬리콥터가 쓸모가 있긴
할 것 같다. 뒤쪽 갑판에서 샴페인을 들이키는 그 호화로운 배의
주인들은 선망의 눈길로 바라보는 산책자들을 매료시키는 것처럼
보인다. 하지만 퇴직연금이 오르는 것을 보고야 말겠다는 의지를
드러내기 위해 요트 주인들의 코 아래로 피크닉을 하러 온 바르의
노동총연맹 퇴직자들의 눈길은 분노에 젖어 있다. 생트로페의
산책자들이 그 화려한 배들의 내막을 알게 되면 분노는 더욱 커질
것이다. 그중에 세금을 내지 않기 위해 조세 도피처에 등록이 된
배들은 무수히 많다. 그것은 특히 선주들 중에서도 가장 돈이 많은
사람들과 연관된 부조리의 한 측면에 불과하다. 너무 부자라 세금
내는 건 받아들일 수 없지만, 주기적으로 발표되는^{인터넷에서 검색할}
^{수 있다}[135] 세상에서 가장 큰 요트 순위에 드는 배를 소유한 사람들
말이다.

파리 서민 구역의 〈보보화Boboïsation〉

노동자 가족들은 그들의 거주지와 작업 도구, 영세 공장과 수공업
작업장들이 자유주의의 세계화, 그리고 그 신기술들과 밀월 관계에

135. 예를 들어, http://fr.wikipedia.org/wiki/Liste_des_plus_grands_yachts.

있는 젊은 고임금노동자들에게 넘어가 완전히 탈바꿈되는 것을
보는 상징적 폭력을 고스란히 겪었다. 파리 동부와 북부에 자리
잡고 있던 서민들은 수도의 탈산업화로 인해 서서히 밀려날 수밖에
없었다. 이 탈산업화는 그야말로 눈부시다. 국립 통계경제연구소에
따르면, 1999년에 576,000개였던 산업 분야 일자리는 2011년에는
68,000개로 줄어든다. 파리 서민 지역의 이러한 〈부르주아화〉,
대학을 나와 미디어, 패션, 디자인 같은 창조적 분야에서 일하는
젊은이들이 노동자 가족들의 몫이었던 도시의 사용가치들을
가로채는 것을 가리키기 위해 흔히 〈젠트리피케이션Gentrification〉[136]
이라고 부르는 것은 그 〈보보스Bobos〉[137]들이 거주 구역의
공적인 공간, 도로, 인도, 카페, 가게 들까지 가로채는 만큼 더욱
폭력적이다. 이렇게 그들은 주변 지역으로 떠난 노동자들은 결코
발붙이지 못할 도시적 공생 관계를 창조한다. 《《프롤레타리아-
이주노동자》를 밀어내고 그 자리를 차지한 《보보스-탐험가》의
호감 가는 이미지는 노동자 자산의 폭력적인 정복이라는 현실을
감추고 있다. 이 과정이 완곡하게 표현되는 것 자체가 포식자가
많은 경우 관용과 공감의 얼굴을 하는 《극단적인 자유주의》의
시대를 상징한다. (……) 공공 주택이 부족하다는 지적이
여기저기서 주문처럼 터져 나오는데도, 오늘날 소시민 계급이
대도시의 허름하고 비위생적인 거주지를 차지하는 것에 흥분하는
정치인은 드물다.〉[138] 이러한 도시 제국주의는 역설적이게도 사회적
혼합을 장려하려는 의지의 표시와 쌍을 이룬다. 구트도르 구역의
새 주민들은 자발적으로 지역단체에 가입해 예를 들어 이주민

136.　빈곤 계층이 거주하는 도심 주거 지역에 사람들이 몰리면서 임대료가 오르고 원주민이 내몰리는
현상을 이르는 용어 — 옮긴이주.
137.　미국의 저널리스트 데이비드 브룩스가 자신의 책에서 처음 사용한 용어로 부르주아의 물질적
실리와 보헤미안의 정신적 풍요를 동시에 누리는 새로운 상류계급을 가리키는 신조어이다 — 옮긴이주.
138.　크리스토프 길뤼, 『프랑스의 분열』, 〈정치〉 총서(파리: 프랑수아 부랭, 2010), 93면.

231 아동들의 학업 지원을 위해 투쟁한다. 하지만 같은 주민들이 그 구역에서 야간에 불법적으로 이루어지는 거래를 없애기 위해 〈고요에 대한 권리〉라는 단체를 설립한 것도 사실이다. 사회적 혼합에도 한계가 있다. 수에즈 가나 파나마 가의 몇몇 오스만 건물에 거주하는 회사의 중간 간부들은 자식들을 생활수준이 비슷한 아이들이 다니는 몽마르트 언덕 너머의 학교로 보낸다. 도시의 공간들은 경제적 관건에 따라 변화한다. 피에르 부르디외가 묘사한 것처럼, 1970년대의 파리를 양분했던 센 강 좌안을 거점으로 한 오트 쿠튀르의 전위적인 입장과 우안의 보다 전통적인 입장의 대립은 2013년의 파리에서는 덜 뚜렷하게 나타난다. 신자유주의와 연관된 유일한 사상은 문학과 재즈를 상징했던 생제르맹데프레 거리가 장 폴 사르트르와 보리스 비앙에 대한 기억까지 사치에 밀려나는 구역이 되어버릴 정도로 도시 공간에서 객관화된다.[139] 사치의 제국주의가 어디서 멈출지는 아무도 모른다.

참고30 런던에서는 증권 중개인들이 하역 인부들의 뒤를 잇는다

기관사가 없는 무인 지하철이 도시의 심장으로 승객을 실어 나르는 뱅크 역과 1987년부터 세워지기 시작한 런던 금융의 두 번째 중심지 케너리 워프를 이어 준다. 마천루의 숲에 JP 모건, HSBC, 크레디 스위스 같은 세계 굴지의 은행들이 들어서 있다. 템스 강의 굽이 속에서 돈이 1970년에 활동을 멈춘 항만 지역을 포위했다. 각종 은행, 법률사무소, 국제 신용평가회사에서 근무하는 44,500명의 프로를 거느린 거대한 금융 가문이 곳곳에 방파제와, 예전에

---

139.   미셸 팽송과 모니크 팽송-샤를로, 『파리, 열다섯 번의 사회학적 산책』, 〈프티트 비블리오테크 파이요〉 총서(파리: 파이요, 2013, 초판 2009), 『고타 시의 게토들』, 〈푸앵〉 총서(파리: 쇠이유, 2010, 초판 2007) 참조.

인도와 향신료 무역을 했던 배들의 정박지가 남아 있는 엉뚱한 땅에 뿌리를 내렸다.

한때 이곳은 세계에서 가장 큰 항구였다. 하지만 세계화 덕분에 탄생했고 세계화에 공헌했던 이 항구는 세계화 때문에 몰락했다. 파리 서부의 라 데팡스 구역과 마찬가지로, 사무실과 회의실이 도크랜즈에서 기중기, 작업장, 창고, 노동자의 주거지를 몰아내 버렸다. 늙은 산업국가들의 대도시 공간은 그 진화를 통해 물질적 재화의 생산이 쇠퇴하고 금융 투기가 득세하고 있다는 것을 보여준다. 런던의 이 옛 구역에 들어선 쇼핑센터에서는 특히 점심시간에 증권 중개인들이 2012년 12월 초의 추운 날씨에도 불구하고 와이셔츠 차림으로, 혹은 짙은 색 정장에 우아한 가죽구두를 신고 가상의 숫자로 변해 버린 돈을 갖고 놀기 위해 빨리 사무실로 돌아가게 해줄 샌드위치를 사려고 바쁘게 오가는 광경을 흔히 볼 수 있다. 그들 대부분은 모금이 진행 중인 아프가니스탄 전쟁 상이용사들에게 베푼 너그러움을 증명하듯 단춧구멍에 조그마한 빨간 꽃을 보란 듯이 꽂고 있다. 그 빨간 꽃은 그 세계의 획일화를 돋보이게 하는 한편, 모든 것이 그렇게 잘 되어 가고 있지는 않다는 것을, 세상이 과열 상태에 있다는 것을 상기시켜 준다. 거기서 몇 백 미터 떨어진 곳에 도크랜즈 박물관이 예전에 향신료를 쌓아 두는 데 사용됐던 건물에 들어서 있다. 해상무역과 선박 건조에 연관된 아주 아름다운 오브제들, 다큐멘터리들, 수많은 사진들이 대영제국의 역사, 그리고 노예제도에서 하역 인부와 그 가족의 고된 삶에 이르기까지, 그 지배의 사회적 관계의 역사를 이야기한다. 한 세기 후에 금융 박물관의 모습이 어떤 것일지 상상할 수 있을까?
컴퓨터, 넥타이, 짙은 색 정장, 지폐 다발, 일자리와 수익에 관한
수치, 모두 비슷하게 생긴 마천루 모형. 이처럼 미래 세대들에게
물려주는 데 있어서 가상화된 금융은 결코 실제적인 경제의 부와
경쟁할 수 없을 것이다. 그래도 하역 인부들과 영국 노동자 계급의
관점에서 볼 때, 한때 그들의 삶과 가치를 이뤘던 것들이 그렇게
사라지는 것을 바라보는 일이 폭력의 한 형태인 것은 변함이 없다.
늙은 산업국가들은 이 땅에 잠시 머물다 가는 우리의 유일한
목적, 돈이라는 새로운 권력의 요구에 순응하게 하는, 숫자와
감정(鑑定)으로 이뤄진 언어를 사용하는 신자유주의 세계화를 위해
자취를 감추고 있다.

참고3] 이제 〈라 사마리텐〉에서는 아무것도 구할 수 없다

세계에서 네 번째로 돈이 많은 베르나르 아르노는 자신의 제국을
넓히기 위해 쇼핑을 계속해 나간다. 2001년, LVMH의 총수는
1869년에 거대한 백화점을 세운 코냑제 가문 후손들의 소유인 라
사마리텐의 주식 60%를 매입했다. 프랑스 최고 갑부의 전략은 어떤
것이었을까? 아마도 장차 값어치가 나갈 만한 것들만 보존하는 것일
게다. 다시 말해 역사적 기념물로 분류된 건물, 그리고 파리 중심, 센
강변, 수도에서 가장 오래된 퐁뇌프 다리 맞은편이라는 그 입지만.
섬유 그룹 부삭을 인수해서는 알짜배기인 디오르만 빼먹은 것처럼.
안전위원회는 1983년에 이미 이 백화점의 마룻바닥이 화재에
취약하다며 주의를 줬었다. 2001년 베르나르 아르노가 부분적으로

통제권을 장악한 이후로 2005년 6월까지는 근근이 기업 활동이
이어진다. 그해, 라 사마리텐의 경영진은 백화점 폐쇄를 결정한다.
같은 해 1월, 파리 경찰청 안전위원회는 또 다시 부적합 판정을
내놓는다. 안전위원회의 요구는 18개월 정도의 공사면 충분히
충족시킬 수 있는 것이었는데도, 경영진은 6년 동안 문을 닫기로
결정한다. 노조원들이 경악을 금치 못하는 가운데, 라 사마리텐의
종말이 통고된다. 기업위원회의 주문에 따라 감정을 실시한
플뤼리엘 컨설턴트의 보고서에 따르면, 라 사마리텐의 새 경영진은
위험을 과대평가했다. 보고서는 라 사마리텐이 LVMH가 예측했던
것처럼 좋은 사업은 아니며, 그룹의 이미지 때문에 〈스스로 문을
닫는 것은 고려 대상이 아니므로〉, 〈안전을 위한 예방 원칙을
과도하게〉 해석해 〈어쩔 수 없이 문을 닫아야만〉 했다고 강조한다.
코냐제 재단과 나름대로 계획을 갖고 있던 베르나르 아르노 사이에
갈등이 시작된다. 하지만 2010년 11월에 타협이 이루어지고,
베르나르 아르노는 비밀에 부쳐진 액수를 주고 재단이 아직 갖고
있던 지분을 가져오게 된다. 몇 달 전인 2010년 7월, 파리 시의회가
도시계획의 수정에 착수했는데, 이것이 상황 타개에 큰 도움을
준다. 이 수정안 덕분에 LVMH 그룹은 라 사마리텐의 주 건물을
몇 미터 더 높일 수 있게 된다. 이 증축으로 인해 이미 어둡고 좁은
바이에 가의 몇몇 주민이 일조권을 침해당할 것이고, 그룹은 그에
대한 보상으로 7,000제곱미터에 달하는 공간을 탁아소와 공공
주택용으로 내놓을 것이다. 하지만 파리 서민들이 무엇이든 구할
수 있었던 백화점을 되살릴 수는 없을 것이다. 개발 프로그램에는

235 〈슈발 블랑〉이라는 이름의 5성급 호텔이 들어 있고, 그 호텔은
LVMH 호텔 매니지먼트가 관리할 것이다. 상업 부문에는 또
다시 사치다. 이 21세기의 백화점에는 루이 비통을 비롯해 부를
찬양하는 간판들만 들어설 것이다. 이 새로운 돈의 신전, 코묀의
도시 심장부에서 행해지는 새로운 상징적 폭력은 거대 자본을 위해
수도에서 배제된 자들의 배제를 드러내는 또 하나의 표시가 될
것이다.

제3장/ 부자는 서민과 거리를 둔다

대 부르주아지는 〈우리끼리〉를 보호하는 것이 문제가 될 때는
이것저것 가리지 않는다. 자식들에게 나쁜 영향을 끼칠 수 있는
타자와 교제하지 못하게 하는 것이 그들의 지속적인 관심거리다.
장기적으로 볼 때, 신분이 낮은 사람과의 결혼으로 인해 가족
재산을 대대로 전하는 일에 지장이 생길 수도 있기 때문이다. 한
사회계급의 지배를 끝없이 재생산하려면 부와 유산이 몇몇 집안
내부에서 전달되어야 하기 때문에 동족결혼에 대한 지배자들의
집착은 강력하다. 부자 동네의 〈우리끼리〉가 모든 형태의 부와
권력을 독차지하는 사람들 사이의 관계를 촉진시킨다. 각 집안의
부가 다른 집안의 부로 파급되고, 그것들이 모두 합쳐진다.
지배계급은 도시 계획을 주도함으로써 그들의 주거지역에 녹음이
우거진 아름다운 거리를 조성하고, 주민들의 필요를 충족시켜 주는

상점들을 유치한다. 건물, 저택, 빌라의 건축은 공간에 대한 권력과
주민들의 지배적 지위를 견고하게 해준다.

임대주택 단지는 무법 지대

지배의 사회적 관계가 뚜렷한 방식으로 지리적 공간에 새겨질 때,
그 폭력성을 가늠하기 위해서는 사회학적 산책보다 나은 것이
없다. 오드센에 있는 마을 마른라코케트가 공간적 격리의 본보기가
되는 한 예다. 퐁드세브르 역에서 내려 센 강을 건넌 다음 트래킹
코스인 GR1을 따라 쭉 걸어가면 2011년 평균수입이 95,312유로로,
다시 말해 전국 평균23,735유로의 네 배나 되는 가구 746세대가 모여
사는 이 마을이 나온다.[140] 그러니까 도보나 자동차로 생클루 공원을
지나야 이 매력적인 마을의 골목들로 통하는 〈포르트 블랑슈하얀
문〉에 도착하게 된다. 이 마을에는 성당과 우체국은 있어도
정육점이나 빵집은 없다. 식당 하나를 제외하고, 우선권은 안락한
〈우리끼리〉를 추구하는 주민들의 필요에 가장 잘 부응하는 골동품
가게들에 주어졌다. 마른라코케트는 동쪽은 생클루 공원, 남쪽은
우거진 숲, 서쪽은 승마 클럽 아라 드 자르디에 의해 보호되고 있을
뿐만 아니라, 개인 정원이 긴 담장으로 자연적인 보호를 완성한다.
그 담장 뒤에 이 세계의 거물들을 위한 삼십여 채의 거처가 숨어
있다. 니콜라 사르코지와 카를라 브루니가 만난 곳도 그곳에 있는
광고업자 자크 세귀엘라의 집이었다. 조니 할리데이와 카타르의
국왕도 로제르의 코스에 버금가는 고요를 즐길 수 있는 수백만
유로짜리 고급 주택을 소유하고 있다. 하지만 마른라코케트가르슈

---

140.   www.impots.gouv.fr.

역에서 기차를 타고 파리로 돌아가기 위해 〈포르트 베르트녹색 문〉 쪽으로 가다 보면 모든 것이 달라진다. A13 고속도로 위로 난 다리에서 바라보면 공공 주택 44채 전체가 보인다. 아담한 집들이 고속도로와 철도 사이에 다닥다닥 붙어 있다. 작은 땅뙈기에 지어진 이 집들의 비좁음도 밤낮없이 고속도로를 내달리는 차들의 부르릉거림과 기차의 덜컹거림에 비하면 아무것도 아니다. 이곳의 매캐한 공기는 녹음이 우거진 마을의 나머지 공간을 감싸는 맑은 공기와 대조를 이룬다. 이 공공 주택들이 지어진 땅은 원래 프랑스 국영철도 차량 기지가 있던 곳이었다. 이 공공 주택 건설은 2000년 12월부터 일드프랑스에서 인구 1,500명 이상의 행정구역에 대해 공공 주택이 보유 부동산의 최소 20%가 되게 한 연대와 도시재개발SRU 법에 응하는 약간은 뻔뻔스러운 방식이었다. 이 법은 리오넬 조스팽 내각에서 공산당 소속으로 시설, 주택, 수송 주무부처 장관을 지낸 장클로드 게소가 공들여 만든 것이었다. 마른라코케트는 지자체 예산에서 벌금을 공제하는 제재를 면하기 위해 확보해야 하는 160채 중 44채를 지어 어느 정도의 열의를 보였지만, 새 공공 주택 전체를 고립되어 게토로 변할 수밖에 없는 공간에 처박아 버렸다. 형편이 넉넉하지 못한 마른라코케트의 주민들은 부자가 많기로 유명한 마을의 사회적 공간 속에서, 그리고 마을의 주변부에서 살도록 강요받기 때문에 지리적 공간 속에서, 이렇게 두 번씩이나 유형에 처해지는 자신을 보게 된다. 이것은 그들이 사회적으로 피지배 그룹에 속한다는 것을 이해하게 만드는 또 하나의 방식이기도 하다. 실제로 불평등주의 사회에서 낮은 지위를 받아들이게 만드는 데 한몫을 하는 이러한 폭력을 행사하기 위해 유형만한 것은 없다. 마른라포브레트[141]에서는 이 폭력이 악랄하게도 고속도로와 철도 사이에 끼어 있지만 그나마 집에 거주할 수 있는 특권 때문에 완화될 것이다.

2012년 12월 18일부터는 공공 주택 비율이 25%로 상향조정되고 2025년까지는 그 비율을 달성해야 할 텐데, 마른라코케트의 국회의원들은 이걸 위해 또 어떤 상상력을 발휘할까? 2013년 6월 11일자 「파리지앵」에 실린 르발루아페레의 시장 겸 국회의원 파트리크 발카니의 답변은 명료하다는 장점이 있긴 하다. 「그 비율에는 결코 도달하지 못할 겁니다. 공공 주택을 지을 땅이 없을 뿐만 아니라, 서민들이 공공 주택으로 몰리면 관리할 수 없는 지경에 이르고 말 테니까요.」

공공 주택에 반대하는 투쟁은 뇌이쉬르센에서 특히 격렬하다. 부를 상징하는 이 도시의 공공 주택 비율이 바닥을 달리고 있는데도, 시장인 장크리스토프 프로망탱은 벌금을 내지 않아도 되게끔 동분서주하고 있다. 우리는 뇌이의 공공 주택에 대한 TV용 르포 여러 편의 제작을 도왔는데, 단 한 편만 제외하고는 방영되지 않았다. 니콜라 사르코지가 대통령이었던 시기라 우리는 엘리제 궁으로부터 내려오는 압력, 기자들이나 편집진의 자기 검열을 떠올렸다. 2012년 12월 채널 TNT에서 초저녁에 방영된 다큐에서 질문은 또 다시 던져졌다. 다큐의 주제는 사회 최상층부에 포진한 친구들 사이에서 이뤄지는 특혜와 타협이었다. 우리가 뇌이에서 찍은 르포의 독창성은 극우 정당 국민전선이 내세워 재미를

---

141.   마른라코케트(Marnes-la-Coquette)를 패러디한 것. 마른라코케트를 〈교태를 부리는 도시 마른〉이라고 풀어쓸 수 있다면, 마른라포브레트(Marnes-la-Pauvrette)는 〈가난한 도시 마른〉이라고 풀어쓸 수 있다 ― 옮긴이주.

보고 있는 〈모두 썩었다〉는 논리와 결별하는 데 있다. 우리는 그 르포에서 SRU법에도 불구하고 〈우리끼리〉를 보호하기 위해, 한 사회계급이 어떻게 동원되는지를 분명하게 보여 주었다. 뇌이 시 당국은 법이 정하는 제재를 피하기 위해 떳떳하진 않지만 합법적인 두 가지 전략을 사용한다. 가장 가난한 사람들은 도시 한가운데 완전히 고립되어 거리에서 보이지도 않는 낡은 공공 주택 단지에 거주한다. 그리 많지 않은 다른 공공 주택은 중간계급뿐만 아니라 지배계급에 속하는 〈품위 있는〉 뇌이의 주민들이 차지했다. 이는 시 당국이 예를 들어 그 도시에서 어린 시절을 보낸 대학생들을 임시로 거주시키기 위한 해결책으로 공공 주택을 사용한 때문이다. 이 편법과 관련해 몇몇 사소한 마찰이 있긴 했지만, 르포는 아주 잘 진행되었다. 계급 투쟁이란 관점에서 본 이러한 접근은 편집회의의 두루뭉술한 합의와는 어울리지 않았을 것이다. 하지만 이 시퀀스가 잘려 나간 것은 자리 부족 때문이었다.

〈가난한 사람들〉을 멸시하는 뇌이의 관리자들

1959년에 지어진 이후로 방치되다시피 했기 때문에 낡을 대로 낡은 공공 주택 148채 전체가 뇌이의 중심부에 푹 파묻혀 있다. 샤를드골 대로 167~169번지 앞을 지나가도 어둡고 비좁은 두 개의 입구가 주변의 길에서는 전혀 보이지 않아, 그곳이 도시 중심에 지어진 주거 건물들로 통한다는 사실을 알아차리지 못할 수도 있다. 피에레 가로 통하는 반대편 입구도 비좁기는 마찬가지다. 이 입구는 표시조차 되어 있지 않아 주차 중인 차들에 막혀 있기 일쑤다. 이

공공 주택에는 뇌이 시의 도로 관리와 행정 서비스를 담당하는 하급
공무원의 가족들을 포함해 형편이 그리 넉넉지 못한 가족들이
살고 있다.

2012년 3월 15일 목요일 새벽 4시경, 169동의 지하 창고 중
하나에서 화재가 발생했다. 1998년 여름부터 그곳에 거주해
온 루도비치 부인은 이미 여러 차례 그 지하 창고에서 불빛을
봤지만 그녀가 추측한 대로 누군가 그곳에서 불법 거주를 하는지
확인하러 가보지는 못했다. 그녀는 이미 여러 차례 그 주택단지를
관리하는 뇌이 시 혼합경제회사SEMINE에 신고했지만 회사 측에서는
아무런 조치도 없었다. 주민들이 들고 일어났다. 화재 위험 때문이
아니라 화재를 진압한 소방관들이 출입문 유리창을 파손했기
때문에. 세입자들은 집단 서명 청원서를 SEMINE의 책임자에게
보냈다. 〈화재로 인해 무릅쓴 위험 이외에도, 우리 세입자들은
파손된 출입문 유리창을 흉측한 금속판으로 대체한 것에 대해
만장일치로 항의하고자 합니다. 그 금속판은 미관상 좋지 않을
뿐만 아니라 우리 층계 입구를 비췄던 빛을 대부분 가려 버립니다.
다른 한편으로, 우리의 사회적 조건이 우리 모두가 인간에 대한
멸시와 무례라고 여기는 것을 정당화시켜 주진 않습니다. 우리는
그 금속판을 화재 전에 있었던 것과 같은 유리창으로 바꿔 주기를
요구합니다. 당신은 아마도 단지의 다른 건물에도 똑같은 시스템이
적용되었다고 반박하겠지요. 그렇다면 우리는 그냥 무시당하고
살거나 자신을 존중해 달라고 요구하는 건 각자의 자유라고
대답하겠습니다.〉 이 편지의 사본이 뇌이 시장 장크리스토프

프로망탱에게 보내졌다.

한 세입자는 이렇게 말했다. 「주민들도 이제 더는 못 참습니다. 여긴 도시의 쓰레기통이에요. 하지만 아예 보이질 않으니 아무도 모르죠. 우린 뇌이의 쥐들이에요!」 분노는 전달되었고, 금속판은 유리창으로 교체되었다. 청원서를 접수한 장크리스토프 프로망탱이 2012년 4월 13일 주민들을 만나기 위해 현장을 방문했다. 주민들은 그에게 17가지 질문이 첨부된 공손하지만 단호한 공개서한을 전달했다. 시장은 그 질문에 성실히 답하겠다고 약속했다. 그 서한의 머리말은 이랬다. 〈다수의 세입자는 아파트를 보수하거나 미화하는 공사를 원합니다. 오래전부터 단지가 철거된다는 소문이 무성한데, 그 이전에 단계적으로 우리가 투자한 돈을 상환 받을 수 있는지 알고 싶습니다. 우리의 형편이 변변찮다고 해서 페스트 환자처럼 방치되는 것이 정당화되지는 않습니다. 인간의 존엄성은 그가 가진 금전적인 부로 가늠되지 않습니다. 이 주택단지는 너무 오래 방치되어 폐허로 변해 버렸습니다. 곧 철거될 거라는 구실로 전혀 손을 대지 않은 게 벌써 50년이 넘었으니까요.〉 질문은 단열이 안 되어 겨울에는 춥고 여름에는 더우니 이중창을 설치해 줄 수 있느냐, 건물 벽면을 긁어내고 다시 칠해 줄 수 있느냐, 그 외에도 쓰레기장과 관련된 여러 가지 문제들에 관한 것들이다. 끝으로, 〈B동 세입자 일동그들은 공개서한에 이렇게 서명했다〉은 이렇게 결론짓는다. 〈시립 극장 이쪽저쪽에 위치한 두 개의 주택단지 진입 터널은 이곳의 수치입니다. 최소한의 비용만 들여도 시청 직원들을

시켜 칠을 긁어내고 이미 어둡고 비좁아서 밤늦게 귀가할 때 안전이
우려되는 공간에 흰색 페인트를 칠해 밝게 만드는 것이 가능할
것입니다.〉한 세입자는〈창피해서〉절대 집에 손님을 초대하지
않는다고 털어놓는다. 루도비치 부인이 맞장구친다. 「저도
마찬가지예요. 생농라브르테슈에 사는 언니가 하나 있는데, 제가
이곳으로 이사 온 직후에 딱 한 번 방문하고는 두 번 다시 오려고
하지 않아요. 낡은 건물 전면을 보고는 충격을 받았거든요.」주거
환경은 감내하기 힘든 낙인이 될 수도 있다. 몇 주 후,〈수치의 터널〉
두 개는 밝은 색으로 다시 칠해졌다. 하지만 창백한 빛을 발하는
네온등은 바뀌지 않았다. 장크리스토프 프로망탱은 세입자들이
제기한 질문에 답하는 대신 만족도를 묻는 설문 조사를 실시했다.
〈아파트 청소가 똑바로 됐습니까?〉로비, 승강기, 층계, 주차장에
〈예〉나〈아니요〉에 곱표를 하게 되어 있는 설문지가 나붙었다.
난폭하기 그지없는 상징적 폭력이다. 당신이 불만을 드러내면,
그들은 당신에게 만족도 조사를 제안한다. 당신이 보수를 원하면,
그들은 청소 얘기만 하다가〈예〉나〈아니요〉로만 답해야 하는
질문으로 앙케트를 벌인다. 아무것도 하지 않기 위해 뭔가를 하는,
사회학적으로 치밀하게 계산된 방식이다. 하지만 집집마다 날아든
뇌이 시장의 편지만 보면 뭔가 대단한 것을 해줄 것처럼 보였다.
〈저는 여러분이 내놓으실 답변이, 가능한 한 효과적인 방식으로
시정에 반영될 수 있도록 SEMINE의 경영진에게 샤를드골 167번지
주민 대표들로 구성된 위원회를 설치할 것을 권고했습니다.〉
시장은 스스로 주민위원회 설치를 제안함으로써 상황을 자신에게

유리하게 만드는 데 성공한다. 이것은 스스로 위원회를 조직할
능력이 없는 주민들의 뒤통수를 치는 우아한 방식이다. 그는 선수를
쳐서 불만을 한 방향으로 유도하려고 시도한다. 이익이 많이 나는
재개발 사업을 위해 167~169번지 전체가 철거될 것이고, 그러면
아마도 다른 교외 지역으로 떠나야 할 것이라는 걸 세입자들이
깨닫게 되면 불만은 증폭될 수밖에 없을 테니까.

뇌이는 치안이 아주 잘 되어 있는 도시다. 경찰의 순찰이 빈번하고,
건물과 빌라마다 경비원이 있으며, 감시 카메라와 디지털 도어
록이 집을 지킨다. 역설적이게도 건물들이 도시 한가운데 파묻혀
있지만 모두에게 개방되어 있는 〈169번지〉만 제외하고. 샤를드골
대로로 난 통로를 입구로, 피에레 가의 통로를 출구로 사용하는
사람들도 있고, 지름길 삼아 반대로 이용하는 사람들도 있다. 그
으슥한 통로는 산책을 나온 사람들이 개를 데리고 가서 용변을
보게 하는 장소이기도 하고, 공동주택에 사는 아이들이 가장
좋아하는 놀이터인 주차장으로 가기 위해 드나드는 장소이기도
하다. 스쿠터들도 밤낮없이 요란한 소리를 내며 사방으로 뚫린
그 통로를 이용한다. 그래서 주민들이 세 곳의 입구에 철책 문을
설치해 달라고 요구하기도 했다. 그럼에도 세입자들은 뇌이에서
살 수 있어서 행복하다고 말한다. 루도비치 부인은 58제곱미터
크기의 아파트에 거주하는데, 관리비를 포함해_{수도, 가스, 전기는 제외}
월 540유로를 내고 있다. 또한 퇴직연금이 월 1,340유로밖에
안 되는데 주민세 766유로를 내야 한다. 집세를 고려할 때 매번
시내에서 장을 볼 수는 없기 때문에 시 외곽에 있는 다양한 할인

매장을 찾는다. 주로 리들을 이용하고, 카르푸르나 르클레르에
가기도 한다. 그래도 그녀는 뇌이에서 사는 걸 높이 평가한다.
「여기서 사는 게 정말 좋아요. 모든 사람과 사이좋게 지내거든요.」
태어나면서부터 수많은 시련을 겪었으면서도 그녀는 의연하고
쾌활하며, 사회적 조건이 어떻든 모든 인간존재가 마땅히 받아야
하는 존중의 가치들에 관한 한 단호하고 결연하다. 루도비치
부인은 늘 우파에게 표를 던졌다. 대통령 선거에서도 니콜라
사르코지를 찍었다. 「어쨌거나 전 정치를 하지 않아요. 하지만
서민을 사람으로 대접해 주는 정당을 꿈꿔요.」 크리스마스를
앞둔 2012년 12월 20일, 장크리스토프 프로망탱은 첫 번째 주민
모임을 연다. 19시, 국회의원이자 장루이 보를루의 당 UDI의
부의장인 시장은 시간이 없는데도 공용 시설의 청소와 관련된
만족도 조사 결과를 자세히 소개한다. 주민들은 경비원을 두느냐
마느냐 하는 문제를 놓고 찬반으로 나뉘어 격렬한 토론을 벌였다.
그것은 세입자들을 분열시키는 교묘한 방식이었다. 루도비치
부인은 이렇게 결론짓는다. 「프로망탱 씨는 계속 딴청을 피웠어요.
우리가 그에게 말하고자 하는 심각한 현실과 관련이 없는 얘기만
늘어놓았죠. 그는 우리에게 발언권을 주지 않으려고 수를 썼어요.
우린 말만 번지르르하게 하는 사람들과는 반대로 제대로 교육을
받고 자란 사람들이라 감히 그의 말을 끊을 수가 없었어요. 하지만
다음번에는 그렇게 당하고만 있지는 않을 거예요!」 이튿날 바로
상징적 폭력이 행해진다. 〈뇌빌〉 초콜릿이 각 가구의 우편함에
한 통씩 배달되었다. 모임에 참가해 줘서 고맙다는 장크리스토프

프로망탱의 감사 편지와 함께. 잔뜩 화가 난 루도비치 부인이
우리에게 말한다. 「이게 말이 됩니까? 초콜릿 한 통으로 우릴
매수하려 하다니! 천박하기는!」 그녀는 초콜릿에는 입도 대지 않고
같은 층 세입자들에게 나눠 줘버렸다. 그녀의 분노는 그만큼 컸다.
뇌이의 책임자들이 어떻게든 시간을 벌고 세입자들을 분열시키려
한다는 것을 보여 주는 다른 많은 사건들을 겪은 후에, 루도비치
부인과 아주 활동적인 조를 비롯한 다른 주민들은 〈온전히
우리의 것인 공식적인 존재를 가지기 위해〉 협의체를 만들기로
결정했다. 왜냐하면 2013년 6월 3일부터 7월 4일까지 재심 중인
도시개발계획PLU에 대한 여론조사가 실시되었기 때문이다. 그런데
도시개발계획에 따르면 167~169번지의 건물들이 들어서 있는
구획 전체가 특별규정에 따르는 지역으로 되어 있다. 주민들이 아는
것은 시의 간행물 『뇌이에서 살기』에 나와 있는 대로 그 공간이
〈이 중심 지역에서 제공되는 서비스의 수를 늘리기 위한 단체와
스포츠 공간의 재편을 통해 각종 시설과 주택이 어우러지는 균형
공간〉으로 탈바꿈하게 될 거라는 사실 뿐이다. 이 프로그램을
소개한 것은 세입자들에게 그들의 미래가 더 이상 샤를드골
대로라는 역사적 축의 무대 뒤에서 펼쳐지지 않을 거라는 사실을
이해시키는 임무를 맡은, 만면에 웃음을 띤 〈훌륭한 태생의〉
젊은 부부였다. 루도비치 부인과 세입자들은 샤를드골 대로
167~169번지에 거주하는 주민 수백 명의 이익을 지키기 위해 새
도시개발계획에 대한 여론조사의 틀 안에서 여러 차례 개입했다.
건물을 새로 짓거나 보수를 해서 계속 살 수 있게 해달라고

요구하는 것은 시의 홍보물에 언급된 〈균형 잡힌 공간〉의 까다로운 요구에 한 번도 부응해 본 적이 없는 그 장소에서 수십 년 동안 살아온 그들의 관점에서 보면 지극히 당연한 일이다.

참고32 벌금을 맞은 뇌이쉬르센

니콜라 사르코지가 뇌이쉬르센 시를 다스린 20년[1983~2002] 동안, 공공 주택 비율은 시 부동산 자산의 2.33%로 올라갔다. 니콜라 사르코지의 계승자인 루이샤를 바리[2002~2008]와 장크리스토프 프로망탱은 그 비율을 높이는 데 열의를 보이지 않았다. 2010년, 오드센 도[道] 전체 공공 주택 평균 비율이 26.35%이었는데, 뇌이는 4.35%밖에 되지 않았다. 그래서 도 당국은 쿼터를 존중하지 않는다는 이유로 뇌이 시의 〈시정 태만〉을 선언했다. 이렇게 뇌이 시는 사회적 혼합에 가장 비협조적인 행정구역 중에서도 으뜸 자리를 차지하고 있다. 시 당국은 벌금을 냄으로써 자신의 선택을 책임질 수도 있었을 것이다. 하지만 그렇게 하지 않았다. 모든 합법적인 수단들이 시간을 벌기 위해 동원되었다. 어쩌면 그 저주스런 법이 언젠가 폐지될지도 모른다고 내심 기대했을지도. 프랑수아 올랑드가 대통령에 선출되고 사회당이 정권을 잡자 그 기대는 물거품으로 돌아갔다. 왜냐하면 새 정권이 취한 첫 조치 중 하나가 공공 주택 비율을 20%에서 25%로 올리고, 벌금을 다섯 배로 올리는 것이었으니까. 어떻게든 가난한 사람들을 맞아들이지 않으려 했던 것에 대한 알리바이를 찾기 위해 뇌이 시의 관리자들은 자신의 선한 의지를 내세우고 있다. 2012년 1월 25일, 공공 주택

247 부족을 메우기 위해 동원할 수 있는 방법들을 조사하는 임무를 맡은 SRU법 위원회 앞에서 장크리스토프 프로망탱은 다른 논거 중에서도 택지 부족과 가용 택지의 85% 이상에서 나타나는 공동소유제를 내세웠다. 뇌이 시장은 SRU법이 요구하는 대로 공공 주택 719채를 마련하는 것은 불가능할 거라고 말했다. 그가 약속할 수 있는 것은 2011년부터 2013년까지 500채였다. 그나마 350채만 새 건물을 짓고, 148채는 기존 건물의 용도를 변경해 마련하겠다는 안이었다. 그 안은 아주 교묘하다. 왜냐하면 샤를드골 대로 167~169번지의 공공 주택 148채가 1950년대에 지어진 임대주택HLM의 외양을 띠기 때문이다. 그 건물들은 임대주택 분야를 지배하는 입법권이 아니라 시에 속한다.

이 새로운 안이 받아들여질 것 같다. 벌금 350만 유로가 새 공공 주택을 짓기 위한 준비금으로 전환될 것 같으니까. 새 공공 주택이 지어질 거라는 데에는 의심의 여지가 없을까? 어쨌거나 앞으로 더 잘하겠다는 약속이 제재를 무효로 만들어 놓는다. 이 위원회에서 벌어진 토론의 명백한 전문성 뒤에는 사회적 혼합에 대한 거부가 감춰져 있다. 법과 규칙들은 전혀 자연적인 것이 아니다. 그것들은 사회계급 간 권력관계의 상태를 반영한다. 대개의 경우, 지배당하는 자들이 지배하는 자들의 법에 이의를 제기한다. 그런데 여기서는 거꾸로 아주 부유한 도시의 우파 사람들이 공산주의자 장관이 만든 법에 이의를 제기한다.

제4장/ 도시 정책의 애매성

사회적 불평등을 도시와 그 구역들의 구조에 새겨 넣는 공간적
분리는 1970년대 이후 괄목하게 뚜렷해졌다. 당시 대규모 공공
주택단지에는 중간 계층과 서민 계층이 섞여 살았다. 1968년의
인구조사에서는 파리 도시권에서 생활하는 경제활동인구의
14.2%가 임대주택에 거주했다. 단순 인부는 12.9%에 불과했지만,
십장(什長), 숙련공, 기능공은 19%나 됐다. 고급 간부 중에는 8.4%,
중간 간부 중에는 14.1%가 임대주택에 거주했다. 당시 무자격
노동자들은 제대로 대표되질 못했기 때문에 이 공공 주택에서는
중간 계층과 기술 노동자들이 지배적인 비율을 보였다.[142] 이후
일련의 정치적 선택이 사회적, 인종적 분리의 강화를 불러왔다.
1977년부터 건설을 돕던 것에서 세대당 수입에 따라 사람을 돕는
것으로 바뀐 임대주택 자금 조달 시스템의 변화도 그 과정에 톡톡히
한 몫을 했다. 게다가 각 세대는 그들이 입주할 곳을 선택할 수
있었는데, 이로 인해 유유상종이 용이하게 이루어졌다. 동시에
주택의 개인소유가 적극 장려되었다. 저리 대출로 인해 숙련 노동자
계급도 개인 주택에 투자할 수 있었다. 작은 빌라를 공장에서 미리
만드는 〈기성 주택〉 방식이 발달되었다. 그런데 이 모든 변화가
이뤄진 시기는 탈산업화로 인해 도시에 있던 작업장과 공장들이
문을 닫는 시기와 일치했다. 일자리를 잃은 미숙련 노동자들이
교외에 지어진 대규모 주택단지로 몰려들었고, 그러자 그곳에 있던
중간계급은 서서히 자취를 감추게 된다. 이주민 가족 비율의 증가도

---

142.   미셸 팽송, 『동거하기. 임대주택에 거주하는 사회적 그룹과 그들의 생활 방식』, 〈르셰르슈〉
시리즈(파리: 플랑 콩스트뤽시옹, 1982), 『임대주택, 거주 인구의 사회적 구조, 파리 도시권』(파리: CSU,
1976), 전 2권 참조.

249 통계에 의해 확인된다. 두 차례의 인구조사가 이뤄진 1968년과
1975년 사이에 일드프랑스의 임대주택에 거주하는 외국인 비율이
5.5%에서 12.7%로 증가한다. 프랑스 국적을 가진 세입자의 증가
폭은 훨씬 완만해서 15.5%에서 17%로 소폭 늘어난다. 1976년에
노동과 관련된 이주만 허락했던 법이 바뀌어 고향에 남아 있던
부인과 자녀도 남편이 일하는 프랑스로 올 수 있게 된다. 이렇게
가족이 한 데 모여 사는 것이 가능해지면서 이주민의 집중 과정이
가속화된다. 하지만 공간적 분리가 주택정책과 부동산 시장가격의
결과인 것만은 아니다. 그것은 사회학적 구속들의 결과이기도 하다.
1980년대 초, 미셸은 낭트 교외에 있는 임대주택 건물인 실롱 드
브르타뉴에서 연구를 했다. 이곳을 개발한 것은 각종 단체, 노조
운동가, 통합사회당 활동가 들이 설립한 익명의 임대주택 회사였다.
개발 목표는 사회적, 인종적 분리가 최소화되는 주택단지를
건설하는 것이었다. 이러한 의도에 따라 주택은 젊은 의사, 중간
간부 세대와 대개의 경우 이주민인 노동자 세대가 이웃이 되게
할당되었다. 건물 안 주택이 속하는 범주도 천차만별이어서ILN,
HLM, PSR, Foyer 할당 조건도 다르고 월세도 달랐다. 연구는 입주 후
10년 후에 시작되었다. 그곳은 30층 높이의 주 건물과 거기서 최대
400미터까지 뻗어 나온 3개의 부속 건물로 이뤄진 900세대 규모의
주택단지다. 하지만 연구가 시작되었을 때는 이미 분리가 이뤄져
있었다. 세월이 흐름에 따라 교사나 젊은 의사가 주를 이루는 중간
계층은 주 건물보다 녹지 공간과 인접해 훨씬 쾌적한 부속 건물로
모여들었다. 반면에 이주 노동자들은 30층 높이의 주 건물에

집중적으로 거주했다. 역설적이게도, 물리적 인접성이 사회적
거리를 더 넓히고, 잡거를 견딜 수 없는 것으로 만들어 놓는 결과를
낳을 수 있다. 인터뷰를 보면, 〈실롱〉에 거주하는 것이 부정적
낙인처럼 나타난다. 구직 활동을 하면서 주소를 밝히는 것이 금물일
정도로. 인터뷰에 응한 사람들은 하나같이 친구들이 〈실롱〉으로
놀러 오는 걸 꺼린다고 털어놓는다. 〈프랑스인〉 세입자들도 마치
거주지를 지정당한 사람들처럼 살아간다. 그들은 떠날 수만 있다면
무척 좋아할 것이다. 하지만 로크 부인의 말처럼, 「로또에 당첨되면
집을 한 채 살래요. 그게 이곳을 떠날 수 있는 유일한 길이에요.」
달리 어쩔 도리가 없어서, 욕구불만, 두려움, 피로를 일상적으로
안겨 주는 거주지에서 마지못해 살아가는 것은 하나의 형벌과 같다.

신자유주의는 국가의 중심부로 잠입한다

투자자와 건설업자에게 공적 자금을 투입해 건설을 돕다가 저리
대출 등을 통해 개인을 돕는 방향으로 정책을 전환한 것이 노동자
계급을 분열시키는 데 한 몫을 했다. 이 분열은 사회적 현실을
명명하는 것으로 여겨지는 새로운 계층 출현의 기원이 되었다.
〈빈곤 계층〉, 〈변두리 지역 청년〉, 〈배제된 자들〉, 〈민감한 지역〉,
이러한 용어들은 그 사회적, 경제적 원인들을 은폐하면서 가난과
실업의 속지화(屬地化), 다시 말해 거주지 분리의 준거로 사용된다.
경제적, 기술적 변화에 동화되는 사람들과 어찌할 바를 몰라 빈곤에
빠져드는 사람들, 이러한 사회의 공간적 이분화는 새로운 영토 구획
뒤에 있는 자본과 노동 사이의 갈등이라는 현실을 감춘다.

1983년 사회주의자들이 〈긴축〉으로 전환함으로써, 도시는 국가 현대화를 위한 실험실 역할을 하게 된다. 여기서 중요한 것은 〈탈중심화〉라는 가면을 쓰고 나아감으로써 책임을 희석시키는 일이다. 관리의 합리화 과정, 기술 관료에 대한 의존, 주민들의 요구를 더 잘 이해하고 제어하고자 하는 취지로 마련된 주민 참여에 기초한 경영은 지배 관계의 재정비를 위한 밑거름으로 이용된다. 시민들에게 그들의 주거 조건을 책임지게 함으로써 과두지배체제의 파렴치함은 보이지도 느껴지지도 않게 될 것이다. 그리고 현대성이라는 이름으로 행해진 공공 서비스의 축소는 굼뜨고 케케묵은 복지국가로서는 도저히 해낼 수 없는 선행으로 소개될 것이다. 특히 가장 빈곤한 지역에 있어서 이러한 서비스의 감축은 혁신적인 것으로 정당화되고, 사회적 관계의 단절이라는 정치적 문제를 더 잘 해결해 줄 수 있는 것으로 여겨질 것이다. 실비 티소에 따르면, 이처럼 〈새로운 유형의 사회적 행동은《교외지역》의 《아노미 현상》을 우선적인 문제로 삼음으로써 주민들의 생활 조건 향상을 위해(문제되는 것이 일자리 상황이든 거주지 제공이든) 개입하거나, 불평등과 차별을 공격할 수 있는 실제적인 행동보다 선호되었다.〉[143]

중간 지식인 계층과 도시 정책

〈도시 정책〉은 1980년대에 확립된다. 도시부를 비롯한 많은 기관들을 통해 극빈층을 돕기 위한 자금 조달, 다시 말해 일자리 시스템이 제도화된다. 하지만 이 일자리들은 사회적 혼합의 깃발을

143.　실비 티소, 『국가와 구역들. 공적인 행동의 한 범주와 그 기원』, 〈리베르〉 총서(파리: 쇠이유, 2007), 275면.

들게 될 중간 계층 구성원들에게 대거 돌아갈 것이다. 서민 계층과 상류 계층 사이에 끼어 갈등하는 〈아비투스〉를 가진 68년 5월의 투사들은[144] 사회적 혼합의 욕망을 표방하고 그것의 실현을 위해 투쟁함으로써 자부심을 되찾을 수 있었다. 신자유주의는 자본주의 체제의 비판자들을 도시 정책이라는 특수한 장에까지 끌고 들어가는 데 성공했다.[145] 실비 티소는 〈대부분 마르크스주의자고 혁명적이며, 《반권위주의적》이거나 신좌익인 예전의 좌파 혹은 극좌파의 과격한 활동가들이 어떻게 합의에 의한 공적인 행동의 비전, 사회적 변화의 제도적 접근에 합류했는지〉를[146] 보여 준다. 1981년 좌파가 권력을 잡은 덕분에, 그리고 1983년 그 좌파가 신자유주의로 방향을 틀었기 때문에, 쾌락주의자이고 반제도적인 많은 투사들이 노동자 계급을 〈교외〉, 〈구역〉, 〈도시 주변 지역〉의 영토 문제들로 탈바꿈시키는 임무를 맡은 제도들의 다양하고 혼란스런 성좌 속으로 자리를 옮겨 버렸다. 〈주연으로 무대 전면을 차지하고 혁명적 서사시를 부를 수 없게 되자, 그들은 프랑스 사회를 급변하는 현대자본주의에 적응시키는 일에 참여함으로써 변화의 조연을 맡는 것으로 만족했다.〉[147]

이 서사시는 도시 정책에 구체화되는데, 회계 감사원의 2012년 7월 17일자 보고서에도 나와 있듯이 이 정책은 엄청난 예산을 쏟아붓고도 기대했던 결과를 거두지 못한다. 역설적이게도 이로 인해 게토화 과정만 가속화되었다. 집행이 승인된 예산 규모는 수십 억 유로에 달했지만, 결과는 기대 이하였다. 2003년부터, 그러니까 거의 10년에 걸쳐, 회계감사원의 보고서 작성자들은 그

---

144.   프랑스의 학생운동으로 시작된 68혁명은 반전운동이나 좌파운동이 아니라 전후세대가 기성세대에 대항하여 일으킨 일종의 문화적 혁명에 가까웠다. 68혁명 이후 삶에 대한 가치와 태도가 변화되어 개인의 가치, 정체성, 생태적 환경, 삶의 질을 강조하는 〈탈물질주의적 가치〉가 확산되었다 ─ 옮긴이주.

145.   뤼크 볼탕스키와 에브 시아펠로, 『자본주의의 새로운 정신』, 〈NRF 에세〉 총서(파리: 갈리마르, 1999) 참조.

253 구역들에서 살아가는 약 8백만 명의 주민들은 그들의 생활수준이
향상되는 것을 보지 못했다고 확인하고 있다. 실업률은 늘 전국
평균보다 두 배나 높고, 청년 실업률은 전국 평균이 17%인데 반해
무려 30%에 육박한다. 가구당 평균 생활수준은 전국 평균의
절반밖에 안 된다. 빈곤선 아래에서 생활하는 사람들의 비율이
2003년과 2012년 사이에 오히려 증가했다. 이 참담한 실패의
이유는 무엇일까? 임시로 쏟아져 나온 대책들이 난마처럼 뒤얽혀서
관련 부처 사이의 공조를 어렵게 만들었다. 실패의 책임은 부처 간
정책 조율 부족에도 어느 정도 있다. 도시 정책의 제도적 논리가
여러 관련 부처 사이, 그리고 각 행정단위, 다시 말해 국가, 지역,
도, 군, 면 사이의 경쟁으로 인해 만신창이가 되어 버렸다. 이렇게
복잡한 상황이 참으로 놀라운 약호들, ZUP, ZEP, ZUS 등등이
동반된 만큼 더욱 기괴한 복마전을 만들어낸다. 정무차관 파델라
아마라가 준비하고 2008년 1월에 니콜라 사르코지가 소개한 〈교외
지역에 희망을〉 계획 역시 회계감사원은 실패로 여겼다. 〈《교외
지역에 희망을》 계획은 부처 간 공조 의지도 명시되어 있지 않고,
범위와 목표를 명백히 정의하고 있지도 않아 결산표라고 할 만한
것을 변변히 내놓지도 못한 채 서서히 방기되고 말았다.〉 마뉘엘
발스는 내무부 장관에 취임하자마자 센생드니와 마르세유 북부의
일부 구역에 경찰을 추가 배치하고 법적 조치를 강화해야 하는
〈우선적 안전지대ZSP〉를 설정했다. 행정 언어는 고도의 전문성으로
지배 관계와 관련 주민들의 낙인을 강조하는 새로운 방언이다. 도시
정책의 대상이 되는 구역들에 대해 말하는 이러한 방식은 지배의

146. 실비 티소, 앞의 책. 282면.
147. 장피에르 가르니에와 루이 자노베르, 앞의 책, 208면.

사회적 관계가 공간의 차원에서 행하는 폭력을 명백하게 드러낸다. 서민 구역에서는 국가 최고위층이 결정하고, 전문가들이 실행하는 다수의 조치들에 의해 모든 것이 통제된다. 이 전문가들은 계급 관계를 보지 못하게 하기 위한 제도적 연막이라 할 수 있는 이러한 약호들을 통해 상징적 지배를 강화한다.

참고33 약호, 기술 관료의 방언

EPARECA는 FACILD와 FV에 샹파뉴아르덴 GIR의 관할하에 있는 ZUS에 배치할 새로운 ALMS 100명을 모집하는 데 자금을 지원해 달라고 요청했다. ONZUS는 그곳의 PPRE가 어려움에 처해 있었고, Halde가 그곳으로 여러 ERE를 보냈지만 성공을 거두지 못했다고 지적했다.

번역: 상업과 수공업 지구 정비와 구조조정 국가공공기관은 통합과 차별 철폐를 위한 행동과 지지기금과 도시 치안기금에 샹파뉴 아르덴 지역 치안 그룹 관할하에 있는 도시 취약 지대에 배치할 새로운 사회 중재 현지 요원 100명을 모집하는 데 자금을 지원해 달라고 요청했다. 도시 취약 지대 국립 관측소는 그곳의 맞춤형 교육 성공 프로그램이 어려움에 처해 있었고, 차별 철폐와 평등을 위한 고등기관이 여러 교육 성공 팀을 보냈지만 성공을 거두지 못했다고 지적했다. CQFD.[148]

도시 정책의 실패, 주민들에게는 또 하나의 낙인

신자유주의 이념의 쇄도는 교외 지역을 게토화, 인종화시킨 덕분에

---

148. Ce Qu'il Fallait Démontrer. 〈위와 같이 증명됨〉, 〈증명을 마침〉이라는 뜻의 약호 — 옮긴이주.

255 사회계급으로서의 노동자를 정치적 담론과 미디어의 수다에서
사라지게 만들었다. 〈사회적인 것〉을 부인하는 사람들은 이제
실제적인 갈등과 긴장, 사회적 평화에 대한 위협을 설명하기 위해
인종적 기원과 종교적 소속을 들먹인다. 하지만 이러한 입장은
외국인을 악마시하는 풍조를 조장하고 극우 국민전선의 입지를
공고히 해준다. 공공 주택단지들은 무법 지대로, 나아가 〈내부의
적들〉로 낙인이 찍힌다. 계급 전쟁에 있어서 이 낙후된 구역들은
전쟁터가 된다. 전직 경찰국장인 파트리스 베르구뉴는 서슴없이
군국주의화를 이야기한다.

2002년 니콜라 사르코지가 내무부 장관에 임명되었을 때, 그
구역들에 대한 전략이 근본적으로 달라진다. 파트리스 베르구뉴는
이렇게 말하고 있다. 〈근접 경찰은 일명 《개입》이나 《투입》 경찰을
위해 방치되었습니다. 개입 명령을 받은 경찰 병력은 그 구역과
주민들에 대해 잘 모릅니다. 분위기가 무거워지는 동시에, 두려움을
조장하고 군대가 대비하는 외부의 위협과 대칭되는 《내부의
위협》을 개념화하려는 담론이 확산되죠. 그러면 위험천만하게도
내부의 적이 있을 거라는 생각이 사람들 머릿속에 자리 잡게 되고,
그것이 다시 교외 공공 주택단지의 젊은이들에게 낙인을 찍는
결과를 가져오게 됩니다.〉[149] 저자에 따르면, 이러한 변화는 전혀
불가피한 것이 아니다. 왜냐하면 〈현장에서 사용된 방법이나
장비를 보면 공공질서 관리가 은밀히 군국주의화되고 있다는 걸
감지할 수 있는데, 그렇게까지 하지 않고도 패거리 사이의 충돌을
예방하거나 진압할 수 있는 수단이 경찰에게 있기〉[150] 때문이다.

149. 파트리스 베르구뇨, 「내부. 전직 경찰국장의 증언」(파리: 파야르, 2012), 290~291면.
150. 위의 책, 298면.

알다시피, 2005년 11월에 폭동이 일어났을 때, 정부는 비상사태를 선언했다. 〈알제리 전쟁이 끝난 이후로 그런 건 한 번도 본 적이 없습니다. 결국에는 군인과 민간인이 뒤섞이고 말았죠. 교외 지역은 전쟁터가 아닙니다.〉[151]

도시 정책의 실패 조서는 그 구역들의 주민들에게 더 깊은 상처를 주고 있다. 막대한 예산을 쏟아부었지만 문제는 그대로 남아 있다. 도시 외곽으로 밀려난 빈곤층의 단절이 더욱 심화되었기 때문이다. 1980년대에 조사를 벌였던 노르망디 엘뵈프의 한 공공 주택단지를 다시 조사한 두 사회학자 장프랑수아 라에와 뉘마 뮈라르가 내린 결론에 따르면, 상황은 30년 전보다 더 나빠졌다. 가난은 그 영향을 줄이기 위한 국가와 단체의 온갖 개입에도 불구하고 끈덕지게 남아 이빨을 드러내고 있고, 그에 반해 연대는 줄었다. 신자유주의 시스템은 가장 헐벗은 사람들을 추방해 분열시켰다. 두 사회학자가 쓰고 있듯이, 〈가난한 자들을 세탁하는 기계〉는 이웃관계와 현지 정착을 파괴하고 분산시키는 주택정책으로 가난의 가장 큰 〈부〉인 연대 대신 이기적인 개인주의와 각자도생만 남겨 놓았다.[152] 사정이 이럴진대, 공공 주택 주민들을 그들에게 제공된 기회를 잡지 못한 사람들로 매도하는 것은 특히 유해한 상징적 폭력이다.

〈긍정적인 차별〉

〈긍정적인 차별〉이란 〈다양성〉, 〈가시적인 소수〉, 다시 말해 검은색이나 갈색 피부를 가진 개인들 중에서 그랑 제콜 입학시험 준비반에 들어갈 수 있는 인재들을 찾아내는 것을 뜻한다. 이

---

151. 위의 책, 299면.
152. 장프랑수아 라에와 뉘마 뮈라르, 『빈곤에 허덕이는 두 세대. 노동자 도시 엘뵈프의 민족지학 1980~2010』(파리: 바야르, 2012).

257 　과정은 생활환경이 열악한 교외 주택단지에 자유주의 이념을
　　부드럽게 불어넣을 수 있게 해준다. 이 과정에는 그 어느 때보다
　　중간계급과 상류계급의 사회적 재생산에 복무하는 학내 문제들을
　　해소하는 장점도 있다. 도움을 받을 자격이 있는 학생들을 선발하는
　　조치들에 의해 개인주의가 촉진된다. 2001년 리오넬 조스팽
　　정부는 시앙스 포와 지도교사제나 보강 입시 준비제를 선택한
　　지방 정치대학에 특례 입학을 허락하는 우선교육지역ZEP 협약을
　　내놓았다.[153]
　　좌우를 불문하고 지배계급은 이 투쟁에 동원된다. 이렇게 해서
　　마르크 라드레 드 라샤리에르는 우선교육지역 학생들의 예술대학
　　진학을 돕기 위해 문화와 다양성 재단을 설립했다. 이 재단은
　　취향과 능력을 발휘함으로써 사회적 신분 상승의 게임을 할 자격이
　　있는 젊은이를 찾아내 재정적으로 지원한다. 우리는 두 차례에
　　걸쳐 이러한 사업에 참여할 기회를 가졌다. 2011년 4월 26일,
　　우리는 서민 계층 학생들도 그랑 제콜 준비반에 들어갈 수 있게
　　도움으로써 〈기회 평등을 촉진시키기 위해〉 2006년에 만들어진
　　고등교육 준비반CPES의 주도로 열린 강연 및 토론회를 위해 앙리IV
　　고등학교에 초대를 받았다. 우리는 약 200명의 학생들 앞에서
　　대 부르주아지 가문의 생활양식, 가치, 의식, 코드 들에 대해
　　이야기하는 동시에, 그들의 전횡과 그들이 가하는 상징적 폭력의
　　결과들을 보여 주었다. 우리를 초대한 반의 학생들 외에도 많은
　　사람들이 우리의 얘기에 귀를 기울였다. 심지어 선생들도 있었다.
　　평소에는 잘 안 입는 외출복 차림의 우선교육지역 출신 학생들은

153.　폴 파스칼리의 박사 논문, 「사회적 경계들을 건너가기. 현대 프랑스에 있어서 그랑 제콜
〈사회적 개방〉의 발안자와 수혜자」, EHESS, 2013년 4월. 그리고 「사회과학 연구 논문집」 183호
(2010년 3월)에 실린 그의 글, 「〈사회적 개방〉의 망명자들. 학교 실험의 사회학」, 86~105면 참조.

어딘지 모르게 불편해 보였다. 이러한 폭력은 그 장소의 으리으리함 때문에 배가되었다. 역사적 기념물로 분류된 앙리IV 고등학교에는 종교적인 것예배당과 조각들과 비종교적인 것, 달리 말해 성(聖)과 속(俗)이 뒤섞여 있다. 서가들은 눈길을 끄는 쇠시리로 장식되어 있고, 정원은 아름답기 그지없다. 스포츠 활동도 적극 장려되어서, 학생들은 인근에 있는 시립 수영장을 무시로 출입할 수 있다. 방학 중이었던 2012년 2월 29일 우리가 초대받은 곳은 릴의 정치대학이었다. 학생들은 없었지만, 정치대학은 통합학습프로그램PEI의 집중 연수를 위해 개방되어 있었다. 아닌 게 아니라, 2008년에 이 프로그램을 처음 시작한 곳이 릴 정치대학이었다. 고등학교 1학년 130명이 넓은 원형 강의실로 우리를 만나러 올 것이다. 그들은 노르파드칼레, 아르덴, 엔에 거주하는 학생들이다. 그들은 성적 기준, 그리고 장학금을 받거나 비과세 가정에 속하는 등의 사회적 기준을 고려해 경제사회과 1학년 학생들 중에서 선발되었다. 이런 학생들을 발굴해서 지평을 열어 주는 것이 관건인데, 학생들을 추천하고 그 후로도 계속 관심을 기울이는 담당 선생님의 역할이 크다. 이 사업에 필요한 자금 대부분은 부이그 재단이 지원한다. 학생들이 던지는 질문의 수준을 보건대, 그들은 우리의 이야기를 귀 기울여 들었다. 생각이 비슷한 듯, 그들은 지배의 전횡에 대한 우리 발언의 의미를 잘 파악했다. 강연이 끝나자, 많은 학생들이 강단으로 우리를 만나러 왔다. 미셸이 철학반 시절부터 기숙사 사감을 했던 샤를르빌의 샹지 고등학교에 다니는 한 남학생이 우리에게 좌파전선 프로그램의 첫 페이지에 헌사를 써달라고

부탁했다. 「그들에게 전 하나의 알리바이에 불과해요.」 피부가
흑단처럼 검은 여학생이 모니크에게 말한다. 「그래.」 모니크는
동의했다. 「하지만 너희는 가족과 친구들에게 너희가 아는 것과
성찰한 것을 활용하게 함으로써 집단적인 작업을 통해 개인화된
알리바이를 찾으려는 그들의 음험한 시도를 뒤집을 수도
있단다. 그 도약대를 이용해 너희가 옳다고 생각하는 방향으로
나아가거라.」 하지만 가끔 지배자들의 힘과 사회학적 담론이
전하는 환멸 앞에서 낙담하는 학생들도 있다. 그럼에도 평등과
박애라는 가면을 쓴 채 나아가는 불평등한 사회에 대한 아는
것이 용기와 변화의 욕망을 줄 수도 있다. 이 긍정적인 차별에는
사회문제들이 집중되어 있는 도시, 혹은 도시 주변 지역에 낙인을
찍는 단점이 있다. 그 어린 학생들은 그들이 태어난 구역에서는
생각지도 못하는 전문교육 과정에 들어가기 위해 그들의 일상적인
세계에서 축출되고 걸러 내어진다. 자기 뜻과는 무관하게, 그들은
그 지역들이 학생들 대부분이 학업에 실패하는 난파의 지역이라는
증거가 된다.

제5장/ 구역별 정치적 선택

선거 결과는 유권자들이 어떤 정치적 움직임을 위해 동원되거나
아니면 뿔뿔이 흩어지는 정도를 평가하게 해주는 계급의식의
중요한 지표다. 공간적 분리는 우리가 뇌이나 낭테르에 거주하는

다른 사회계급의 정치적 선택을 분석할 수 있을 정도로 뚜렷하다.
2012년 4월의 대통령 선거는 대 부르주아지가 그들의 이익을
대변해 줄 수 있는 후보자에게 몰표를 던진다는 사실을 확인시켜
주었다. 반면에 서민의 표는 여러 후보에게 분산되어 혼란, 탈퇴,
그리고 기권에 의한 신자유주의 질서에 대한 동의를 드러냈다.
부자 동네들은 르 펜은 기피했지만 사르코지는 무척 좋아했다.
마린 르 펜의 고향인 뇌이쉬르센은 1차 투표 전국 평균득표율이
18%나 되는 그녀에게 5%의 표밖에 주지 않았다. 뇌이의 부자들은
표를 분산시키지 않았다. 72.6%가 그곳 시장을 지낸 니콜라
사르코지에게 표를 주었다. 물질적 부의 상징인 뇌이에는 부유세
과세 대상이 2011년에 5,374세대나 있었고, 부유세를 부과할 수
있는 평균 재산이 4,649,257유로였다.[154]
이 신화적인 교외 지역의 돈 많은 유권자들은 아마 모두 마음 편히
이러한 선택을 하지는 않았을 것이다. 사르코지의 〈졸부〉다운
면모, 그리고 서민적이길 원하는 그의 다변이 일부 유권자의 마음에
들지 않았을 수도 있다. 하지만 사업은 사업 아닌가! 파리의 모든
부자 동네가 유사한 투표 행태를 보였다. 파리 서부의 구들은
마린 르 펜에게 4.7%에서 5.9% 사이의 표를 던졌지만, 니콜라
사르코지는 7, 8, 16구에서 50%를 훨씬 상회하는 득표율을 보였다.
니콜라 사르코지와 프랑수아 올랑드가 맞붙은 2012년 5월 6일의
결선투표에서도 이 선택이 확인된다.
뇌이쉬르센은 옛 시장을 위해 기록을 다시 깼다. 니콜라 사르코지가
26,959표로 유효표의 84.2%를 획득했다. 프랑수아 올랑드는

154. 행정구역당 2011년 부유세(www.impots.gouv.fr).

나머지 15.8%로 만족해야 했다. 최고의 부자들은 이념에 관한한 가장 동질적인 공동체를 형성한다. 이러한 경향은 사르코지가 78%의 득표율을 보인 파리 16구, 72.5%의 득표율을 보인 파리 7구에서도 확인된다.

국민전선의 낮은 득표율은 이 지역의 부르주아 집안들이 민중의 앙갚음에 동조하는 외국인들을 전혀 두려워하지 않는다는 것을 의미할까? 그들이 어떻게든 〈우리끼리〉를 유지하려 들고, 공공 주택이 그들의 땅에 들어설 조짐이 보이는 즉시 집단행동에 나서는 것은 사실이다. 하지만 임대주택에 대한 그들의 알레르기는 피부색이나 국적보다는 사회계급에 대한 배척에 더 크게 기인한다. 왜냐하면 국립 통계경제연구소에 따르면 모두가 선망하는 그 지역에도 이주민이 드물지 않기 때문이다. 뇌이 주민의 15%가 이주민이고, 25~34세는 22%에 달한다. 일드프랑스 전체로 볼 때, 이 비율은 각각 17%, 24%다. 하지만 이 외국인들은 다국적기업 고위 간부, 대사관 직원, 예술문예계 인사 들이거나, 아니면 건물 관리인, 정원사, 요리사, 하녀 들이다. 말하자면 동류이거나 서비스업 종사자들인 것이다.

부자 동네에 사는 부르주아 계급은 평판이 안 좋은 외국인 혐오증을 다른 사람들에게 맡긴다. 그들은 정반대로 자기들 세계, 번영하는 다국적 기업과 짭짤한 사업의 세계에 사는 외국인들과 혼인 관계를 맺는 세계주의자들이다. 그들은 외국인에 대한 거부, 나아가 증오를 다른 사람들에게 방치한다. 니콜라 사르코지는 그들이 필요 이상 투표용지를 더럽히지 않아도 될 정도로 국민전선의 주장을 흡수했다. 능수능란한 정치가이자 완벽한 불가지론자인 니콜라 사르코지는 가장 까다로운 고객이 받아들일 만한 틀 속에 머물면서 르 펜의 비판을 슬그머니 차용했다.

이렇게 두 우파는 성스러운 신자유주의는 절대 건드리지 않은 채 고약한 일을 분담해서 한다. 특권층 유권자들이 투표를 통해 이념적 동질성을 드러내는 반면, 서민 계층은 선거 때면 되면 정치판 위에서 뿔뿔이 흩어진다. 2012년 대통령 선거 1차 투표에서 뇌이와 인접해 있긴 해도 노동자와 사무원이 주민의 다수를 이루는 낭테르 시는 표가 분산되는 현상을 보였다. 물론 올랑드 40.2%, 멜랑숑 18.6%로 좌파가 확실한 우세를 보이긴 했지만, 니콜라 사르코지와 마린 르 펜도 17.3%와 10%를, 그리고 바이루가 8%를 획득했다. 결선투표에서는 좌파의 득표율이 69.2%로 올라가, 사르코지는 30.8%로 만족해야 했다. 기권율은 뇌이의 16%에 비해 훨씬 높은 24%였다. 정당들이 각 구역의 정치적 기후에 따라 선거운동 본부를 어디에 차릴지 선택하는 것은 전혀 놀라운 일이 아니다.

참고34 각 당의 선거운동 본부

2012년 초, 니콜라 사르코지는 이웃으로서 파리 15구 콩방시옹 가 18번지에 차려진 자신의 선거운동 본부를 방문했다. 카를라 브루니와 사르코지가 사저를 소유하고 있는 몽모랑시 빌라는 바로 인근에 있다. 기욤 아폴리네르가 아름다운 시구로 읊었던 미라보 다리가 부자 동네인 16구에서 약간 더 잡다한 15구로 건너가게 해준다. 이 선택은 12구에 선거운동 본부를 차린 다른 후보자들과

263 차별화하기에 나쁘지 않다.

실제로 그의 라이벌인 프랑수아 올랑드는 장자크 오지에가
앵발리드 뒤편인 사관학교 근처, 파리에서 가장 비싼 동네 중
하나인 세귀르 대로 59번지에서 찾아낸 대저택에 선거운동 본부를
차렸다. 1,024제곱미터에 매달 37,500유로이니 월세가 상당하다.
자칭 〈민중 후보사르코지가 민중 후보라니…… 받아들이기 힘들다〉의 선거운동
본부는 600제곱미터에 매달 18,000유로로 훨씬 저렴하다. 이것은
2012년 2월 18일 니콜라 사르코지가 사회당 후보를 신랄하게
비판하는 빌미가 됐다. 「우리에게는 넓은 사무실들이 필요치
않습니다. 넓은 사무실이 있으면 거기 그냥 머물고 싶어지기
때문이죠. 우리는 직접 프랑스인들을 만나러 현장으로 달려가고자
합니다.」 우파의 다른 후보자들은 부자 동네에 둥지를 틀었다.
도미니크 드 빌팽은 6구 셰르슈미디 가 91의 2번지, 마린 르 펜은
8구 말레르브 대로 64번지, 그리고 니콜라 뒤퐁에냥은 7구에,
좌파전선 후보인 장뤼크 멜랑숑만 노르에스트 교외 지역, 센생드니
샤사뇰 가 8번지에 있는 옛 공장을 선택했다. 중심에서 멀찍이
떨어진 민중의 세계 속으로 파고들겠다는, 거대 자본의 권력을
타도해야 할 이유가 있는 모든 이를 위한 정책을 펼치겠다는
의지를 드러내는 선택이다. 다른 후보자들은 그들이 대표하는
정당의 당사가 위치한 곳을 중심으로 선거운동을 펼친다.
반자본주의 신당과 필리프 푸투는 몽트뢰이, 노동자의 투쟁과
나탈리 아르토는 팡탱, 에바 졸리유럽환경녹색당는 파리 10구, 프랑수아
바이루민주운동는 파리 7구. 이 장소들은 각 정당이 지향하는 방향과

연관이 없지 않다.

이 선거운동 본부의 지리학은 도시 공간의 사회적 상징체계뿐만 아니라 다양한 후보자들이 사회에서 차지하는 자리를 드러낸다. 파리 도시권 내에서 파리를 선택하느냐, 교외를 선택하느냐는 아주 중요한 일이다. 성벽 안 도시와 그 변두리의 계급화는 요새처럼 파리를 에워싸고 있는 도시 외곽 순환도로에 의해 표시된다.

마치 모든 것이 파리의 부자 동네에 선거운동 본부를 설치하면 자본화, 세계화된 신자유주의로 탈선하는 자본주의 체제의 지속을 요구하는 것인 반면, 센생드니의 서민 동네를 선택하면 프랑스 국민 대부분으로 하여금 공공 서비스와 그토록 힘들게 이룩한 사회복지 제도를 포기하도록 이끌 수밖에 없는 체제와 결별하겠다는 의지를 드러내는 것처럼 이루어진다.

결론: 〈부르주아주의〉와 그 적들

지배계급은 신자유주의에 발맞춰 이념, 정치, 미디어의 모든 수단을
동원해 노동 불안정으로 인해 가난으로 내몰리고 있는 사회적
주체들을 적으로 변모시키려고 시도하고 있다. 19세기와 20세기
산업자본주의의 가족주의 단계에서처럼 백일하에 싸움을 벌이는
상대 계급이 아니라, 자본주의라는 아름다운 기계가 돌아가는
데 방해가 되는 잉여 또는 기생물로. 피지배자들이 무엇을 하든,
그들의 대변자가 누구든, 그들은 틀렸다. 불평등을 고발하는
노동조합과 정치조직에는 〈대중영합주의포퓰리즘〉라는 딱지가
붙는다. 지배자들에게는 세계화된 자본주의 단계에서 무능하게
변해 버려서 더는 민주주의와 주권을 주장할 자격이 없는 것으로
여겨지는 민중에게 낙인을 찍어 이탈시키는 것이 중요하다.
이러한 담론은 천문학적인 재산에 매년 수백 만 유로의 수입을
올리는 부자들, 투기꾼들에게 레드 카펫을 깔아 주는 정치인들을
마음 편히 지내게 해준다. 이 〈적의 생산〉은 권력자들이 계급
전쟁에서 승리를 거두기 위해 치러야 하는 심리전의 일환이다.
이 전쟁은 정당한 것으로 보여야 하고, 〈민주적〉이라는 딱지를
획득해야 한다. 그 뒤에서 온갖 폭력과 불평등이 자행되더라도.
〈적의 생산은 집단을 결속시킬 수 있고, 내부적으로 어려움에
처한 권력에게는 탈출구가 될 수 있다.〉[155]고 피에르 코네자는
썼다. 이렇게 해서 서민계급 내부에서도 〈이주민〉을 희생양으로

---

155. 피에르 코네자, 『적의 생산, 혹은 양심의 가책을 느끼지 않고 죽이는 방법』, 〈르 몽드 콤 일 바〉
총서(파리: 로베르 라퐁, 2011), 7면.

만드는 이념적 타락이 일어난다. 구매력이 저하하고, 도시
외곽으로 내몰리고, 공공 서비스와 사회복지가 후퇴하고, 일자리가
감소하는 것을 그들 탓으로 돌린다. 〈적은 주어지는 것이 아니라
선택되는 것이다.〉[156] 적대계급을 〈범법자〉나 〈게으름뱅이〉, 나아가
〈테러리스트〉나 〈빨갱이〉로 몰기 위해서는 사회적 정체성을
상실하게 만들어야 한다. 토메-제노의 노동총연맹 대표를 지냈던
야니크 랑그르네는 사장이 〈빨갱이를 먹여 살릴 수〉는 없다고
해 일자리를 거부당하기도 했다. 우리는 대중영합주의의 일탈을
고발하는 장황한 사설을 수시로 접하게 된다. 그런데 그들은 왜
훨씬 더 활발하고 훨씬 더 높은 지위에 있는 그 분신, 말하자면
「르 피가로」지의 〈부르주아주의〉, 주식시장 애널리스트들의
〈부자주의〉, 인명사전의 〈과두지배주의〉는 고발하지 않는 것일까?
부자들은 많은 경우 돈 많은 집안에서 태어났다는 장점밖에
없으면서도 사치, 우아함, 유명인 저널리즘, 구호 행사, 예술
작품 전시 같은 사회적 가면극을 통해 칭찬받아야 마땅한
인류의 은인으로 행세한다. 〈부르주아주의〉라는 신조어는
그런 영예를 누릴 자격이 없는 민중을 떠받드는 몇몇 정치인을
대중영합주의라는 용어로 끊임없이 고발하는 이념 전쟁 때문에
생겨났다. 부의 기원은 드러내지 않으려고 조심하면서 부자들을
열렬히 찬양하는 아첨은 뭐라고 부를 것인가?
이제 돈이 무대 전면을 차지하고 있기 때문에, 지배계급을
전문적으로 연구하는 사회학자들이 〈부자〉라는 용어를, 그들이
누리는 것 대부분을 타인들의 노동에 빚지고 있는 사람들을 그들의

156.　위의 책, 31면.

자리까지 올려 보내준 일종의 〈승강기 타기〉라는 뜻으로 사용하는 것은 이해할 만한 일이다. 용어들에 대한 성찰은 민중들을 대상으로 맹렬히 전개되는 이념 전쟁에 맞서기 위해 필수불가결한 것이다. 우리의 〈민주주의〉는 돈의 귀족에 의해 지탱되고 통제된다. 손을 맞잡고 체계적인 부르주아주의를 실천하는 부르주아와 귀족에 의해. 그들은 서로의 엄청난 자질을 확신하고, 탁월한 교육을 끊임없이 과시하며, 심지어 직원들에게 정중한 태도를 보이기까지 한다. 그들은 귀족이나 부르주아로 태어난 것을 서로 축하하고 축복한다. 새로운 귀족은 금융의 폭주를 통해 성립되었다. 과거에 귀족 칭호는 계급제도의 지속성을 보장해 주었다. 오늘날에는 가시적인 부와 조세 회피지에 감춰둔 재산이 왕조 가문의 상속을 대대로 보장해 준다. 이러한 과두지배 귀족이 좌파든 우파든 정치권력의 대부분을 장악했다. 관객을 즐겁게 해주고, 본질적인 것에 동의하는 정당들의 공존을 정당화하기 위한 교태들 너머에 유일사상, 즉, 시장, 자본의 자유로운 유통, 최소한의 국가, 그리고 각자도생이 승리를 구가한다. 질서, 나아가 계급제도의 체제를 참조케 하는 이 그림은 믿을 수 없을 정도로 낡은 것이다. 제3 신분에는 막 탄생한 부르주아 계급도 포함되었다. 오늘날 가장 가난한 사람들로 떠오르는 게 인도의 불가촉천민이다. 하지만 신자유주의라는 지옥의 기계가 숙명적인 고장의 첫 덜컹거림을 경험하고 있다. 위기들이 이어지고, 실업이 증가하고 있다. 온갖 추문이 터져 나오고 이익을 퍼 올리는 자본주의의 펌프에 내재하는 부정직함이 백일하에 드러나면서 폭풍우에 휩싸인 배의 골조가

곳곳에서 삐걱대고 있다.

우리는 부자들이 〈그들의〉 세계화에 발맞춰 자행하는 폭력의 메커니즘을 분해함으로써, 그들의 전횡, 그들이 내세우는 경제적, 정치적, 이념적 핑계들의 허구성을 폭로함으로써, 다른 계급들, 나아가 지구촌 자체를 위험에 빠뜨리는 한이 있더라도 자신의 기득권만은 어떻게든 지키려는 한 사회계급의 힘과 결의에 대해 경고를 보내고 싶었다. 우리는 급진적인 변화에 대한 생각에 지레 겁을 집어먹지만 그건 잘못된 일이다. 사정은 정반대다. 왜냐하면 바로 지금이 혼돈이기 때문이고, 그 혼돈이 악순환되기 때문이다. 눈앞의 이득에 현혹되어 가능한 것과 연대의 감각을 상실함으로써 무책임해진 자본주의와 결별하는 것 외에 다른 해결책은 없다. 수명이 다된 이 경제, 정치체제와 대결을 벌여야 한다. 이 체제가 영속되면 도달할 곳은 단 하나, 집단적 이익의 의미가 계몽의 시대에 획득한 것들에 비해 엄청나게 퇴보하고 말 세계적인 분쟁밖에 없을 것이다. 그리고 반동의 어둠이 몇 세기 동안 세상을 뒤덮을 것이다.

참고 문헌

Abdelal, Rawi, "Le consensus de Paris: la France et les règles de la finance mondiale", *Critique internationale*, N° 28, 2005.

Abdelal, Rawi, *Capital Rules: The Construction of Global Finance* (Cambridge: Harvard University Press, 2007).

Allais, Maurice, *La crise mondiale d'aujourd'hui: Pour de profondes réformes des institutions financières et monétaires*(Paris: Clément Juglar, 1999).

Anonyme, *6*(Bruxells: Zones Sensibles, 2013).

Ariès, Paul, *Le socialisme gourmand*, Poche/Essais(Paris: La Découverte, 2013).

Audier, Serge, *Néo-libéralisme(s): Une archéologie intellectuelle*, Mondes Vécus(Paris: Grasset, 2012)

Beaud Stéphane, Pialoux Michel, *Retour sur la condition ouvrière*(Paris: Fayard, 1999).

Beaud Stéphane, Pialoux Michel, *Violences urbaines, violence sociale: Genèse des nouvelles classes dangereuses*(Paris: Fayard, 2003).

Belmessous, Hacène, *Opération banlieues: Comment l'État prépare la guerre urbaine dans les cités françaises*(Paris: La Découverte, 2010).

Bénilde, Marie, *On achète bien les cerveaux: La publicité et les médias* (Paris: Raisons d'Agir, 2007).

Bergougnoux, Patrice, *L'Intérieur: Un ancien directeur général de la police témoigne*(Paris: Fayard, 2012).

Bertho-Huidal, Michelle, *Charity business: Le grand marché de la santé mondiale*, Géographies(Paris: Vendémiaire, 2012).

Birnbaum, Pierre, *Le peuple et les gros: Histoire d'un mythe*(Paris: Fayard, 1992).

Boltanski Luc, Chiapello Ève, *Le nouvel esprit du capitalisme*(Paris:

Gallimard, 2011).

Bon, François, *Daewoo*(Paris: Fayard, 2004).

Bourdieu, Pierre, "La force du droit: Eléments pour une sociologie du champ juridique", *Actes de la recherche en sciences sociales*, N° 64, 1986.

Bourdieu, Pierre, *La noblesse d'État: Grandes écoles et esprit de corps* (Paris: Minuit, 1989).

Bourdieu, Pierre, 『세계의 비참*La misère du monde*』, 김주영 옮김(서울: 동문선, 2000).

Bourdieu, Pierre, 『파스칼적 명상*Méditations pascaliennes*』, 김웅권 옮김 (서울: 동문선, 2001).

Bourdieu, Pierre, 『맞불*Contre-feux*』, 현택수 옮김(서울: 동문선, 2004).

Bourdieu, Pierre, *Les structures sociales de l'économie*(Paris: Seuil, 2000).

Bourdieu, Pierre, *Sur l'État: Cours au Collège de France 1989~1992* (Paris: Seuil, 2012).

Bouyer, Arnaud, *Les fonds d'investissement sont-ils··· des prédateurs?* (Paris: JC Lattès, 2007).

Brune, François, *Le bonheur conforme: Essai sur la normalisation publicitaire*(Paris: Gallimard, 1981).

Castoriadis, Cornelius, *La montée de l'insignifiance: Les carrefours du labyrinthe IV*(Paris: Seuil, 2007).

Chamayou, Grégoire, *Les corps vils: Expérimenter sur les êtres humains aux XVIIIe et XIXe et siècles, Les Empêcheurs de penser en rond*(Paris: La Découverte, 2008).

Chauvière, Michel, *L'intelligence sociale en danger: Chemins de résistance et propositions*(Paris: La Découverte, 2011).

Chesnais, François, *Les dettes illégitimes: Quand les banques font main basse sur les politiques publiques*(Paris: Raisons d'Agir, 2011).

Closets, François de, *Toujours plus!*(Paris: Grasset, 1984).

Clouscard, Michel, *Le capitalisme de la séduction: Critique de la social-démocratie libertaire*(Paris: Grasset, 2009).

Collectif, *Alter gouvernement: 18 ministres citoyens pour une réelle alternative*(Paris: Le Muscadier, 2012).

Conant, James, *Orwell ou le pouvoir de la vérité*(Marseille: Agone, 2012).

Conesa, Pierre, *La Fabrication de l'ennemi ou comment tuer avec sa conscience pour soi*(Paris: Robert Laffont, 2011).

Cusset, François, *La Décennie: Le grand cauchemar des années 1980* (Paris: La Découverte, 2008).

Da Silva, Gérard, *Panacée pour le chômage et les retraites*(Paris: Le Muscadier, 2012).

Deloire Christophe, *Dubois Christophe, Circus politicus*(Paris: Albin Michel, 2012).

Dewitte, Jacques, *Le pouvoir de la langue et la liberté de l'esprit: Essai sur la résistance au langage totalitaire*(Paris: Michalon, 2007).

Dufour, Dany-Robert, *L'art de réduire les têtes: Sur la nouvelle servitude de l'homme libéré à l'ère du capitalisme total*(Paris: Denoël, 2003).

Dumouchel, Paul, *Le sacrifice inutile: Essai sur la violence politique* (Paris: Flammarion, 2011).

Dupuy, Jean-Pierre, *L'avenir de l'économie, Sortir de l'économystification* (Paris: Flammarion, 2012).

Elias, Norbert, *La civilisation des moeurs*(Paris: Calmann-Lévy, 1977).

Ferrier, Michaël, *Fukushima: Récit d'un désastre*(Paris: Folio, 2013).

Filoche Gérard, Chavigné Jean-Jacques, *Dette indigne!: Dix questions, dix réponses*(Paris: Jean-Claude Gawsewitch, 2011).

Galbraith, John-Kenneth,『갤브레이스에게 듣는 경제의 진실*The Economics of Innocent Fraud*』, 이해준 옮김(서울: 지식의 날개, 2007).

Garapon, Antoine, *La raison du moindre État: Le néolibéralisme et la justice*(Paris: Odile Jacob, 2010).

Garnier Jean-Pierre, Janover Louis, *La deuxième droite*(Marseille: Agone, 2013).

Garrigou Alain, Brousse Richard, *Manuel anti-sondages: La démocratie n'est pas à vendre!*(Montreuil: La ville brûle, 2011).

Garrigou, Alain, *Les élites contre la République: Sciences Po et l'ENA* (Paris: La Découverte, 2001).

Gaulejac, Vincent de, *La société malade de la gestion: Idéologie gestionnaire, pouvoir managérial et harcèlement social*(Paris: Points, 2009).

Gaulejac Vincent de, Mercier Antoine, *Manifeste pour sortir du mal-être au travail*(Paris: Desclée de Brouwer, 2012).

George, Susan, *Cette fois, en finir avec la démocratie: Le Rapport Lugano II*(Paris: Seuil, 2012).

Geuens, Geoffrey, *La finance imaginaire: Anatomie du capitalisme: Des "marchés financiers" à l'oligarchie*(Bruxelles: Aden, 2011).

Giust-Desprairies, Florence, *L'imaginaire collectif*(Toulouse: Érès, 2003).

Guilluy, Christophe, *Fractures françaises*(Paris: François Bourin, 2010).

Halimi, Serge,『새로운 충견들: 프랑스 미디어의 허와 실*Les nouveaux chiens de garde*』, 김영모 옮김(서울: 동문선, 2005).

Halimi, Serge, *Le grand bond en arrière: Comment l'ordre libéral s'est imposé au monde*(Marseille: Agone, 2012).

Harribey, Jean-Marie, *La richesse, la valeur et l'inestimable*: *Fondements d'une critique socio-écologique de l'économie capitaliste*(Paris: Les Liens qui Libèrent, 2013).

Herman, Patrick, *Les nouveaux esclaves du capitalisme*(Vauvert: Au Diable Vauvert, 2008).

Hibou, Béatrice, *Anatomie politique de la domination*(Paris: La Découverte, 2011).

Hirigoyen, Marie-France, *Abus de faiblesse et autres manipulations* (Paris: JC Lattès, 2012).

Joule Robert-Vincent, Beauvois Jean-Léon, 『정직한 사람들을 위한 인간 조종법*Petit traité de manipulation à l'usage des honnêtes gens*』, 임희근 옮김(서울: 궁리, 2008).

Kempf, Hervé, *L'oligarchie ça suffit, vive la démocratie*(Paris: Seuil, 2013).

La Boétie, Etienne de, 『자발적 복종*Discours de la servitude volontaire*』, 심영길, 목수정 옮김(서울: 생각정원, 2015).

Laé Jean-François, Murard Numa, *Deux générations dans la débine*: *Enquête dans la pauvreté ouvrière*(Paris: Bayard Jeunesse, 2012).

Le Goff, Jean-Pierre, *La gauche à l'épreuve 1968~2011*, Tempus(Paris: Perrin, 2011).

Le Goff, Jean-Pierre, *La fin du village*: *Une histoire française*(Paris: Gallimard, 2012).

Lefebvre Rémi, Sawicki Frédéric, *La société des socialistes*: *Le PS aujourd'hui*(Bellecombe-en-Bauges: Éditions du Croquant, 2006).

Linhart, Robert, *L'Établi*(Paris: Minuit, 1978).

Lordon, Frédéric, *Capitalisme, désir et servitude*(Paris: La Fabrique,

2010).

Lordon, Frédéric, *D'un retournement l'autre: Comédie sérieuse sur la crise financière en quatre actes et en alexandrins*(Paris: Seuil, 2013).

Mauduit, Laurent, *L'étrange capitulation*(Paris: Jean-Claude Gawsewitch, 2013).

Mauger, Gérard, *Repères pour résister à l'idéologie dominante*(Bellecombe-en-Bauges: Éditions du Croquant, 2013).

Méheust, Bertrand, *La nostalgie de l'Occupation*(Paris: La Découverte, 2012).

Michéa, Jean-Claude, *Les mystères de la gauche: De l'idéal des Lumières au triomphe du capitalisme absolu*(Paris: Flammarion, 2013).

Mills, Charles Wright, *L'élite au pouvoir*(Marseille: Agone, 2012).

Nizan, Paul, *Les chiens de garde*(Marseille: Agone, 2012).

Odenore, *L'envers de la fraude sociale: Le scandale du non-recours aux droits sociaux*(Paris: La Découverte, 2012).

Orange, Martine, *Ces messieurs de Lazard*(Paris: Albin Michel, 2006).

Orange, Martine, *Rothschild, une banque au pouvoir*(Paris: Albin Michel, 2012).

Orléan, André, *L'empire de la valeur: Refonder l'économie*(Paris: Seuil, 2011).

Orwell, George, 『*1984*』, 정회성 옮김(서울: 민음사, 2003).

Pasquali, Paul, "Les déplacés de l'ouverture sociale. Sociologie d'une expérimentation scolaire", *Actes de la Recherche en Sciences Sociales*, N° 183, 2010.

Pinçon, Michel, "Les HLM: Structure sociale de la population logée. Agglomération de Paris 1968", *Centre de Sociologie Urbaine*, vol. 2, 1976.

Pinçon, Michel, *Désarrois ouvriers: Familles de métallurgistes dans les mutations industrielles et sociales*(Paris: L'Harmattan, 1987).

Pinçon Michel, Pinçon-Charlot Monique, *Quartiers bourgeois, quartiers d'affaires*(Paris: Payot, 1992).

Pinçon Michel, Pinçon-Charlot Monique, *Les ghettos du gotha: Au coeur de la grande bourgeoisie*(Paris: Seuil, 2010).

Pinçon Michel, Pinçon-Charlot Monique, *Paris: Quinze promenades sociologiques*(Paris: Payot, 2013).

Poutou, Philippe, *Un ouvrier c'est là pour fermer sa gueule!*(Paris: Textuel, 2012).

Rothé, Bertrand, *De l'abandon au mépris: Comment le PS a tourné le dos à la classe ouvrière*(Paris: Seuil, 2013).

Ruffin, François, *Les petits soldats du journalisme*(Paris: Les Arènes, 2003).

Saint Victor, Jacques de, *Un pouvoir invisible: Les mafias et la société démocratique. XIXe - XXIe siècles*(Paris: Gallimard, 2012).

Salmon, Christian, 『스토리텔링*Storytelling*』, 류은영 옮김(서울: 현실문화, 2010).

Sanofi, "Document de référence", 2012.

Santi, Michel, *Splendeurs et misères du libéralisme*(Paris: L'Harmattan, 2012).

Sapir, Jacques, 『세계화의 종말*La démondialisation*』, 유승경 옮김, (서울: 올벼, 2012).

Schneckenburger, Benoît, *Populisme: Le fantasme des élites*(Paris: Bruno Leprince, 2012)

Sève, Lucien, *Aliénation et émancipation. Précédé de Urgence de communisme, Suivi de Karl Marx: 82 textes du Capital sur l'aliénation*(Paris: La Dispute, 2012).

Spire, Alexis, *Faibles et puissants face à l'impôt*(Paris: Raisons d'Agir, 2012).

Tissot, Sylvie, *L'État et les quartiers: Genèse d'une catégorie de l'action publique*(Paris: Seuil, 2007).

Toscer, Olivier, *Argent public, fortunes privées: Histoire secrète du favoritisme d'État*(Paris: Gallimard, 2003).

Trans, Jean-François, *La Gauche bouge*(Paris: JC Lattès, 1985).

Wacquant, Loïc, *Punir les pauvres: Le nouveau gouvernement de l'insécurité sociale*(Marseille: Agone, 2004).

Wagner, Anne-Catherine, *Les classes sociales dans la mondialisation* (Paris: La Découverte, 2012).

옮긴이 **이상해**

한국외국어대학교와 동 대학원 불어과를 졸업하고 프랑스 스트라스부르 대학, 릴 대학에서 박사 과정을 수료했으며 2015년 현재 한국외국어대학교에 출강하고 있다. 옮긴 책으로 베르코르의 『바다의 침묵』, 에드몽 로스탕의 『시라노』, 미셸 우엘벡의 『어느 섬의 가능성』, 샨 사의 『바둑 두는 여자』, 『여황 측천무후』, 파울로 코엘료의 『11분』, 『베로니카, 죽기로 결심하다』, 크리스토프 바타유의 『지옥 만세』, 조르주 심농의 『라 프로비당스호의 마부』, 『교차로의 밤』, 『선원의 약속』, 『창가의 그림자』, 『베르주라크의 광인』, 지미 볼리외의 『센티멘털 포르노그래피』, 델핀 쿨랭의 『웰컴 삼바』 등이 있다. 『여황 측천무후』로 제2회 한국 출판 문화 대상 번역상을, 『베스트셀러의 역사』로 한국 출판 학술상을 수상했다.

부자들의
폭력 거대한 사회적
분열의 연대기

지은이 미셸 팽송, 모니크 팽송-샤를로 **옮긴이** 이상해 **발행인** 홍지웅 **발행처** 미메시스

주소 경기도 파주시 문발로 253 파주출판도시 **대표전화** 031-955-4400

팩스 031-955-4405 **홈페이지** www.mimesisart.co.kr

Copyright (C) 미메시스, 2015, Printed in Korea. **ISBN** 979-11-5535-063-8 03330

발행일 2015년 11월 25일 초판 1쇄

이 도서의 국립중앙도서관 출판시도서목록(CIP)은 e-CIP 홈페이지(http://www.nl.go.kr)에서 이용하실 수 있습니다. (CIP 제어번호: CIP2015030307)